KB113711

역사로 여는
과학문화유산 답사기 4

공룡 편

역사로 여는
과학문화유산 답사기 4

공룡 편

ⓒ 이종호, 2017

초판 1쇄 2017년 3월 10일 찍음
초판 1쇄 2017년 3월 17일 펴냄

지은이 | 이종호
펴낸이 | 이태준
기획 · 편집 | 박상문, 박효주, 김예진, 김환표
디자인 | 최진영, 최원영
마케팅 | 박상철
인쇄 · 제본 | 대정인쇄공사

펴낸곳 | 북카라반
출판등록 | 제17-332호 2002년 10월 18일

주소 | (121-839) 서울시 마포구 서교동 392-4 삼양E&R빌딩 2층
전화 | 02-486-0385
팩스 | 02-474-1413
www.inmul.co.kr | cntbooks@gmail.com

ISBN 979-11-6005-014-1 04910
　　　　978-89-91945-66-1 (세트)

값 18,000원

북카라반은 도서출판 문화유람의 브랜드입니다.
이 저작물의 내용을 쓰고자 할 때는 저작자와 문화유람의 허락을 받아야 합니다.
파손된 책은 바꾸어 드립니다.

이 책은 한국출판문화산업진흥원의 출판콘텐츠 창작자금을 지원받아 제작되었습니다.

이 도서의 국립중앙도서관 출판시도서목록(CIP)은 서지정보유통지원시스템 홈페이지(http://seoji.nl.go.kr)와
국가자료공동목록시스템(http://www.nl.go.kr/kolisnet)에서 이용하실 수 있습니다. (CIP제어번호 : CIP2017005414)

들어가는 말

공룡dinosaur이라는 말은 '무서운 도롱뇽'이라는 뜻의 그리스어에서 유래했다. 이름처럼 무섭게 생겼지만 사람들은 공룡을 좋아한다. 인기 만화 〈아기공룡 둘리〉도 공룡이 주인공이다. 한국에서 다른 나라처럼 공룡의 골격 화석이 대량으로 발견된 것은 아니지만 애니메이션은 물론 티셔츠, 장난감 등 어디에나 공룡이 있고 공룡을 다룬 책이나 잡지는 항상 많은 사람의 시선을 끈다.

공룡을 실제로 본 적이 없음에도 사람들이 공룡을 좋아하는 이유 중 하나는 체구가 상상 이상으로 크기 때문이다. 영화 〈쥐라기 공원〉에 등장한 브라키오사우루스Brachiosaurus는 몸길이가 30미터나 되고 흉포한 공룡의 대명사로 알려진 티라노사우루스Tyrannosaurus도 몸길이가 10여 미터나 된다. 하지만 대형 공룡만 살았던 것은 아니다. 콤프소그나투스Compsognathus같이 머리끝에서 꼬리 끝까지 80센티미터도 안 되는 매우 작은 공룡도 있다.

공룡은 대체로 트라이아스기triassic period 초창기인 2억 3,000만 년

■ 초식 공룡 브라키오사우루스는 몸길이가 30미터나 된다.

전에 나타나 6,500만 년 전에 갑자기 멸종했다. 무려 1억 6,500만 년 동안이기 때문에 아직 공룡에 대해 많은 정보가 알려지지 않았고, 우리가 공룡에 대해 알고 있는 것은 매우 단편적이다. 공룡 연구의 역사는 매우 미천해 세계적으로 보더라도 200여 년에 지나지 않는다. 한국은 40년에 불과하다. 그런데도 현재 국내 공룡 화석 산지는 헤아릴 수 없이 많으며 공룡박물관도 한두 곳이 아니다.

공룡 화석은 주로 경상도 지역에 집중적으로 분포해 있지만 전라도와 경기도에서도 발견된다. 미국 캔자스대학의 래리 마틴Larry Martin 교수는 한국 남해안 지역에서만 공룡 발자국이 1만 개 이상 발견되었다며 한국은 세계 3대 공룡 발자국 화석 산지 중 하나라고 말했다. 일부 지역을 제외하고 거의 모든 지역에 화석이 매장되어 있다고 해도 과언이 아니므로 앞으로도 계속 공룡 유산이 발견될 것임은 틀림없다.[1] 한국이 공룡의 천국이라는 것은 수많은 공룡 유적지로도 알 수 있는데 이런 공룡의 낙원을 직접 답사하는 것이 『과학문화유산 답사기』의 기본이다.

많은 사람이 공룡이 오래전 지구에 살았던 동물이라는 것은 알고 있지만 공룡이 어떤 동물인지에 대해서는 대부분 틀린 대답을 한다. 공룡에 대한 정확한 정보가 부족하기 때문이다. 공룡이 살던 시대 지구에는 3종류의 대형 생물이 살았다. 육지에 육상동물, 하늘에는 비행동물, 물속에 해양 파충류가 살고 있었다. 육상에서 활보하는 동물을 공룡이라고 부르고, 하늘을 날아다녔던 동물을 익룡이라고 부르며, 물속을 누볐던 것은 어룡과 수장룡 등이다. 엄밀하게 말하면 어룡을 비롯한 해양 파충류와 익룡은 공룡이 아니므로 공룡이란 중생대의 대

■ 경상남도 진주시 진성면 가진리에서 발견된 백악기 조류와 공룡 발자국 화석. 진주 가진리의 새 발자국과 공룡 발자국 화석 산지는 1998년 천연기념물 제395호로 지정되었다.

형 동물 가운데 육상동물만을 일컫는 말이다. 공룡, 익룡, 어룡·수장룡을 포함한 해양 파충류를 모두 공룡이라고 부르기도 하지만 엄밀하게 말하면 틀린 정보다. 이것만 보아도 공룡에 대한 지식이 아주 단편적이라는 것을 알 수 있다.

한국의 공룡 유산을 답사하기 전에 공룡에 관해 어느 정도 숙지하는 것이 필요하다. 답사지 공룡에 대한 사전 지식이 없으면 공룡 현장을 가도 그게 그것처럼 보이기 마련이다. 그러므로 제1장에서 공룡의 개요를 설명하고 공룡은 정말 멸종했는지, 현대 과학으로 공룡을 되살릴 수 있는지 등을 살펴본다. 제2장에서는 한국의 공룡과 공룡 연구의 현주소를 설명한다.

제3장에서는 한국의 공룡 유산을 직접 답사한다. 한국은 공룡 발자국에 관한 한 세계 3대 지역으로 뽑힐 만큼 수많은 공룡 유산이 있다. 모든 공룡 유적지를 일일이 답사하는 것은 간단한 일이 아니다. 이 책에서는 천연기념물과 지방문화재로 지정된 공룡 유산에 한해 설명한다. 그런 유적지만 해도 24곳이나 된다. 그만큼 한국에는 많은 공룡 유산이 있다. 이 책과 함께 1억 6,500만 년 동안 지구를 지배하다가 6,500만 년 전에 갑자기 멸종한 공룡의 발자취를 찾아가면 한반도가 공룡의 천국이었음을 새롭게 느낄 수 있을 것이다.

제3장 공룡 현장을 가다

제 1 장
공룡을 알아보자

＊ 지배파충류archosaur
공룡과 익룡, 악어의 공통 조상

공룡은 파충강 조룡아강의 용반목과 조반목에 속하는 동물의 총칭으로 대략 2억 3,000만 년 전에 나타난 지배파충류＊에서 진화했다고 추정한다. 지배파충류에서 공룡이 분화했다고 여기는 것은 공룡을 비롯한 익룡, 악어 등이 눈구멍 뒤쪽 측두와側頭窩에 열린 구멍 한 쌍이 있고 그 위에 또 한 쌍의 열린 구멍을 갖고 있기 때문이다. 이 열린 구멍 두 쌍은 뱀과 도마뱀에서도 볼 수 있다. 지배파충류에서 시작된 공룡은 6,500만 년 전까지 장장 1억 6,500만 년 동안 지구상에서 살아왔던 신화적인 동물이다.

공룡의 중요한 특성은 네 다리가 몸통 바로 밑에 수직으로 붙어 직립할 수 있다는 것이다. 공룡이 긴 다리를 발달시켜 뛰거나 걸을 수 있는 것은 이 때문이다. 도마뱀이나 악어는 다리가 몸통 옆에 수평으로 붙어 엉거주춤한 상태로 땅을 짚게 된다. 그래서 악어는 배를 바닥에 끌면서 어기적어기적 기어 다닐 수밖에 없다. 전진하기 위해서는 몸통을 좌우로 틀어 다리를 움직여야 한다. 악어는 짧은 거리를 뛰거나 몸을 반쯤 들 수 있지만 이는 특수한 경우로 대부분은 기어 다닌다.[2] 만약 수십 톤이 넘는 거구의 공룡이 악어와 같은 다리 구조를 갖고 있었다면 몸이 무거워 한 걸음도 옮기지 못하고 굶어 죽었을 것이다. 악어의 자세는 사람이 팔굽혀펴기 자세로 옆으로 이동하는 것과 비슷한데, 이러면 60킬로그램의 몸이 60톤으로 느껴질 것이다.[3]

지구에 태어난 동물 중에서 가장 크고 힘이 세던 공룡은 폭발적인 증가로 쥐라기가 되자 세상을 지배했다. 공룡은 지구를 지배하다가 6,500만 년 전 백악기 말기에 돌연히 멸종해버렸다.

지구의
장기 집권자

공룡이 알려지기 시작한 것은 기원전 6세기로 추정한다. 당시 중앙아시아의 무역상들이 프로토케라톱스Protoceratops의 골격에서 유래한 그리핀* 이야기를 그리스에 전했다는 것이다. 중국에도 공룡에 대한 기록이 있는데 3세기 중국 쓰촨四川 지방에서 발굴된 거대한 뼈를 용골龍骨이라고 불렀으며 약재로 이용했다는 기록이 있다.

그러나 학계에서 인간이 공룡을 알게 되었다고 인정하는 때는 1677년이다. 영국 옥스퍼드대학 화학 교수이자 박물학자 로버트 플롯Robert Plot이 메갈로사우루스Megalosaurus의 대퇴골 그림을 그렸다. 이것이 최초의 공룡 그림으로, 메갈로사우루스는 '거대한 도마뱀'이라

* 그리핀griffon
사자의 몸에 독수리의 머리와 날개를 가졌다는 상상의 동물로 그리페스grypes라고도 한다.

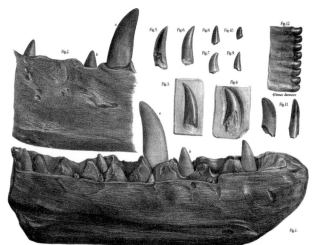

버클랜드의 메갈로사우루스
화석 스케치(위)와 메갈로사우
루스 화석(아래).

는 뜻이다. 그러나 실제로 메갈로사우루스라는 이름을 붙인 것은 1824년 윌리엄 버클랜드William Buckland로 이때부터 공룡을 과학적으로 연구하기 시작했다.[4]

1787년 미국 뉴저지주 글로스터 카운티Gloucester county의 우드버리Woodbury 강가에서 거대한 대퇴골이 발견되었다. 그 뼈는 지금까지 알려진 어떤 종과도 맞지 않았다. 실물이 남아 있지 않아 정확한 형태는 알 수 없지만 큰 오리 부리를 가진 하드로사우루스Hadrosaurus의 것이라고 알려진다. 그 유골은 미국의 해부학자 캐스파 위스타Caspar Wistar에게 보내졌지만 위스타는 화석의 가치를 알아보지 못하고 거대한 동물의 유골이라고만 발표했다. 위스타는 50년 먼저 세계 최초로 공룡을 학계에 보고하는 영광을 놓쳐버렸다.[5]

화석의 정체는 1795년 프랑스의 정치가이자 동물학자 조르주 퀴비에Georges Cuvier가 밝혀냈다. 퀴비에는 각지에서 수집된 유골들을 분류하는 데 탁월한 재주를 보였다. 한 무더기의 흩어진 유골을 순식간에 복원해서 사람들을 놀라게 하기도 했다. 퀴비에는 이빨 한 개나 턱뼈 조각만 보고도 그 동물의 모양과 성질을 파악하고 종과 속을 알아내기도 했다고 한다.

1796년 퀴비에는 최초로 공룡의 멸종 이론을 담은 「현존 코끼리와 화석 코끼리의 종에 대한 기록」이라는 논문을 발표했다. 그는 이 논문에서 지구는 여러 번 큰 재앙을 겪었고 그 과정에서 일부 생물이 완전히 사라져버렸다고 주장했다. 퀴비에의 주장은 당시 종교계를 발끈하게 만들었다. 그의 주장에는 신이 무책임하다는 의미가 담겨 있기 때문이다. 신이 자신이 창조한 생물을 멸종시켰다면 그에 합당한 이유가 있어야 한다. 세상에는 정교한 질서가 존재하고 모든 생물은 정해진 위치와 목적이 있으며 그런 사실은 변함없이 이어지고 있다는 종교적 믿음에 맞지 않는 주장이었다. 퀴비에는 절묘한 아이디어를 내놓았다. 『성경』의 「창세기」에는 가장 최근에 있었던 홍수만 기록했다는 것이다. 퀴비에는 신이 인간에게 큰 영향을 미치지 않는 과거의 멸종 소식을 모세에게 알려줄 필요가 없었다고 주장했다.

■
메리 애닝은 공룡에 관한 특별한 교육을 받지 않았지만, 이크티사우루스와 플레시오사우루스 등의 화석을 발견하고 기록을 남겼다.

✳ 이구아노돈 Iguanodon
이구아나의 이빨이라는 뜻으로, 맨텔이 이구아나의 골격을 보고 도마뱀 같은 파충류일 것이라 생각해 이런 이름을 붙였다.

1812년 영국의 도싯 해안의 라임 레지스Lyme Regis라는 지역에 살던 메리 애닝Mary Anning이라는 어린아이가 절벽에 묻혀 있는 거대한 바다 괴물의 화석을 발견했다. 길이가 5미터나 되는 이 동물은 오늘날에는 공룡이 아니라 어룡인 이크티오사우루스Ichthyosaurus라고 알려졌다. 애닝은 목이 긴 수장룡인 플레시오사우루스Plesiosaurus를 10년에 걸쳐 발견하기도 했다. 특별한 교육을 받지 않았지만 자신이 발굴한 화석에 대한 정교한 그림과 설명을 남겼다. 하지만 이 기록을 논문으로 제출하지 않았기 때문에 그녀는 업적을 인정받지 못했다.

1822년 영국의 의사 기디언 맨텔Gideon Mantell이 왕진을 나가는데 그의 부인 메리가 동행했다가 공사장의 파헤친 돌무더기에서 이상한 동물의 이빨을 발견했다. 이 이빨은 후에 이구아노돈*의 것이라고 알려졌다. 맨텔은 이 동물이 길이가 수십 미터나 되는 거대한 초식 파충류고, 백악기에 살았다는 사실을 알아냈다. 맨텔은 이빨 화석을 당시 유명한 화석 전문가인 퀴비에와 버클랜드에게 보냈다. 그들의 회신은 모호했다. "어느 파충류의 이빨인 것 같기도 하지만, 육식동물의 이빨은 아니다."

맨텔이 공룡 발견에 관해 왕립학회에 발표할 논문을 준비하던 중인 1824년, 「메갈로사우루스 또는 스톤스필드의 거대한 도마뱀 화석 소개」라는 논문이 나왔다. 논문을 발표한 사람은 맨텔에게 위험한 논문을 서둘러 발표하지 말라고 조언했던 버클랜드였다. 이 논문은 공룡에 대한 최초의 공식적인 설명으로 인정되었다. 불운한 맨텔은 다음해인 1825년 「이구아노돈, 서식스주 틸게이트 삼림의 사암에서 최근 발견된 파충류 화석에 관한 소개」라는 논문을 제출했다. 최초의 공룡 발견자라는 영광은 맨텔이 아니라 버클랜드에게 돌아갔다. 그러나 버클랜드의 비신사적인 행동이 알려져 대부분의 자료에서 맨텔의 부인 메리를 최초 공룡 발견자로 인정하고 있다.[6] 근래에는 공룡 이빨의 발견자는 메리가 아니라 맨텔 자신이라는 연구도 나왔다.[7]

최초 공룡 발견자라는 명예는 놓쳤지만 맨텔은 계속 공룡 화석을 발견했다. 1833년에 힐라에오사우루스Hylaeosaurus를 발견했고 많은 사람이 공룡 화석을 발견하면 그에게 가져가 팔았다. 그의 수장고는 화석으로 가득 찼지만 화석 수입에 많은 돈을 들였기 때문에 재정 문제에 시달리게 되었다. 맨텔은 집을 박물관으로 개조해서 입장료를 받을 생각을 했다. 그러나 그런 상업적인 활동으로 과학자는 물론 신사로서 명성도 잃을 수 있다는 조언에 결국 무료로 박물관을 개장했다.

전라남도 해남공룡박물관 앞의 이구아노돈 복원 모형(제일 왼쪽). 맨텔 혹은 맨텔의 부인 메리는 이구아노돈의 화석을 발견함으로써 최초의 공룡 발견자가 되었다.

하지만 공룡이 폭발적인 인기를 끌면서 관람객이 수백 명씩 몰려와 생활은 엉망진창이 되었다. 게다가 딸이 병에 걸리자 치료비를 대기 위해 수집품 대부분을 런던자연사박물관에 팔아버리지 않을 수 없었다.[8] 당시 런던자연사박물관의 박물관장은 리처드 오언Richard Owen이었다.[9]

맨텔이 발견한 화석이 기존의 동물과는 전혀 다른 동물의 것임을 확신한 오언은 1842년 '무서운 도마뱀'이라는 뜻의 공룡dinosauria이라는 이름을 처음으로 제안했다. 당시 오언이 알고 있던 공룡의 종류는

런던 하이드파크의 수정궁에
전시된 이구아나의 복원 모형.
19세기 사람들이 생각하던 공
룡의 모습은 오늘날 연구 결과
밝혀진 것과는 많이 달랐다.

겨우 이구아노돈, 메갈로사우루스, 힐라에오사우루스 3종류였다.[10]
단지 3종의 화석만 가지고 새로운 동물 그룹의 이름을 제안한 것은 매
우 용감하고 도전적인 일이었다. 그런데 사실 오언은 공룡이 어떻게
생겼는지 알지 못했다. 그는 공룡을 코끼리나 코뿔소처럼 육중한 네
다리를 가진 동물로 묘사했다.[11]

　　공룡이 일반인에게 본격적으로 알려진 것은 1851년 만국박람회
를 맞아 하이드파크의 수정궁에 복원된 이구아노돈을 전시하면서부
터다. 이 전시 덕분에 오언도 유명해져 당대 최고의 과학자라는 명성

을 얻고 1858년에는 영국과학진흥협회 회장까지 되었다.

1853년 마지막 날 이구아노돈 모형 안에서 저명한 과학자 21명이 모여 만찬을 했다. 그러나 이구아노돈을 발견한 맨텔을 초대받지 못했는데, 이 만찬이 열리기 한 달 전 자살했기 때문이다. 상석에는 오언이 앉았다. 맨텔의 이구아노돈 이빨 화석은 현재 영국이 아니라 뉴질랜드의 테파파국립박물관에 있다. 맨텔의 사후 이빨을 물려받은 아들이 뉴질랜드로 이주했기 때문이다.[12]

이구아노돈이 수정궁에서 전시된 직후 미국 뉴저지주에서 공룡사에 한 획을 그을 화석이 발견되었다. 1858년 윌리엄 폴크William Foulke는 해던필드Haddonfield의 한 농장에서 많은 뼈를 발굴해 필라델피아대학의 조지프 라이디Joseph Leidy에게 보냈다. 라이디는 몇 개월의 연구 끝에 하드로사우루스Hadrosaurus라는 이름을 붙여 발표했다. 그는 다

■ 알로사우루스 화석(왼쪽)과 복원(오른쪽) 모형. 19세기 후반 알로사우루스를 비롯한 다양한 공룡이 발견되면서 공룡이 용반류와 조반류로 세분되기 시작했다.

리뼈를 보고 이 공룡이 이구아노돈과 유사하지만 다른 종이며, 오언이 제시한 것처럼 네 발로 걷는 것이 아니라 두 발로 설 수 있다고 주장했다. 공룡이 이족 보행했다는 것은 학자들을 놀라게 했다. 공룡이 이족 보행했느냐 사족 보행했느냐를 두고 학자들 간에 의견이 팽팽하게 맞섰는데, 이후 공룡은 이족 보행하는 것도 있고 사족 보행하는 것도 있다는 결론이 내려졌다.

1877년은 공룡사에서 특별한 해다. 미국의 에드워드 드링커 코프Edward Drinker Cope가 북미 각지로 탐험대를 파견해 후기 쥐라기 지층에서 알로사우루스Allosaurus, 케라토사우루스Ceratosaurus를 포함해 130종의 공룡을 발굴했다. 발견된 공룡이 늘어나자 영국의 해리 실리Harry Seeley가 처음으로 공룡을 조반류*와 용반류**로 분류했다.

1921년부터 미국 뉴욕 자연사박물관의 로이 채프먼 앤드루스Roy

* **조반류**鳥盤類, Ornithischia
골반이 새를 닮은 공룡의 한 목으로 초식성이다. 스테고사우루스, 이구아노돈 등이 포함된다.

** **용반류**龍盤類, Saurischia
골반이 도마뱀을 닮은 공룡의 한 목으로 티라노사우루스가 여기 포함된다.

Chapman Andrews가 몽골 고비사막에서 새로운 공룡과 공룡 알을 발견했다. 앤드루스 일행이 고비사막을 탐사한 것은 인류의 조상이 남긴 흔적을 찾기 위해서였으나 인류 조상의 뼈는 찾지 못했다. 대신 빈손으로 철수하기 직전 공룡 화석을 발견했다. 앤드루스 일행은 몽골에서 오비랍토르Oviraptor, 벨로키랍토르Velociraptor는 물론 프로토케라톱스의 둥지와 알을 발견했다. 이로써 공룡이 알을 낳는다는 것이 확인되었다. 중국에서의 공룡 탐사는 1917년 러시아 팀이 오리주둥이 공룡을 발굴하면서 시작되었다. 양중젠楊鐘健은 1933년부터 40년에 걸쳐 중국의 공룡 탐사를 주도했다.

이후 수많은 공룡 화석이 각지에서 발견되고 공룡의 전성시대가 되었다. 공룡이 이와 같은 관심을 끄는 것은, 현재 지구에서 살고 있는 생명체와는 너무 다른데다 형체도 다양하기 때문이다. 아직도 세계

중국에서 발견된 오비랍토르 알둥지 화석. 고성공룡박물관 소장.

각지에서 새로운 공룡이 발견되고 있으며, 얼마나 많은 종류의 공룡이 더 발견될지는 아무도 모른다. 공룡은 무려 1억 6,500만 년 동안이나 지구를 지배했고 세계 구석구석에 살았기 때문이다.

공룡처럼 인간도 화석化石이 될 수 있을까? 원천적으로 불가능한 것은 아니지만 현실적으로는 상당한 문제점이 있다. 인간은 뼈 조직에 인燐 성분이 많아 광물화되기 힘들다. 포유류는 대부분 곧바로 썩어 없어지므로 화석이 될 가능성이 적다. 특수한 경우지만 탄자니아 올두바이Olduvai 등지에서 몇백 만 년 전의 인류 화석이 발견되기도 했다.[13]

인간에게 공룡을 알려준
이구아노돈

이구아노돈은 백악기 전기에 속하는 1억 2,600만 년 전에서 1억 2,500만 년 전 약 100만 년 동안 살았던 초식 공룡이다.[14] 1809년 처음 발견되었지만 1822년 맨텔이 자신 또는 부인 메리가 발견한 이빨 화석을 연구하다가 이구아나의 이빨과 비슷해 이구아노돈이라는 이름을 붙였고 1825년 학계에 보고했다.

처음에는 코뿔소와 같이 코 위에 뿔이 난 동물로 복원하기도 했으며, 캥거루처럼 긴 꼬리로 몸무게를 지탱하고 균형을 잡는다고 추정하기도 했다. 1878년 벨기에 베르니사르Bernissart의 탄광에서 20마리가 넘는 이구아노돈의 화석이 무더기로 발견되어 완전한 모습으로 복원할 수 있었다. 이구아노돈은 키가 9~10미터에 달할 정도로 매우 큰 공룡이며 뒷발로 일어서면 아프리카 기린과 눈을 마주칠 정도다.

이구아노돈은 처음에는 사족 보행으로 추정했으나 기본적으로

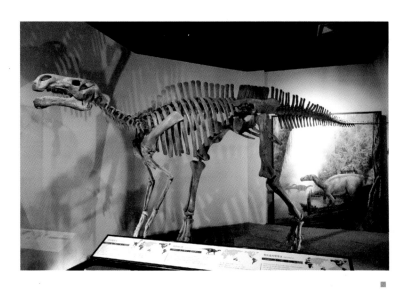

이구아노돈 화석과 복원 상상도. 고성공룡박물관 소장.

이족 보행을 했다. 꼬리를 뒤로 똑바로 뻗어 몸의 균형을 잡았다고 생각한다. 등뼈도 수직으로 세울 수 있어 필요에 따라 이족 보행과 사족 보행을 병행할 수 있었다. 뒷다리 발가락은 3개다. 튼튼한 앞발에는 발가락 5개가 있는데 그중 첫째 발가락에 날카로운 발톱이 있어 육식 공룡을 물리치는 데 사용했다.

　　이구아노돈의 앞발은 커다란 어깨로 지탱되며 길고 근육이 잘 발달해 강력하다. 앞발목뼈를 구성하는 5개 뼈는 서로 완전히 붙어 구부러지지 않고 앞발의 무게를 효과적으로 지탱한다. 가운데 앞 발가락은 곧게 뻗어 있으며, 짧고 뭉툭한 발톱은 네 발로 걸을 때 말굽처럼 벌어져 충분히 몸무게를 지탱할 수 있다. 날카로운 창 모양으로 변형되어 적에게 치명적인 일격을 가할 수 있는 엄지는 이구아노돈의 주요 무기다. 다섯째 앞 발가락은 다른 앞 발가락보다 약하지만 구부릴 수 있어 먹이를 잡을 때 유용하게 사용했다.[15]

이구아노돈은 무리 지어 살았고 성격은 온순했으며, 평평한 이빨로 나뭇잎과 열매 등을 먹었다. 턱 앞에 넓은 부리가 있고 평행한 치열이 발달해 이빨로 자르거나 갈 수 있는 면적이 넓다. 입을 닫을 때는 위턱과 아래턱이 정확하게 맞물려 음식을 가는 데 유리했다. 갈린 음식물은 그냥 뜯어 삼킨 것보다 쉽게 소화되었을 것이다. 또한 뺨에는 이렇게 간 먹이를 넣어두는 주머니가 있어 먹이를 넣어두었다가 다시 꺼내 철저하게 갈았다.

© Bjoertvedt

노르웨이에서 발견된 이구아노돈의 발자국 화석.

근래 연구에 의하면 이구아노돈은 같은 시기에 살았던 뿔 공룡이나 이들보다 후대에 등장하는 오리주둥이 공룡보다 뇌가 커 초식 공룡치고는 똑똑했다고 한다. 하지만 집고양이만큼 영리하지는 못했다고 본다.

최근 공룡에 관한 연구는 종종 상상을 초월하는 결과를 내놓는다. 그중 가장 놀라운 것은 공룡의 깃털에 관한 것이다. 학자들은 이구아노돈도 깃털을 갖고 있었는지에 흥미를 보였다.

쿨린다드로메우스Kulindadromeus는 이구아노돈을 포함하는 조각류 초식 공룡과 뿔 공룡의 공통 조상이다. 그런데 뿔 공룡 중 피부가 보존된 프시타코사우루스Psittacosaurus는 꼬리 위에 깃이 있었다고 알려져 있다. 공룡의 피부 화석은 쉽게 발견되지 않는데, 매우 단편적인 이구아노돈의 화석 피부는 악어처럼 울퉁불퉁한 비늘로 덮여 있었다. 이구아노돈과 가까운 오리주둥이 공룡들은 쿨린다드로메우스와는 달리 깃털이 없었다고 알려져왔다.

이구아노돈의 깃털 유무는 학자들 간에 상당한 논쟁을 불러왔다. 화석으로 남지 않았다고 정말로 이구아노돈이 깃털이 없었다고 단정할 수 있을까? 근래의 결론은 이구아노돈 새끼는 솜털 같은 깃털이 있었을 가능성이 높다는 것이다. 이구아노돈 새끼는 다른 새끼 공룡처럼 몸집이 매우 작았는데, 몸집이 큰 어른 이구아노돈과 달리 새끼는 체온을 유지하기 어렵다. 몸집이 작으면 작을수록 몸의 부피에 비해 표면적이 넓어 체온을 잃기 십상이다. 공룡의 덩치가 커지면서 깃털이 퇴화했을 가능성도 있다. 오늘날 살아 있는 거대한 동물인 코끼리도 이와 유사하다. 코끼리 새끼는 피부에 듬성듬성 털이 나 있는데 성

체는 털이 거의 없다. 이 문제는 앞으로 더 많은 연구로 정확하게 판별될 것이다.[16]

발자국으로 계산해보면 아구아나돈은 보통 시속 4킬로미터로 떼지어 천천히 이동했을 것으로 보인다. 한국에서도 경상남도 하동군 하산동층에서 서울대학교 이융남 교수가 이구아노돈의 이빨과 닮은 화석 1개를 발견했다.[17] 하산동층은 이구아노돈이 발견된 시대와 거의 같은 시대의 지층으로 한반도에도 이구아노돈과 가까운 공룡이 살았다는 것을 알려준다.

공룡의
기원

1834년 독일의 프리드리히 폰 알베르티Friedrich von Alberti는 중생대를 셋으로 나누었다. 첫 번째 시기인 트라이아스기triassic period(삼첩기)의 기간은 다소 변동적으로 2억 3,000만 년 전 또는 2억 4,500만 년 전에서 1억 9,000만 년 전 또는 2억 600만 년 전까지 지속되었다. 이 책에서는 2억 4,500만 년에서 1억 9,000만 년 전으로 본다.

당시 대륙은 판게아*라는 초대륙으로 적도 근방에 하나로 붙어 있었다. 트라이아스기 전기에 극지방의 기온이 섭씨 10~15도였는데 적도 지방은 이보다 기온이 약간 높았다. 트라이아스기 말기로 갈수록 기후가 점점 더워지고 건조해지면서 판게아가 사막으로 변하기 시

* **판게아**Pangaea
1912년 베게너가 대륙이동설의 일부로 제안한 원시대륙이다. 아프리카를 중심으로 유라시아와 남북아메리카, 인도, 남극, 오스트레일리아가 하나로 붙어 있었다. 쥐라기에 분리되기 시작했다.

작했다. 덥고 건조한 기후는 공룡이 출현하는 데 좋은 조건으로 작용했다고 추정하지만 공룡의 기원에 대해서는 이견이 많다.

공룡이 나타나기 38억 년 전 지구에 생명체가 출현했다. 단순한 단세포동물에서 시작한 생명체는 기나긴 세월을 거치면서 바닷속에서 해파리, 조개, 성게 같은 다양한 종으로 진화해 물고기가 되었다. 폐가 발달하고 지느러미가 다리로 변한 이크티오스테가Ichthyostega가 3억 7,000만 년 전 육지에 상륙했다. 이들은 양서류와 원시파충류의 조상이다.

이크티오스테가가 육상으로 올라온 후 많은 종류의 동물이 나타났지만 공룡을 제외하고는 대부분 멸종했다. 고생대 페름기 말에는 모든 생물의 96퍼센트가 멸종하는 대멸종이 일어난다. 격심한 조산운동과 화산활동, 전 세계적인 해퇴海退 등이 원인으로 지목된다. 트라

트라이아스기의 주요 공룡. 왼쪽부터 플라테오사우루스, 코일로피시스, 리스트로사우루스.

이아스기에 작은 육식성 포유류형 파충류에서 진화한 포유류, 익룡, 해양 파충류, 개구리, 거북, 악어 등 척추동물이 등장했다. 포유류형 파충류는 파충류면서 포유류의 특징을 지닌 동물을 말한다. 다리는 원시적으로 휘어져 있지만 머리뼈 수는 줄었고 이빨도 완전하지는 않지만 포유류처럼 앞니·송곳니·어금니가 분화되었다. 이들은 초기부터 두 방향으로 진화하는데 초식성 디키노돈트류Dicynodonts와 육식성 키노돈트류Cynodonts다.

디키노돈트류는 다람쥐나 여우만한 크기로 목과 꼬리는 짧고 몸은 드럼통같이 뚱뚱하다. 키노돈트는 이빨과 턱이 오늘날의 개와 매우 유사하다. 몸도 날렵하고 다리도 상대적으로 길지만 바깥쪽으로 꾸부정하게 벌어진 형태다. 키노돈트는 파충류에서 포유류로 진화하는 중간 과정의 동물로 진화상 매우 중요하다.

지배파충류는 발목 구조에 따라 악어로 진화한 그룹과 익룡·공룡으로 진화하는 그룹으로 양분된다. 익룡·공룡 그룹의 발목 구조는 새와 유사한데 라고수쿠스Lagosuchus는 산토끼만한 크기에 길고 좁은 머리, 작고 날카로운 이빨이 났다. 앞다리는 다소 짧지만 뒷다리는 길고 날씬해 작은 먹이를 재빠르게 잡을 수 있었다. 원시 공룡의 특징을 많이 보여 학자들은 라고수쿠스가 공룡의 직접적인 선조일 가능성이 있다고 본다.

현재까지 발견된 가장 오래된 화석은 1991년 아르헨티나의 이스

© Oleg Tarabanov

■ 이크티오스테가의 화석. 약 3억 7,000만 년 전 육지로 올라온 이크티오스테가는 양서류와 파충류의 조상이다.

■
헤레라사우루스의 뼈대(뒤)와
복원 모형(앞). 고성공룡박물관
소장.

치괄라스토 지층에서 발견된 에오랍토르Eraptor와 헤레라사우루스 Herrerasaurus다. 초기 공룡은 크기도 작고 다양하게 진화하지 못했으나 트라이아스기 말이 되면서 다른 파충류는 급속히 쇠퇴하는 반면 공룡은 급속도로 번창했다.

　　트라이아스기 말에 건조한 기후가 확산되면서 식물과 먹이 감소로 생존을 위한 투쟁이 격화되었는데, 공룡은 이 경쟁에 유리한 면이 있었다. 무엇보다 확 트인 환경에서 빠르게 달리 수 있는 다리가 있었다. 공룡은 두 다리로 곧게 설 수 있으므로 더 넓은 지역을 돌아다니며 먹이를 찾을 수 있었다.

공룡의 번창은 트라이아스기 말과 쥐라기* 사이에 원시 파충류가 대규모로 멸종한 이후 이루어졌다. 이 대멸종에 대해서는 여러 설이 있는데, 캐나다 퀘벡Quebec에 떨어진 지름 100킬로미터의 거대한 운석 때문이라고 보는 학자도 있다. 이 때문에 대부분의 동물이 멸종하고 공룡의 세상으로 바뀌었다는 것이다. 백악기** 말 공룡의 대멸종으로 포유류의 시대가 열리게 되었던 것처럼, 공룡 역시 외부 힘에 의해 경쟁자들이 사라지자 전성시대를 맞이했다는 것이다.[18]

쥐라기 시대 판게아는 서서히 로렌시아Laurentia와 곤드와나Gondwana로 갈라졌고, 그 사이에 바다가 생기면서 기후도 변했다. 연평균 기온이 떨어지고 강수량이 증가하며 온난한 기후로 무성한 숲이 형성되자 목이 긴 브라키오사우루스Brachiosaurus, 마멘키사우루스

* **쥐라기**|Jurassic Period
중생대의 두 번째 시기로 1억 9,000만 년 전에서 1억 3,600만 년 전 기간을 말한다.

** **백악기**白堊紀,
　　　Cretaceous Period

트라이아스기, 쥐라기, 백악기로 이어지는 중생대의 마지막 시기로, 이때 공룡의 시대가 절정을 맞았다.

쥐라기의 주요 공룡. 왼쪽부터 브라키오사우루스, 양추아노사우루스, 스테고사우루스, 켄트로사우루스.

마멘키사우루스의 화석(위)과 복원도(아래). 마멘키사우루스는 13미터에 달하는 긴 목으로 유명하다.

Mamenchisaurus, 알로사우루스 등 새로운 공룡이 등장하기 시작했다. 하늘에는 꼬리가 긴 익룡이 번성했으며 쥐라기 후기에는 시조새가 나타났다. 쥐라기는 공룡이 환경에 적응하면서 몸집을 키워 지구 구석구석까지 서식지를 넓힌 시대라고 할 수 있다.

대륙의 분할은 계속되어 백악기에 오늘날과 같은 형태를 띠게 되었다. 백악기 전기의 기후는 습하고 따뜻했지만 후기로 갈수록 여름과 겨울이 현저해졌다. 대륙이 갈라지면서 대륙 간 연결로가 없어지자 대륙별로 공룡은 서로 다르게 진화했다. 중국과 몽골에 살았던 세그노사우루스Segnosaurus와 오비랍토르Oviraptor는 다른 지역에서는 전혀 발견되지 않는다. 당시 유럽은 하나의 내륙해로, 커다란 섬들로 나뉘어 있었으므로 대형 공룡들이 소형화되면서 종류가 매우 다양해졌다.

오비랍토르는 중국과 몽골에서만 발견되는 공룡이다. 고성 공룡박물관에 소장된 오비랍토르의 뼈대.

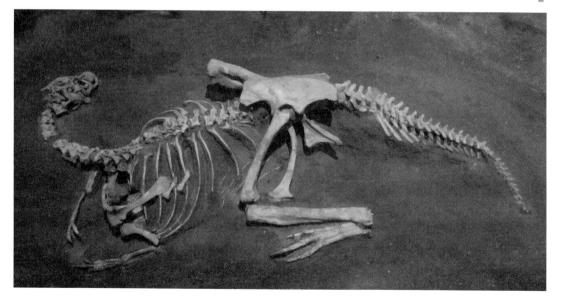

백악기 후기에는 그 어느 때보다 많은 종류의 공룡이 번성했다. 익룡은 꼬리가 점점 짧아지고 크기가 커져 하늘을 날았던 동물 중 가장 큰 동물이 되었다. 뱀, 나방 등 현생 동물들이 이 시기에 등장했으며 바다도 따뜻해져 플랑크톤이 증가하자 해양 동물도 다양하게 진화했다. 그런데 6,500만 년 전 충격적인 사실이 발생했다. 1억 6,500만 년, 인간으로 본다면 약 530만 세대가 지나는 동안 지구에서 성공적으로 삶을 영위하던 공룡이 갑자기 멸종한 것이다.

일반적으로 공룡은 중생대에만 살았던 동물로, 지배파충류에서 진화해 백악기 말에 멸종한 동물을 말한다. 공룡의 대표적인 특징은 다음과 같다. 첫째, 중생대를 지배하다 6,500만 년 전에 멸종했다. 공룡은 덩치가 크던 작던 알을 낳고 피부는 비늘로 덮여 있는 등 파충류

거대 초식 공룡인 용각류에 속하는 아파토사우루스의 골격 구조. 다리뼈가 굵고 머리는 작다.
■

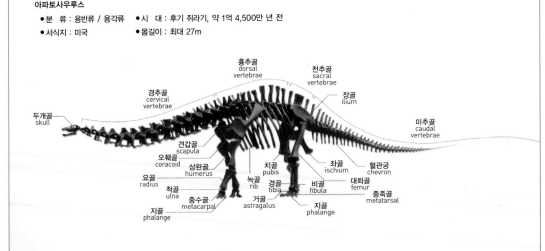

아파토사우루스
- 분 류 : 용반류 / 용각류
- 서식지 : 미국
- 시 대 : 후기 쥐라기, 약 1억 4,500만 년 전
- 몸길이 : 최대 27m

흉추골
dorsal
vertebrae

천추골
sacral
vertebrae

경추골
cervical
vertebrae

장골
ilium

두개골
skull

미추골
caudal
vertebrae

견갑골
scapula

오훼골
coracoid

상완골
humerus

치골
pubis

좌골
ischium

혈관궁
chevron

요골
radius

늑골
rib

경골
tibia

비골
fibula

대퇴골
femur

척골
ulna

중수골
metacarpal

거골
astragalus

지골
phalange

중족골
metatarsal

지골
phalange

의 특성이 많았다. 둘째, 공룡은 도마뱀이나 악어처럼 다리가 옆으로 뻗은 것이 아니라 다리가 몸 아래로 수직으로 뻗어 있어 반듯하게 걸을 수 있었다. 이것이 파충류와 공룡을 구별하는 가장 중요한 특징이다. 셋째, 공룡의 두개골은 이궁형으로 눈구멍 뒤쪽에 두 쌍의 구멍이 있다. 포유류는 단궁형으로 눈구멍 뒤에 한 쌍의 구멍만 있다.

전형적인 척추동물인 공룡의 뼈 구조는 머리, 어깨, 척추, 골반, 다리, 꼬리로 이루어져 있다. 그러나 상세하게 보면 현재 지구상에 살고 있는 동물과 구조가 많이 다르다. 거대한 초식 공룡인 용각류는 몸무게를 지탱하기 위해 다리뼈가 크고 굵으며 몸무게를 줄이기 위해 척추에 구멍이 있는 경우도 있다. 몸집이 작고 동작이 빠른 공룡들은 뼈가 가늘고 길며 가벼웠다.

공룡의
종류

해리 실리는 공룡을 골반과 골격 구조에 따라 파충류 구조의 용
반류와 조류 구조의 조반류로 나누었다. 골반은 장골ilium, 치골pubis, 좌
골ischium로 구성되는데 용반류와 조반류의 가장 큰 차이는 치골의 위
치다. 용반류의 골반은 치골이 앞으로 뻗어 있고 좌골은 뒤로 뻗어 있
어 골반이 삼각형을 이룬다.[19] 용반류는 수각류와 거대한 체구에 목이
긴 용각류로 분류되며 조반류는 조각류로 대변된다.

용각류

용각류sauropods는 체구가 큰 초식 공룡으로, 네 발로 걸었고 머리

가 작으며 목과 꼬리가 길다. 앞발과 뒷발이 서로 다른데, 앞발은 초승
달 모양 자국을 남기고 뒷발은 둥근 자국을 남긴다. 아파토사우루스
Apatosaurus, 브라키오사우루스, 1999년 경상남도 하동에서 발견된 부경
고사우루스Pukyongsaurus 등이 여기 속한다.

용각류의 가장 큰 특징은 콧구멍이 머리 위로 진화했다는 것이
다. 카마라사우루스Camarasaurus는 콧구멍이 머리 앞에 놓여 있으나 디
플로도쿠스류, 브라키오스우루스류 등은 콧구멍이 머리 꼭대기 눈구

아파토사우루스의 화석(위)과
복원도(아래). 전형적인 용각류
공룡의 특성을 볼 수 있다.

용각류의 발자국, 고성박물관
소장.

멍 사이에 있다. 이빨도 원시 용각류의 잎사귀 모양에서 진화해 카마라사우루스의 이빨은 숟가락 형태를 유지하지만 톱니 모양의 돌기는 없어졌다. 이러한 이빨들은 더 진화하면서 주둥이 앞에만 생겨나고 모양도 연필같이 길쭉하게 변했는데, 음식물을 씹기 위한 것이 아니라 가지에서 나뭇잎을 갈퀴처럼 훑는 데 사용했다.

용각류는 대부분 목이 매우 긴데, 이렇게 긴 목을 어떻게 자유롭게 움직일 수 있었을까? 답은 목뼈의 구조에 있다. 용각류의 목뼈는 구멍이 많이 난 철골구조와 비슷해 가볍지만 아주 강하다. 구멍은 뼈를 가볍게 하는 동시에 머리를 들어 올리는 데 필요한 근육이 발달할 수 있게 해준다. 이러한 근육은 심장에서 피를 펌프질해 머리 꼭대기까지 원활하게 공급하는 역할도 했다.

대표적인 용각류 공룡은 브라키오사우루스다. 브라키오사우루스는 '팔 도마뱀'이라는 뜻으로, 앞다리가 뒷다리보다 길어서 붙여진 이름이다. 브라키오사우루스가 유명해진 것은 몸집이 엄청나게 거대하기 때문이다. 목도 약 18미터에 달하고 고개를 들어 올리면 아파트 6층의 창문을 핥을 수 있다. 다른 목 긴 공룡들이 어깨 위로 목을 겨우 들어 올린다는 사실을 감안하면 정말 놀라운 재주다. 영화 〈쥬라기 공원〉에서 브라키오사우루스는 적에 대항하기 위해 뒷발로 일어선다. 하지만 최근 연구에서 브라키오사우루스는 무게 중심이 앞쪽에 있어 뒷발로 일어설 수 없다는 점이 밝혀졌다.[20]

브라키오사우루스는 1900년 미국 콜로라도의 후기 쥐라기 지층에서 처음으로 발견되었고 이후 아프리카 탄자니아에서 완전한 골격

영화 〈쥬라기 공원〉의 한 장면. 영화에서는 브라키오사우루스가 뒷발로 일어서지만, 실제로는 불가능한 장면이다.

이 발견되었는데 한국에서도 서식했다. 지구상에 살았던 육상동물 중 가장 거대한 동물 중 하나로, 몸무게가 50~80톤 정도 나간다. 5톤짜리 인도코끼리 10~15마리를 합한 것과 같으며 몸길이는 시내버스 4대를 이은 것과 같다.

　몸집이 크면 좋은 점이 두 가지 있다. 첫째, 천적이 줄어든다. 오늘날 살아 있는 육상동물 중 가장 몸집이 큰 아프리카코끼리*에게는 사자조차 덤비지 못한다. 아프리카코끼리보다 10배 이상 큰 브라키오사우루스를 공격하는 것은 쉽지 않은 일이었을 것이다. 설사 공격해오더라도 브라키오사우루스가 길고 강한 꼬리를 휘둘러 막았다. 둘째, 힘든 시기에 오래 버틸 수 있다. 몸집이 크면 체내에 영양분을 많이 저장해놓을 수 있다. 아프리카코끼리는 건기에 먹이가 없어 며칠

＊ 아프리카코끼리
African elephant

수컷은 몸길이 6~7.5미터, 몸무게는 최대 6톤까지 나간다. 환경 파괴와 상아를 위한 수렵을 제외하면 자연 상태에서는 천적이 없다.

씩 굶어도 살아남을 수 있다. 물론 커다란 덩치 때문에 하루에 적어도 1톤 이상을 먹어야 하므로 일어나자마자 하루 먹을 양을 채우기 위해 무척이나 바쁘게 움직여야 했을 것이다.

　단점으로는 쉽게 멸종할 수 있다는 점이다. 몸집이 작은 동물은 개체를 많이 늘릴 수 있지만, 대형 동물은 개체 수를 늘리기에 불리하다. 브라키오사우루스를 비롯한 용각류는 알을 낳아 한꺼번에 부화시키는 방식으로 개체 수를 유지했다. 한 번에 알을 수십 개씩 낳았던 것으로 추정된다. 성장 역시 빨랐다. 자넨스키아Janenschia는 11세면 짝짓기가 가능했고, 평균수명은 38세였다고 한다.

　브라키오사우루스는 성격이 온순했고 거대한 몸집을 유지하기 위해 하루에 2톤에 가까운 나뭇잎을 먹었다. 턱은 작고, 가느다란 이빨은 마치 갈퀴처럼 사이가 벌어져 있어 잎사귀를 모으고 훑기에 알맞았다. 목뼈는 모두 12개로 이루어져 있는데 각 목뼈의 길이는 70센티미터다. 목뼈 사이에 빈 공간이 있어 부드럽게 움직일 수 있으며 머리 무게는 몸무게의 200분의 1 정도에 불과했다.[21]

　학자들이 가장 궁금해 한 것은 목을 곧추세웠을 때 어떻게 심장에서 목까지 혈액을 공급할 수 있느냐다. 심장이 높은 압력을 유지할 수 있을 만큼 튼

브라키오사우루스의 골격. 12개로 이루어진 목뼈 위에 몸에 비해 터무니없이 작은 머리가 있으며, 머리 꼭대기에는 콧구멍이 있다.

튼하면 가능하지만, 그러면 물을 마시기 위해 머리를 숙였을 때 높은 압력에 뇌 속의 실핏줄이 터질 수도 있다. 현재 살고 있는 목 긴 동물인 기린은, 탄력 있는 근육질 동맥과 뇌 뒤의 실핏줄망으로 이 문제를 해결한다.[22] 하지만 용각류는 기린보다 훨씬 목이 길기 때문에 이런 방법으로 문제를 해결할 수 없다. 그래서 척추에 플루로실pleurocoel이라는 공간이 발달했다. 이 구조는 오늘날 새한테서도 발견되는데 이 공간 안에 폐와 연결된 공기주머니가 있다. 공기주머니는 폐로 전달될 산소를 미리 받아 숨을 내쉴 때 폐에 신선한 공기를 공급해준다. 이 구조는 몸 구석구석으로 산소를 전달해주는 역할도 한다.[23]

브라키오사우루스는 콧구멍이 머리 꼭대기의 둥근 지붕 안에 있다. 콧구멍을 활용해 물속에 잠수한 뒤 콧구멍만 내놓았을 것이라는 주장도 있었으나, 50~80톤이나 되는 몸집으로 잠수했다가는 수압 때문에 숨도 쉬지 못했을 것이다.[24] 근래 학자들은 콧구멍이 뇌를 식혀주는 역할을 했을 것이라고 추정하기도 한다. 나무 그늘 아래로 고개를 내릴 수도 없이 강한 햇볕을 그대로 받아야 했기 때문에 코로 들어간 차가운 공기로 머리를 식혔다는 설명이다.

브라키오사우루스의 코에 대한 새로운 해석은 2000년대에 제시되었다. 미국 오하이오대학의 로런스 위트머Lawrence Witmer 교수는 브라키오사우루스의 코를 덮는 근육과 연관된 신경과 혈관이 지나는 작은 구멍들이 정수리가 아닌 주둥이 끝에 몰려 있음을 발견했다. 브라키오사우루스의 머리뼈에 뚫려 있는 콧구멍은 사실 살로 덮인 두툼한 코로, 실제 콧구멍은 주둥이 앞에 있다는 의미다. 코끼리바다물범도 코가 두툼한데, 체내의 수분이 콧구멍으로 증발하는 것을 막아준다.

육지에 올라왔을 때 물을 마실 수 없는 경우가 많으므로 수분 절약용 코 주머니는 꽤 유용하다. 브라키오사우루스가 살았던 쥐라기 후기는 건기와 우기가 반복되었기 때문에 혹독한 건기에 대비하기 위해 이런 코가 발달했을 것이라 추정하는 것이다. 큰 코를 암컷을 유혹하거나 경쟁자에게 경고 메시지를 보내는 데 사용했다는 설명도 있다.

대형 공룡은 음식을 소화시키는 과정에 배 속에 엄청난 양의 가스가 생긴다. 공룡이 얼마나 방귀를 뀌었는지 계산한 학자도 있다. 리버풀 존 무어스대학의 데이비드 윌킨슨David Wilkinson 교수는 20톤에 달하는 목 긴 공룡 한 마리가 하루 1.9킬로그램의 메탄가스*를 배출했을 것으로 추정했다. 소가 하루 200~300그램의 메탄가스를 배출한다는 것을 생각하면 그야말로 엄청난 양이다. 목 긴 공룡의 전성기에는 1년 동안 약 5억 톤에 달하는 메탄가스를 배출했을 것이라 추산할 수 있다. 일부 학자는 쥐라기가 끝나고 백악기가 되면서 지구의 평균기온이 많이 올라갔는데 여기에 목 긴 공룡의 방귀가 한몫했을지도 모른다고 주장한다.[25]

브라키오사우루스는 대륙이동설을 확고하게 만들어준 것으로도 유명하다. 브라키오사우루스는 주로 북미에서 발견되는데, 한국은 물론 포르투갈이나 탄자니아에서도 발견되었기 때문이다. 브라키오사우루스의 화석들은 쥐라기에 대륙들이 연결되어 있었음을 보여준다.

한국에서 살았던 부경고사우루스는 부경대학교 백인성 교수팀이 1999년 경남 하동군 금성면 갈사리 앞바다 돌섬에서 발굴한 종으로 몸길이 15미터, 무게 20여 톤에 목 길이만 10미터에 달하는 대형 공룡이다. 국내에서 발굴된 공룡 중에서 새로운 종으로 인정받은 첫 번째

＊ 메탄 Methane
탄소 1개에 수소 4개가 붙어 있는 단순한 탄소 화합물로 천연가스의 주성분이며 온실효과의 원인이다.

부경고사우루스의 화석과 복원도. 부경대학교 백인성 교수 팀이 발굴한 부경고사우루스는 한국에서 최초로 발견된 새로운 종류의 공룡이다.

종으로, 학명은 부경대학교의 이름을 땄다. 부경고사우루스는 1억 4,000만 년 전의 백악기에 살았던 것으로 추정하며 2004년 클리블랜드 자연사박물관의 공룡 목록에 931번째 속으로 등재되었다.[26]

수각류

수각류theropods는 주로 육식 공룡으로, 두 발로 걸어 다녔는데 속이 빈 뼈와 가운데 세 발가락으로 보행하도록 진화한 것이 특징이다. 수각류는 용각류를 제외한 모든 용반류를 포함하는데 기본적으로 조류도 이 그룹에 속한다. 가운데 발가락이 크고 첫째와 다섯째 발가락은 매우 작아지거나 퇴화해버렸다.

고성공룡박물관의 벨로키랍토르 복원 모형. '빠른 약탈자'라는 뜻의 벨로키랍토르는 체구는 작지만 민첩하고 무리를 지어 큰 먹잇감도 사냥했다.

이러한 발 구조는 빨리 뛰고 먹이를 잡는 데 도움이 되며
속이 빈 뼈는 몸무게는 줄이는 데 도움이 되었다.
특히 발의 길이가 너비에 비해 길고 발가락이
길며 뾰족하므로 발자국 화석에 발톱 자국이
남기도 한다. 티라노사우루스Tyrannosaurus, 알
로사우루스, 메갈로사우루스, 케라토사우루
스, 오비랍토르, 벨로키랍토르 등이 포함된다.

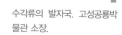

수각류의 발자국. 고성공룡박
물관 소장.

만화 〈아기공룡 둘리〉의 모델은 수각류인
케라토사우루스다. 케라토사우루스는 '뿔이 있는
도마뱀'이라는 뜻으로, 콧등과 이마에 뿔이 달렸다 해서 붙
여진 이름이다. 몸 크기는 5~6미터, 몸무게는 1톤 정도인데 머리 무
게가 다른 육식 공룡에 비해 무거운 것은 뿔 때문이다. 머리의 뿔은 코
뿔소의 뿔처럼 무기로 썼을 것이라 추정되었지만, 크기가 작아 사냥
용이라기보다는 암컷을 유혹하거나 세력 다툼할 때 썼을 것으로 생각
된다.

케라토사우루스는 강한 턱과 나란히 난 날카로운 이빨, 짧은 앞
다리와 튼튼한 뒷다리 등 사냥하기에 좋은 조건을 갖추고 있다. 여기
에 날카로운 발톱이 있어 사냥에 효율적이다. 케라토사우루스의 발자
국 화석을 보면 여러 마리의 발자국이 함께 발견되는 것으로 보아 무
리 지어 사냥했던 것으로 보인다.

케라토사우루스의 꼬리는 다른 수각류보다 넓은 편으로, 물속에
서 수영하기에 적합한 형태다. 이런 꼬리를 이용해 물고기나 수생 파
충류를 사냥했을 것으로 보는데 성질이 매우 사나워 자기보다 몸집이

■ 만화 〈아기공룡 둘리〉의 주인
공 '둘리'의 모델인 케라토사
우루스의 화석. 콧등의 뿔이
특징이다.

큰 알로사우루스 같은 공룡도 공격해 잡아먹었을 것으로 본다.[27] 실제
로 용각류 등 대형 동물의 화석에서 케라토사우루스의 이빨 자국이
종종 발견되기도 한다.

　수각류를 대표하는 공룡인 티라노사우루스는 공룡의 간판스타
로, 육식 공룡 중 가장 무섭고 사나운 공룡으로 알려져 있다. 정확한
이름은 티라노사우루스 렉스Tyrannosaurus Rex로 보통 줄여 티렉스T-Rex라
고 부른다. 티라노는 폭군, 사우루스는 도마뱀, 렉스는 왕이라는 뜻이
므로 티라노사우루스는 '폭군 왕 도마뱀'으로 해석되는데 영화 〈쥬라

기 공원〉의 공룡 주인공도 티라노사우루스다.

몸 크기 12~15미터, 높이 4미터, 몸무게 7톤에 달할 정도로 거대
하면서 뛰어난 사냥꾼으로, 학자들은 역대 지상에서 가장 큰 포식동
물predator로 티라노사우루스를 선정했다. 뇌가 크고 눈은 덩치에 비해
작지만 시각과 후각이 발달했다. 티라노사우루스의 가장 인상적인 특
징은 약 1.5미터에 이르는 큰 머리와 극도로 짧은 팔이다. 머리는 수
많은 뼈로 이루어져 있어 빈 공간이 많기 때문에 크기에 비해 매우 가
볍지만 튼튼하다.[28]

티라노사우루스는 대표적인
수각류 공룡이면서 공룡 전체
를 대표하는 공룡이라고도 할
수 있다.

이는 다른 육식 공룡에게서는 보기 드문 현상으로 티라노사우루스의 트레이드 마크기도 하다. 대부분의 육식 공룡은 발버둥 치는 먹잇감을 물었을 때 머리에 가해지는 충격을 줄이기 위해 유연한 머리뼈를 갖는 쪽으로 진화했다. 하지만 티라노사우루스는 애초에 먹잇감이 발버둥 치지 못하게 꽉 붙잡기 위해 다른 육식 공룡과 반대로 머리뼈가 단단하게 융합되는 방향으로 진화했다.[29]

티라노사우루스는 이빨도 거대하다. 약 60개나 되는 이빨 하나하나는 매우 두껍고 억세며, 큰 것은 뿌리까지 길이가 약 30센티미터에 달한다. 더욱 놀라운 것은 이빨 뿌리가 전체 길이의 3분의 2를 차지한다는 사실이다. 전형적인 육식 공룡의 납작한 이빨과는 달리 티라노사우루스류의 이빨은 상당히 두껍다.[30] 이빨은 칼처럼 날카롭고 가장자리가 톱처럼 삐죽삐죽해 한번 물

■ 티라노사우루스의 이빨. 길이가 30센티미터에 달할 정도로 거대하다.

면 사냥감이 빠져나가
지 못한다.

　티라노사우루
스의 무는 힘은 약
2.4톤에 이른다. 티라노
사우루스가 물면 뚫어지거나 찔렀다기
보다는 으깨졌다는 표현이 적당하
다. 살아 있는 동물 중에는 바다
악어가 1.36톤으로 무는 힘이 가장
강하다.

　티라노사우루스의 뒷다리는 엄청나게 크고 튼튼했으며 꼬리는
몸의 중심을 잡는 역할과 사냥감을 잡을 때 후려치는 역할을 했다. 하
지만 팔은 덩치에 맞지 않게 작다. 앞발이 너무 짧고 작아 사냥에 도움
이 되지 않았을 거라고 추정하기도 했다. 1905년 티라노사우루스의
기준표본*을 발표헌 헨리 페어필드 오즈번Henry Fairfield Osborn도 너무나
작은 팔을 보고 잘못 섞여 들어온 화석이라고 오해했다고 한다.

* 기준표본基準標本
생물을 분류할 때 그 종의 명
명과 분류의 기준이 되는 표본.

　덩치에 비해 너무나 작은 팔에 많은 학자가 가설을 내놓았다. 오
즈번은 짝짓기 때 수컷이 암컷을 긁거나 안으면서 사용했을 것으로
보았다. 비단구렁이 수컷이 짝짓기를 할 때 작은 뒤 발톱으로 암컷을
쿡쿡 찌르는 행위와 유사하다. 짧은 팔과 두 개의 갈고리 손톱을 이용
해 고깃덩어리를 입 근처까지 들어 올렸다는 주장, 발버둥 치는 먹이
를 꽉 잡는 용도라는 주장도 제기되었다.

　1970년 영국의 고생물학자 바니 뉴먼Barney Newman은 티라노사우

루스가 누웠다가 몸을 일으킬 때 짧은 팔로 몸을 밀어 올렸을 것이라 추정했다. 과연 그 짧은 팔이 그만큼 큰 힘을 발휘할 수 있느냐는 의심도 있었으나 1989년 미국 몬태나주에서 발견된 화석을 보면, 앞발은 90센티미터에 지나지 않지만 200킬로그램을 들 수 있을 정도로 강력했다고 한다. 하지만 근래 연구에 의하면 이 팔들로 몸을 일으켜 세우는 것보다 끌어안는 동작을 더 잘했을 것이라고 한다. 이것이 사실이라면 티라노사우루스는 최고의 터프가이이면서 여자의 마음을 녹일 줄 아는 로맨티스트였을지도 모른다.[31]

티라노사우루스는 눈이 사람처럼 앞을 향해 있어 물체를 입체적으로 볼 수 있고 귀도 악어와 비슷해 잘 들을 수 있다. 뒷다리와 꼬리의 구조 등으로 보아 시속 7킬로미터 정도로 걷다가, 뛸 때는 시속 50킬로미터 정도의 속도를 냈을 것이라고 추정한다. 하지만 최고 속도가 시속 20킬로미터 정도로 그리 빠른 공룡은 아니라는 연구도 있다.[32] 이 정도 속도는 마라톤 선수에 비견되는 것으로, 최근 연구에 따르면 티라노사우루스는 1초에 약 8미터 정도를 이동할 수 있을 것으로 본다. 즉, 티라노사우루스는 빠르게 걸을 수 있어서 뛸 필요가 없다는 것이다. 더욱 놀라운 것은 티라노사우루스와 함께 살았던 시기 먹잇감인 공룡들의 달리기 속도인데, 티라노사우루스가 걷는 속도보다 느리게 뛰어다녔다. 티라노사우루스는 차만큼 빠르게 이동하지는 못했지만 먹잇감을 잡는 데는 문제가 없었을 것이다.

날카롭고 힘센 턱까지 훌륭한 사냥 조건을 갖추고 있지만 눈이 작고 팔이 짧기 때문에 포식 습성이 난폭했다고 보기 어렵다는 의견도 있다. 후각이 날카롭기 때문에 죽은 동물의 시체도 먹었을 것으로

고성공룡박물관 야외에 있는 티라노사우루스의 복원 모형. 몸에 비해 팔은 우스울 정도로 짧고 작다.

보는 견해도 있다. 당시 최상위 포식자였기 때문에 다른 동물이 사냥한 먹이를 탈취하는 것은 손쉬운 일이었다는 것이다.[33]

티라노사우루스가 시체 청소부scavenger에 지나지 않았다는 설명에 반박해 기습 사냥을 전문으로 하는 지능적 사냥꾼이었다는 설명도 나왔다. 티라노사우루스가 몸을 숨기고 있다가 지나가는 먹잇감을 덮치는 방식으로 사냥했다는 것이다. 그러나 이 주장은 티라노사우루스가 살았던 백악기 후기 북미는 사바나가 넓게 펼쳐져 있어 티라노사우루스 같은 거대한 포식 동물이 몸을 숨길 수 없었다는 사실이 밝혀져 폐기되었다. 이후 발견된 화석으로 티라노사우루스는 강력한 포식자의 명예를 되찾았다. 미국 몬태나주 등지에서 발견된 트리케라톱스와 에드몬토사우루스Edmontosaurus의 화석에서 티라노사우루스의 이빨 자국이 발견되었는데, 죽은 뒤 뜯어 먹힌 흔적이 아니라 티라노사우루스에 물렸다 회복되었던 흔적이다. 티라노사우루스는 사냥할 기회가 있으면 적극적으로 사냥하고 눈앞에 시체가 있으면 시체도 주워 먹는 방식으로 생활했을 것이다.

근래 티라노사우루스에 관한 연구 중 가장 충격적인 것은 티라노사우루스에게 깃털이 있었다는 것이다. 티라노사우루스는 닭 털 같은 깃털이 달려 있었던 것은 물론 깃털의 색깔도 화려했다. 실제 티라노사우루스의 화석에서 깃털의 흔적이 발견된 것은 아니지만, 최근 발견된 딜롱Dilong등 티라노사우루스의 조상들이 깃털이 있는 모습으로 발견되었기 때문이다. 일부 학자는 티라노사우루스 성체는 몰라도 새끼는 깃털을 가지고 있었을 것이 확실하다고 주장한다. 실제 코끼리

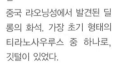

중국 랴오닝성에서 발견된 딜롱의 화석. 가장 초기 형태의 티라노사우루스 중 하나로, 깃털이 있었다.

필드 자연사박물관의 티라노사우루스 수. 가장 완벽한 형태의 공룡 화석 중 하나다.

등 사바나에 서식하는 대형 동물도 털이 없거나 있어도 매우 적은데 티라노사우루스 성체 역시 체온조절을 할 필요성이 줄어들어 털이 사라졌다는 추정이다.

그런데 여기에도 반론이 제기되었다. 최근 발견된 유티라누스 Yutyrannus는 몸길이 9미터 정도로 티라노사우루스 친척뻘 공룡인데, 성체가 되어도 온몸에 깃털이 있었다. 이로써 깃털 달린 티라노사우루스에 대한 주장이 다시 한 번 힘을 얻었다. 대형 공룡이라고 꼭 깃털이 없을 이유는 없다는 것이다.

티라노사우루스는 공룡이 새와 친척이라는 증거가 되기도 했다. 미국 시카고 필드 자연사박물관에 있는 수는 전체 골격의 90퍼센트가 발견된 가장 완전한 공룡 화석 중 하나다. 수의 골격을 보면 공룡이 점차 날개가 생기는 쪽으로 형태가 변했다고 추측할 수 있다.

조각류

조반류는 주로 네 발로 기어 다니는 몸집이 큰 초식 공룡이다. 용반류보다 진보한 골반 구조를 갖고 있다. 치골*이 뒤를 향해 있고, 아래턱에 전하악골(앞아래턱뼈)이 발달했다.

조반류는 조각류, 검룡류, 곡룡류 등으로 나뉜다. 조각류는 두 발 또는 네 발로 걸어 다녔는데 새 발자국처럼 발자국이 삼지창 모양이며, 발가락 끝이 뭉툭하다. 일반적으로 발가락 사잇각이 크다. 이구아노돈, 하드로사우루스 등이 조각류다.

등이 골판**으로 덮여 있는 검룡류와 곡룡류, 각룡류도 유명하다. 검룡류는 대체로 몸집이 크고 두개골이 작으며 등과 꼬리에 한 줄 내지 두 줄의 커다란 골판과 골창이 발달해 있다. 대표적인 검룡류 공룡으로 쥐라기 후기에 살았던 스테고사우루스Stegosaurus를 들 수 있다. 스테고사우루스는 1877년 처음 발견되었으며 아서 코난 도일Arthur Conan Doyle이 1912년에 발표한 소설 『잃어버린 세계』에도 등장한다.

스테고사우루스의 골판은 목부터 등을 따라 꼬리까지 두 줄로 늘어져 있으며 꼬리 끝에는 뾰족한 두 쌍의 가시가 달려 있다. 뒷다리는 길지만 앞다리가 워낙 짧아서 마치 땅에 떨어진 동전을 줍는 사람처럼 몸이 굽어 있다. 이런 자세는 주요 먹이인 키 작은 식물의 나뭇잎을 먹는 데 유용

* 치골恥骨
뒷다리와 척추가 결합하는 위치인 요대腰帶를 이루는 세 뼈 중 좌골 앞에 있는 뼈

** 골판骨板
넓찍한 뼈로 이루어진 외피, 악어도 골판으로 덮여 있다.

조각류의 발자국. 고성공룡박물관 소장.

고성공룡박물관의 스테고사우루스 뼈대. 등 위에 골판이 뚜렷하다.

했을 것이다. 몸 길이는 5~9미터, 몸무게 2톤 정도로 검룡류 중 몸집이 가장 크다.[34] 그런데 스테고사우루스는 몸에 비해 머리가 매우 작았다. 머리 길이는 약 40센티미터, 뇌 또한 탁구공보다 작은 70~80그램 정도로 달걀 무게와 비슷하다. 이 때문에 골반에 제2의 뇌가 있다고 주장하는 학자도 있었지만 최대 걸음걸이가 시속 6~7킬로미터로 굼뜬 초식 공룡이었던 만큼 작은 뇌로도 충분히 생활이 가능했을 것으로 보인다.[35]

　　스테고사우루스의 등을 덮은 커다란 판에는 수많은 모세혈관이 발달해 있었다. 그래서 적의 공격을 방어하기 위한 용도가 아니라, 태양열을 받아 체온을 조절하기 위한 것이었다고 추정하는 학자도 있다.[36]

스테고사우루스의 특징인 골판은 17개인데 좌우대칭이 아니라 서로 교차하며 두 줄을 이룬다. 각 골판의 길이는 60~80센티미터 정도로, 큰 것은 1미터가 넘는 것도 있다. 골판은 등 가운데로 갈수록 커져 골반 위에서 가장 크고, 꼬리 쪽으로 갈수록 다시 작아진다. 꼬리 끝에는 긴 창 형태의 뼈로 된 두 쌍의 가시가 있는데 길이는 약 90센티미터고 가시 밑 부분의 직경은 15센티미터 정도다. 골판과 꼬리 가시는 척추와 직접 관절로 연결되어 있지 않고, 근육과 인대로 연결되

유오플로케팔루스의 복원 모형. 고성공룡박물관 소장.

어 움직일 수 있었다.

　스테고사우루스는 트리케라톱스가 뿔을 사용한 것 같이 꼬리 끝의 가시를 무기로 사용했을 것으로 추정한다. 스테고사우루스가 휘두르는 꼬리 가시의 속도는 초속 8.7~12미터로, 그 끝에서 가해지는 힘은 약 360~510뉴턴*이었을 것이다.[37] 알로사우루스의 화석에서 스테고사우루스의 꼬리가시에 크게 다친 흔적이 발견되기도 했다.

✳ 뉴턴newton, N
힘의 크기를 나타내는 국제단위로, 1킬로그램의 물체에 작용해 1초당 1미터의 가속도를 발생시키는 힘이다.

　긴 뒷다리 덕분에 골반이 높이 솟아 있는데, 앞다리는 뒷다리의 절반 정도로 매우 짧아, 평소에도 머리를 지면 가까이 늘어뜨리고 다녔을 것이다. 최근에 미국 몬태나주에서 함께 발견된 스테고사우루스 5마리의 화석을 연구한 결과, 골판이 두 가지 형태로 구분된다는 점이 밝혀졌다. 넓적하고 둥근 형태는 암컷, 좁고 높은 형태는 수컷으로 추정한다.[38]

　곡룡류는 둥글거나 네모진 골편骨片으로 무장한 갑옷 공룡이다. 이들은 주로 백악기에 번성했으므로 쥐라기에 번성한 검룡류보다 효과적인 방어 체계를 지녔다. 유오플로케팔루스Euoplocephalus와 같은 곡룡류의 피부는 커다란 판과 돌기로 넒어 있어 마치 갑옷을 입은 것 같다. 또한 꼬리에는 곤봉 모양의 뼈 뭉치가 달려 있어 육식 공룡의 공격에서 몸을 지킬

안킬로사우루스의 꼬리 곤봉.
고성공룡박물관 소장.

수 있었다. 어떤 공룡은 눈을 보호하기 위해 뼈로 된 눈꺼풀을 발달시키기도 했다.

　흔히 뿔 공룡이라고도 부르는 각룡류는 콧등이나 정수리, 눈 위에 큰 뿔이 나 있으며 정수리 뼈가 방패 모양으로 발달했다. 앵무새의 부리같이 생긴 주둥이 뼈를 이용해 식물을 뜯고 뒤의 이빨로 먹이를 잘게 씹었을 것이다. 각룡류의 뿔과 프릴은 머리를 훨씬 크게 보이게 해서 자기 과시와 방어용으로 사용했을 것으로 추정한다.[39]

공룡의
이모저모

　　공룡은 6,500만 년 전에 사라졌고, 직접 본 사람이 없기 때문에 공룡에 관해 많은 논란이 있어왔다. 그중 대표적인 것으로는 공룡의 크기에 관한 것, 공룡의 지능에 관한 것, 공룡의 성별에 관한 것, 공룡의 피부에 관한 것, 체온에 관한 것, 모성애에 관한 것 등이 있다. 여기서는 공룡에 관한 다양한 논란을 살펴본다.

공룡이 거대해진 이유
　　공룡이 인기가 많은 중요한 이유는 몸집이 어마어마하게 크기 때문이다. 가장 유명한 공룡인 티라노사우루스는 아프리카코끼리만큼 컸다. 초식 공룡인 브라키오사우루스는 현재 살아 있는 어느 육상동물보다 훨씬 거대했다. 아르헨티노사우루스Argentinosaurus는 몸길이가 40미터나 되고 몸무게가 100톤에 이르렀을 것으로 추측한다. 현재 공룡과 비견할 만한 동물로는 흰긴수염고래*밖에 없지만, 흰긴수염고래는 바다에서 살기 때문에 거대한 몸이 큰 문제가 되지 않으므로 육상에서 살았던 공룡과는 비교 대상이 아니다.

공룡의 커다란 몸집이 주목을 받는 것은, 과거에는 공룡을 현재의 파충류와 같이 보았기 때문이다. 공룡을 디노사우르dinosaur라 명명한 것도 '무서울 정도로 큰 것'을 의미하는 디노스dinos와 파충류인 '도마뱀'을 의미하는 사우르saur를 결합한 것이다. 공룡이 파충류라면 당연히 오늘날의 파충류처럼 성장할 것이라고 생각했다.

포유류나 조류는 일생의 초기 일정 기간 동안 성장한다. 인간은 약 20살까지 성장하고 이후에는 더 자라지 않는다. 하지만 파충류는 죽을 때까지 평생 느린 속도로 성장한다. 그래서 어른이 된 거북이나 악어는 먹잇감이 얼마나 풍부한지, 살아가는 환경이 어떤지에 따라

* 흰긴수염고래Blue whale
현존하는 가장 큰 동물로 대왕고래라고도 한다. 전체 길이 23~27미터, 몸무게는 160톤에 이른다.

아르헨티노사우루스는 몸길이 40미터, 몸무게 100톤에 이른다.
■

몸 크기가 달라진다.

1960년대까지만 해도 공룡이 파충류라는 것을 누구도 의심하지 않았다. 하지만 연구가 진행되면서 1970년대에 이 생각이 흔들리기 시작했다. 학자들은 공룡 화석을 통해 공룡의 성장을 연구하기 시작했다. 우선 공룡 뼈에 나타난 미세구조와 나이테를 조사해 공룡이 얼마나 빨리 성장했는지, 몇 살까지 살았는지 조사했다.

1999년, 매캘러스터대학의 크리스티나 커리 로저스Kristina Curry Rogers 교수는 거대한 초식 공룡인 아파토사우루스가 8~11세에 몸길이가 25미터에 달할 정도로 완전히 성장한다고 발표했다. 수십 년이 걸려야 이렇게 거대하게 자랄 것이라는 당시의 믿음과는 반대되는 결과였다. 로저스 교수의 주장은 상당한 비판을 받았는데, 2001년 7월 플로리다주립대의 그레고리 M. 에릭슨Gregory M. Erickson 교수 등 2개의 연구팀에서 각각 다른 기술로 여러 공룡의 성장 곡선을 만든 결과 공룡이 파충류보다 빠른 속도로 성장했다고 결론을 내렸다. 공룡의 성장 속도는 새처럼 빠르지는 않았지만 포유류와 비슷해 어른이 되면서 성장 속도가 점점 느려지다 멈추는 것이었다.

2004년 8월, 에릭슨 교수가 티라노사우루스의 성장에 대한 비밀을 풀었다. 에릭슨 교수는 티라노사우루스를 비롯해 다스플레토사우루스Daspletosaurus, 고르고사우루스Gorgosaurus, 알베르토사우루스 Albertosaurus 등 네 종류의 뼈를 조사해 이들이 인간처럼 청소년기에 급격하게 성장하는 특성을 보이는 것을 발견했다.

티라노사우루스는 10세까지만 해도 몸무게가 500킬로그램도 나가지 않지만 14~18세에 급격히 성장했다. 이 기간에는 하루 평균 2킬

로저스 교수는 아파토사우루스의 거대한 몸이 8~11세 사이에 완전히 성장했을 것이라고 보았다.

로그램 정도 몸무게가 늘었다. 20대 초반까지 티라노사우루스는 지금까지 발견된 가장 큰 육식 공룡과 비슷한 크기로 자랐다는 것이다.

공룡 뼈에 나타난 나이테를 통한 연구도 공룡이 파충류보다 포유류나 새처럼 어릴 때 성장한다는 것을 보여주었다. 하지만 이에 대한 반론도 나왔다. 독일 본대학의 파울 마르틴 잔더Paul Martin Sander 교수는 중생대 초기에 살았던 플라테오사우루스Plateosaurus의 뼈를 연구한 결과 놀랍게도 플라테오사우루스는 파충류와 같은 성장 패턴을 보여주었다. 플라테오사우루스는 몸 크기가 매우 다양했는데 몸길이가 5미터도 안 되는 개체가 있는가 하면 그보다 두 배 큰 것도 있었다. 이는 파충류가 주변 환경에 따라 몸의 크기가 다르게 성장하는 것과 같은 패턴이다. 이 연구 결과 공룡이 생각했던 것보다 여러 갈래로 진화했을 것이라는 추정이 가능해졌다. 공룡이 포유류와 비슷하든 파충류와 비슷하든 어째서 그렇게 거대해질 수 있었느냐는 질문에 현재 학자들이 제기하는 가설은 다음과 같다. 이 질문은 왜 초식 공룡이 육식 공룡보다 컸는지와도 연계된다.[40]

첫째는 당시에 먹을거리가 많았기 때문이다. 중생대는 오늘날과 환경이 많이 달랐다. 지금보다 대기 중에 산소와 이산화탄소가 많았다. 중생대의 어느 시기에는 지금보다 산소는 50퍼센트, 이산화탄소는 500퍼센트 많았다는 연구 결과도 있다. 그래서 지금보다 매우 따

국립과천과학관 앞의 플라테오사우루스 복원 모형. 플라테오사우루스는 주변 환경에 따라 다양한 형태를 보여주었다.

뜻해 지구는 마치 온실과 같았다. 식물이 무성하게 자라나 초식 공룡은 맘껏 식물을 먹을 수 있었다. 육식 공룡도 주변에 먹잇감인 대형 초식동물이 많으므로 크게 성장할 수 있었다는 것이다.

실제로 2003년 노스캐롤라이나주립대의 사라 디체드Sara Decherd 박사는 중생대에 식물들이 얼마나 잘 자랐을까 연구했는데, 중생대와 비슷한 대기 환경에서 은행나무는 지금보다 3배나 빨리 성장했다. 중생대에는 식물이 많은 것은 물론 빨리 자랐기 때문에 먹성 좋은 공룡들의 식성을 감당할 수 있었을 것이다.

물론 초식 공룡이 아무 식물이나 먹을 수 있었던 것은 아니다. 당시 식물은 현재의 식물과 달리 두꺼운 껍질로 싸인 구과식물*, 독소로 채워져 있는 소철식물**, 열량이 낮은 양치식물*** 등이었다. 초식 공룡들은 이런 식물도 먹었겠지만, 거대한 몸을 지탱하고 유지하기에는 상당한 문제가 있었을 것이다. 더구나 식물의 셀룰로오스****를 완벽하게 분해하는 것은 간단한 일이 아니다. 오늘날 많은 초식동물은 위장 속에 셀룰로오스를 분해하는 박테리아를 키운다. 위장에 들어온 식물을 박테리아가 분해시켜 에너지를 뽑아내는 것이다.

그런데 이런 박테리아는 저절로 몸속에 생기는 것이 아니고, 유전도 되지 않기 때문에 외부에서 섭취해야 한다. 부모에게 박테리아를 얻는 방법 중 하나는 부모의 배설물을 먹어 박테리아를 물려받는 것이다. 오늘날 코끼리, 코알라, 하마, 이구아나 같은 다양한 초식동물이 이런 방식을 취한다.⁴¹

둘째는 판게아가 컸기 때문이라는 주장이다. 중생대에는 판게아라는 거대 대륙이 형성되어 있었는데, 대륙의 크기가 공룡의 크기와

* 구과식물
겉씨식물의 구과목에서 소철류와 은행나무류를 제외한 것으로 소나무, 삼나무 등이 대표적이다.

** 소철식물
겉씨식물 소철목 소철강 소철목 소철과 식물을 총칭한다. 잎이 넓게 자라는 상록관목으로 열대와 온대 지방에서 주로 자란다.

*** 양치식물
꽃이 피지 않고 포자로 번식하는 식물. 고사리가 대표적이다.

**** 셀룰로오스cellulose
식물 세포벽의 주성분인 다당류로 섬유소라고도 한다.

관련 있다는 것이다. 대륙이 크면 그만큼 넓은 땅에서 먹을거리를 구할 수 있다. 캘리포니아대학의 게리 버니스Gary P. Burness 교수는 남오스트레일리아과학관과 공동으로 대륙의 크기와 동물의 크기 연관성을 조사했다. 버니스 교수는 30개의 섬과 대륙에 사는 가장 큰 초식동물과 육식동물을 분석해 대륙이 클수록 거기 사는 가장 큰 동물의 크기가 큰 것을 발견했다. 하지만 이 가설은 즉각 반격을 받았다. 판게아

디플로도쿠스의 뼈대. 덩치가 클수록 육식동물에게 잡아먹힐 위험이 줄어든다.

가 여러 대륙으로 나뉘기 시작하는 시기와 가장 큰 공룡이 출현한 시기가 맞지 않기 때문이다. 가장 큰 공룡이 출현하기 8,000만 년 전에 이미 판게아 대륙은 쪼개지기 시작했다.

셋째는 거대한 몸집이 생존에 유리하다는 것이다. 초식동물은 몸집이 크면 육식동물에게 잡아먹힐 위험이 줄어든다. 오늘날 다 자란 코끼리를 사냥할 수 있는 육식동물은 거의 없다. 공룡 화석 연구에 따르면 초식 공룡은 대부분 질병이나 노화로 죽었지만, 육식 공룡은 상처투성이로 죽었다. 초식 공룡은 거대한 몸 덕분에 오래 살 수 있었다는 설명이다.

또 다른 파격적인 가설은, 당시의 중력이 현재보다 작았기 때문이라는 것이다. 오스트레일리아의 지구과학자 새뮤얼 워런 케리Samuel Warren Carey는 판구조론을 정립하면서 '팽창하는 지구설'을 세웠다. 과거의 지구 모양은 지금과 달랐으며 지구는 점점 팽창한다는 것이다. 공인된 학설은 아니지만 케리의 팽창하는 지구설에 따르면, 과거에는 지구의 중력이 지금보다 작았으므로 공룡이 거대한 몸을 가질 수 있었다는 것이다. 대형 초식 공룡은 무거운 몸 때문에 넘어지기만 해도 다리에 치명적인 상처를 입었을 것인데, 공룡이 살았던 당시 중력이 작았다면 이런 문제가 해소된다. 하지만 케리의 주장은 당시 지구의 중력을 알아낼 방법이 없으므로 사실 여부를 가려낼 수 없다.

디체드 박사가 제시한 가설도 주목을 받았다. 공룡 시대의 속씨식물* 진화가 거대한 공룡의 쇠퇴와 관련 있을지 모른다는 설명이다. 영양분이 풍부한 식물이 공룡의 성장을 촉진시켰을 것 같지만 사실은 그 반대라는 것이다. 쥐라기에는 겉씨식물처럼 영양분이 적은 섬유질

* 속씨식물

현화식물顯花植物이라고도 한다. 꽃을 피우며 밑씨가 씨방 안에 들어있다. 중생대에 처음 지구에 나타났다.

식물이 많았다. 공룡은 발효통 역할을 할 큼직한 위가 필요해 몸이 비대했을 수도 있는데, 영양분이 풍부한 식물이 등장해 이런 큰 위가 필요 없어지자, 덩치 큰 공룡은 사라지기 시작했다는 것이다.

그렇다면 포유류는 왜 거대해지지 않았을까? 포유류는 새끼를 배며 덩치가 클수록 임신 기간이 길다. 이런 느린 과정 때문에 새끼가 적어 큰 포유동물은 환경에 쉽게 적응하기 어렵다는 것이다. 스미스소니언자연사박물관의 매슈 카라노Matthew Carrano 박사는 몸집이 크면 생존에 이점이 있지만 어느 시점에 이르면 이점보다 위험이 많아진다고 지적했다. 카라노 박사는 작은 공룡의 한 계통만 백악기 말 대량 멸종에서 살아남을 수 있었다고 말했다. 바로 새다.

지구 역사상 가장 거대한 육상동물인 공룡이 어떻게 그렇게 거대할 수 있었는지에 대한 확실한 정답은 아직 제시되지 않았다. 하지만 지속적인 연구로 더 명확한 자료가 제시될 것이다. 우리는 아직 공룡에 대해 모르는 것이 너무 많다.[42]

공룡은 얼마나 똑똑했을까?

공룡은 과연 1억 6,500만 년 동안 성공적으로 지구를 석권할 수 있었을 만큼 지능이 높았을까? 영화 〈쥐라기 공원〉에서 공룡은 지능이 높은 동물로 나온다. 현대 과학은 두개골의 크기, 상대적인 눈 크기와 위치 등으로 동물의 지능을 추측한다. 뇌가 클수록 지능이 높다고 여겨지는데, 뇌의 크기는 두개골의 절반 정도다. 그래서 몸에 비해 머리가 극히 작은 용각류는 작은 육식 공룡에 비해 지능이 낮았다고 추측한다. 일반적인 공룡의 지능은 다음과 같이 분류한다.

용각류 〈 곡룡류 〈 검룡류 〈 각룡류 〈 조각류 〈 큰 육식 공룡 〈 작은 육식 공룡

몸무게는 공룡의 종류에 따라 차이가 큰데, 수 톤이 넘는 공룡이라도 뇌의 무게는 1킬로그램도 되지 않는 경우가 다반사다. 뇌의 무게가 몸무게의 2만 분의 1 정도밖에 되지 않는 경우도 있다. 고래나 코끼리의 뇌 무게는 몸무게의 2,000분의 1, 유인원은 100분의 1, 현생인류는 40분의 1을 차지하는 것과 비교해 볼 때 공룡의 뇌는 너무나 작다.

영화 〈쥬라기 공원〉에 영리한 공룡으로 등장한 벨로키랍토르의 머리뼈. 몸에 비해 큰 머리뼈는 벨로키랍토르가 공룡 중 지능이 높았다는 증거다.

학자들은 일부 공룡을 제외하면 대부분의 공룡이 머리가 나빴다는 데 이의를 제기하지 않는다. 1억 6,500만 년이라는 장기간 지구를 지배했음에도 지구의 환경 변화에 슬기롭게 대처하지 못해 멸종했을 것으로 추정하는 학자도 있다. 멸종을 피하기 위해서는 뇌가 커지든가 몸이 작아지는 진화 과정을 밟아야했다는 것이다.[43]

공룡의 암수는 어떻게 구별할까?

과학자들은 공룡의 뼈 구조를 공룡과 유사한 새나 악어의 골격과 비교해 암수를 구분한다. 예를 들어 티라노사우루스는 골격이 비교적 큰 것을 암컷으로 본다. 이러한 현상은 대체로 수컷이 암컷보다 큰 포유류와 반대다. 그러나 동물 중에는 암컷이 수컷보다 큰 종이 많다. 무척추동물 대부분이 그렇고, 어류나 양서류, 맹금류도 암컷이 수컷보다 크다.

또한 꼬리뼈에서 아래로 돌출된 혈관궁*의 구조에도 차이가 있다. 악어와 티라노사우루스의 꼬리뼈 혈관궁을 비교해보면 수컷은 성기를 사용하지 않을 때 배설강이라는 구멍에 집어넣어 보호하는데 이를 위해서는 성기수축근이 필요하다. 이 근육은 척추 아래에 돌출된 첫 번째 혈관궁에 연결되어 있다. 암컷은 첫 번째 혈관궁이 없을 뿐만 아니라 나머지 혈관궁의 크기도 수컷의 절반이다. 암컷이 알을 낳기 위해 더 많은 공간이 필요했기 때문에 생긴 차이로 추정한다.

✱ **혈관궁**chevron
꼬리뼈 아래를 지나는 혈관을 감싸 보호하는 뼈

공룡은 어떻게 음식을 소화시켰을까?

공룡을 분류할 때 중요한 기준 중 하나는 이빨 모양이다. 공룡은 이빨이 사람처럼 앞니, 송곳니, 어금니로 기능에 따라 세분화되지 않고, 한 가지 모양의 이빨이 입 안을 채우고 있었다. 육식 공룡은 질긴 육질을 잘 뜯어낼 수 있도록 이빨이 날카롭게 발달했다. 칼날처럼 솟은 이빨은 톱니 같은 구조로 초식 공룡의 질긴 근육을 자를 수 있다. 반면 초식 공룡은 나뭇잎이나 풀을 추수하듯이 긁어낼 수 있는 이빨을 갖고 있다.

초식 공룡이든 육식 공룡이든 먹이를 입으로 가져오더라도 음식을 잘 으깰 수 없는 것이 문제다. 통째로 삼켜 배 속으로 밀어 넣어야 했기 때문에 소화 과정을 돕기 위해 돌을 삼킨 후 모래주머니에 저장했다. 모래주머니는 오늘날의 닭이나 오리한테서도 볼 수 있다. 이런 돌들을 위석*이라고 부른다.

대형 초식 공룡인 브라키오사우루스는 큰 몸집을 유지하기 위해 하루 1톤 이상의 식물을 먹어야 했는데, 위장 운동만으로 엄청난 양의

✱ **위석**胃石
소화계에 있는 돌을 말한다. 씹는 이빨이 없는 동물이 음식을 잘게 부수는 데 사용한다. 위석의 크기는 모래부터 큰 자갈까지 다양하다.

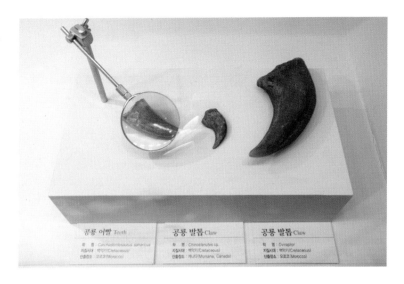

■
육식 공룡인 카르카로돈토사
우루스Carcharodontosaurus의
이빨(왼쪽). 살점을 뜯기 좋게
날카롭게 발달했다.

대형 초식 공룡의 위 안에서
나온 위석. 오늘날의 닭처럼
공룡도 소화를 돕기 위해 돌
을 삼켰다.
■

음식을 소화하기 힘들기 때문에 일단 먹이를 소화액으로 유연하게 만
든 후 장으로 밀어내는 데 위석을 사용했을 것이다.

위석은 계속 사용하다 보면 마모되어 음식물을 잘 분해하지 못하
게 된다. 오늘날의 새들은 주기적으로 모래주머니의 위석을
뱉어낸 후 새로운 돌을 골라 삼킨다. 과거 공룡도 때때로
위석을 보충하거나 교체했을 것이다. 위석을 분석해보
면 출토지를 알 수 있는데, 아프리카의 짐바브웨에서
발견된 공룡의 위석은 20킬로미터 떨어진 지역에서
생산된 것이었다. 공룡이 위석을 얼마나 신중하게 골
랐는지 보여준다. ❝

공룡은 어떤 색일까?

공룡의 피부는 어땠을까? 공룡의 피부는 화석으로 보존되기 어렵기 때문에 공룡의 피부가 어떠했는지 가늠하기가 어렵다. 경상남도 진주시 가진리에서 희귀한 공룡의 피부 조각이 발견되었는데, 이 화석을 보면 공룡은 오늘날 파충류처럼 수천 개의 골편이나 질긴 비늘로 덮여 있었다.

공룡의 피부가 어떤 색이었는지, 또는 줄무늬나 반점이 있었는지는 아직도 정확히 파악하지 못하고 있다. 영화나 그림에 나타나는 공룡의 색깔이나 무늬는 상상해서 그린 것이다. 그러나 무작정 공상으로만 그리지는 않는다. 동물의 몸 색깔은 위장을 하거나 무리를 확인하는 데 도움을 준다. 다른 파충류보다 시력이 발달했던 공룡도 위장하거나 자기들끼리 구분하기 위해 다양한 피부색을 띠었을 것이다. 예를 들어 낮은 관목의 잎을 뜯어 먹었던 이구아노돈 같은 중간 크기의 조각류 공룡은 육식 공룡에게 자신을 보호하기 위해 초록색과 노란색이 섞인 피부였을 것으로 추정한다.

피부색은 공룡의 짝짓기 경쟁에 중요한 역할을 했을 것이다. 오늘날 작은 새와 파충류의 수컷은 짝짓기 계절에 밝은 색을 띤다. 색깔을 통해 수컷은 짝짓기 준비가 되어 있다는 것을 알리며 암컷이 배우자를 선택하는 데 도움을 준다.[45]

근래 수 나노미터 크기의 물체

해남공룡박물관에 전시된 수각류(왼쪽)와 조반류(오른쪽) 피부 화석.

＊ 주사전자현미경
시료 표면을 전자선으로 주사해 입체 구조를 직접 관찰하는 전자현미경으로, 시료 내에 있는 특정 원소의 검출이나 분포를 해석하는 수단으로도 사용한다.

를 볼 수 있는 주사전자현미경＊을 이용해 화석에 남아 있는 색소세포를 찾아낼 수 있게 되었다. 모든 피부 화석에서 색소세포를 찾아낼 수 있는 것은 아니지만 깃털 화석은 비교적 색소세포가 잘 보존된다.

안키오르니스Anchiornis는 비둘기만 한 깃털 공룡으로 새와 비슷하게 생겼다. 언뜻 보기에 작은 시조새같기도 한데 주사전자현미경으로 분석한 결과 몸체는 회색 또는 검은색 깃털로 덮여 있었고 날개털에는 흰색과 검은색으로 이루어진 띠무늬가 있었다. 머리 위의 깃털로 된 볏은 적갈색이었다. 안키오르니스는 오늘날 새처럼 깃털을 갖고 있었을 뿐만 아니라 색깔도 유사했다.

공룡의 피부색 연구는 계속되고 있다. 시노사우롭테릭스Sinosauropteryx는 알락꼬리여우원숭이처럼 꼬리에 줄무늬가 있고, 마이크로랍토르Microraptor는 까마귀나 까치처럼 푸르스름한 깃털을 가졌을 것으로 추정된다.[46] 티라노사우루스나 트리케라톱스 같은 유명한 공

베를린 자연사박물관의 안키오르니스 복원 모형. 주사전자현미경으로 공룡의 깃털 색깔도 밝힐 수 있게 되었다.

© Fiver, der Hellseher

룡의 색깔도 알 수 있는 날이 멀지 않을 것으로 보인다.

공룡은 냉혈동물일까, 온혈동물일까?

공룡을 둘러싼 중요한 논쟁 중 하나는 공룡이 변온동물이냐 항온동물이냐다. 뱀과 같은 파충류는 냉혈동물(변온동물)이다. 파충류의 특징은 햇볕을 받으면 몸이 따뜻해지고 외부 온도가 떨어지면 몸도 따라서 차가워지는 것이다. 체온을 유지하는 생물학적 장치가 없기 때문이다. 파충류가 냉혈동물이라고 해서 만지면 항상 차갑다는 것은 아니다. 냉혈동물의 체온은 온혈동물과 비슷한 때도 있으며 오히려 더 높은 경우도 있다. 냉혈동물과 온혈동물의 차이는 체온을 조절하는 구조가 완전히 다르다는 데 있다.

냉혈동물인 양서류와 파충류는 대부분 심장이 3실 구조다. 심장으로 돌아오는 피를 받아들여 팽창하는 2개의 심방*과 이것을 다시 몸으로 펌프질해 보내는 1개의 심실**로 된 구조다. 따라서 도마뱀의 심실은 폐에서 들어온 피를 몸으로 내보낼 뿐만 아니라 몸속을 돌아온 피를 폐로 순환시키는 두 가지 역할을 해야 한다. 피는 폐를 거치면서 산소를 채우지만 몸을 한 바퀴 돌아오면 산소가 고갈된다. 도마뱀은 심실이 하나밖에 없기 때문에 폐에서 방금 넘어온 신선한 피와 온몸을 돌고 온 오래된 피가 한데 섞인다. 따라서 근육으로 가서 에너지를 만들어야 할 피에 산소량이 충분하지 못하게 된다. 부족한 에너지를 얻기 위해 도마뱀이나 악어는 낮 시간의 90퍼센트 정도를 햇볕을 쬐며 활동에 필요한 에너지를 얻는 것이다.

반면에 온혈동물인 조류와 포유류는 심방과 심실이 2개씩인 4실

* 심방心房
심장에서 정맥과 직접 연결된 부분으로, 심장으로 들어오는 피가 모인다.

** 심실心室
심장 아랫부분으로 동맥과 직접 연결된 부분이다. 조류와 포유류는 심실이 좌우로 분리되어 있다.

구조다. 심장에 있는 두 번째 심실이 폐를 거쳐와 산소가 가득 찬 피와 몸의 다른 부분에서 온 오래된 피를 완전히 분리시켜주므로 산소가 충분히 근육에 전달된다.[47]

온혈동물(항온동물)인 조류와 포유류는 극심한 추위 속에서도 활동할 수 있지만 파충류 등 육상 변온동물은 기온이 떨어지면 점점 움직임이 둔해지다가 영하로 떨어지면 죽기 십상이다. 포유류나 새 같은 항온동물은 음식에서 에너지를 얻어 체온을 조절할 수 있지만 파충류와 같은 변온동물은 체온을 유지하기 위해 햇볕과 그늘 사이를 왔다 갔다 해야 한다.

초창기 공룡학자들이 공룡을 변온동물로 추정한 이유는 공룡이 알을 낳고, 알의 내용물이 세 부분으로 되어 있어 파충류로 분리해도 무리가 없다고 생각했기 때문이다. 더욱이 대부분 해부학적인 증거도 파충류 특성을 보였다. 두개골에서 파충류와 똑같은 함몰공이 확인되고 이빨도 파충류처럼 생겼다.

그런데 공룡의 화석이 계속 발견되면서 엉치뼈, 등뼈 또는 다리뼈가 파충류와 판이하다는 점도 발견되었다. 네 다리가 몸체의 측면이 아니라 바로 아래 있는 것은 도마뱀이나 악어와 같은 냉혈동물에서는 보기 어려운 것으로 포유류나 조류의 자세에 가깝다. 그런데도 공룡을 파충류로 비정比定한 것은 공룡을 항온동물로 인정할 증거가 너무 부족했기 때문이다.

공룡 연구가 본격적으로 진전된 1960년대부터 대부분의 공룡은 활동적으로 살았고 추운 기후에도 생존했다는

고성공룡박물관에 전시된 공룡 알 화석. 학자들이 공룡을 변온동물로 봤던 이유 중 하나는 알을 낳는 것이 파충류의 특성이기 때문이다.

증거가 속속 발견되었다. 예일대학의 존 오스트롬John Ostrom 교수는 공룡 화석이 발견되는 곳은 파충류가 살 수 있을 정도로 더웠다고 해석해왔지만, 공룡이 차가운 지역에서도 살았다는 증거가 많이 발견된다고 주장했다. 오스트롬 교수는 데이노니쿠스Deinonychus의 화석을 보고 발톱이 달린 뒷다리를 휘둘러 먹잇감을 사냥했을 것이라며, 그러기 위해서는 상당한 균형 감각과 민첩성이 필요하다는 점을 강조했다. 냉혈동물이면 이런 행동이 불가능하다는 것이다.

온혈동물은 체온이 높고 신진대사가 왕성하며 몸의 무게중심이 높고 동작이 빠르다. 온혈동물은 몸을 따뜻하게 하기 위해 많은 열량이 필요하다. 같은 부피라도 설치류인 쥐가 파충류인 악어보다 10배나 많은 연료가 필요하다. 벌새는 가만히 있을 때도 동일한 무게의 개구리의 근육보다 500배 많은 산소를 사용한다. 온혈동물이 거의 일생을 서서 다니는 것은 몸속에서 많은 열량을 내기 때문이다. 오스트롬 교수가 공룡은 온혈동물이라는 주장을 편 뒤로 많은 학자가 그의 편에 서기 시작했다. 공룡의 온혈설이 힘을 얻은 이유는 다음과 같다.

첫째, 공룡은 파충류처럼 기어 다니지 않고 포유류처럼 걸어 다닌 것은 물론 뛰기까지 했다. 파충류는 뱀처럼 다리가 없는 종을 제외하면 다리가 동체 옆으로 뻗어 있으나 공룡은 포유류처럼 다리가 동체 아래에 있어 다리를 곧추세우고 걸어 다녔다. 국내에서 발견된 공룡의 발자국 화석을 보면 하나같이 꼬리를 끈 흔적이나 복부를 땅에 끈 흔적이 없다. 이는 체중을 온전히 다리에 싣고 꼬리를 수평으로 든 상태에서 걸어 다녔다는 것을 증명한다. 이러한 자세는 공룡이 온혈동물이라는 것을 보여준다.

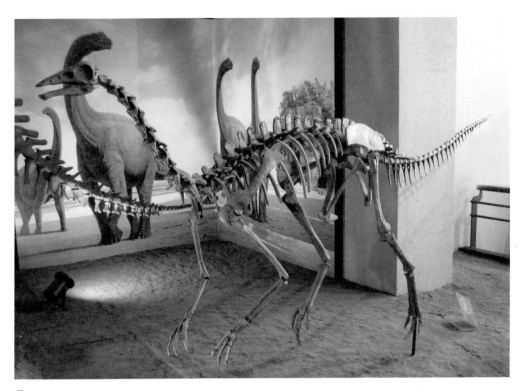

아르카에오르니토미무스
Archaeornithomimus의 뼈
대. 다리뼈가 파충류처럼 몸
옆에 있는 게 아니라 몸 아래
붙어 있다.

둘째, 공룡의 다리 길이와 비율은 파충류와 차이가 크며 오히려
포유류에 가깝다. 셋째, 공룡은 피를 효과적으로 펌프질할 수 있는 기
능 좋은 심장을 가졌을 가능성이 높다. 온혈동물은 재빠르게 움직이
고 활동적이기 때문에 산소와 영양분을 온몸으로 제때 원활하게 공급
해야 하므로 기능이 좋은 심장이 절대적으로 필요하다. 냉혈동물은
재빠르게 움직이지 못하기 때문에 산소와 영양분을 그렇게 활발하게
공급할 필요가 없다. 더구나 목 긴 공룡은 수 미터나 되는 목을 통해
심장에서 멀리 떨어진 뇌까지 피를 빠르게 공급해야 하기 때문에 상

당히 기능 좋은 심장을 가졌을 가능성이 크다.

　넷째, 공룡은 추운 지역에서도 살 수 있었다. 온혈동물은 체온을 따뜻하게 유지할 수 있으므로 추운 지역에서도 활동적으로 생활할 수 있다. 공룡의 화석은 남극은 물론 북극에서도 발견된다. 1973년 캐나다 북부 유콘Yukon준주의 백악기 지층에서 오리주둥이 공룡의 화석을 발견했다. 공룡이 살았던 당시에 이 지역은 얼음으로 덮여 있지는 않아도 다른 지역보다 추웠다. 공룡이 상당히 추운 지방에서 살 수 있었다는 것은 두 가지를 의미한다. 태양 없이 겨울을 지내든가 따뜻한 곳으로 이동했다가 다시 돌아오는 것이다. 만약 공룡이 냉혈동물이라면 태양 없이 살 수 없으며 육중한 몸을 이끌고 800킬로미터나 떨어진 남쪽으로 가야 했을 것이다. 공룡이 추위에 열악한 냉혈동물이라면 그런 지역에서 화석이 나올 수 없다는 것이다.[48]

　다섯째, 공룡은 매우 빠르게 성장했다. 과거에는 공룡의 성장 속도가 매우 느렸으며 대형 공룡은 죽을 때까지 계속 성장했을 것으로 생각했다. 그러나 현대 과학자들은 버스만 한 공룡이 어른이 되기까지 약 7년이 걸리며 농구공만 한 새끼 아파토사우루스가 30톤짜리 어른이 되기까지 약 12년이 걸렸다는 결과를 내놓았다. 이 정도의 성장 속도라면 공룡이 온혈동물일 수밖에 없다.

　여섯째, 공룡은 파충류에서는 나타나지 않고 포유류의 뼈에서 찾아볼 수 있는 수많은 하버스관*이 있다. 일곱째, 공룡은 입과 콧구멍을 분리할 수 있어서 입으로 먹이를 먹는 동안 코로 숨을 쉴 수 있는데, 파충류는 그런 기능이 없다. 여덟째, 두개골에 머리를 가볍게 하고 몸을 식히기 위한 공기 통로가 있는 공룡이 있는데, 항온동물이 아니

＊ 하버스관Haversian canais
골 안에 있는 관으로, 골의 장축방향으로 연결된다.

■
아파토사우루스의 복원 모형.
이런 성체로 자라기까지 약
12년이 걸린다.

면 몸을 식힐 필요가 없다. 아홉째, 티라노사우루스의 화석을 산소 동위원소로 분석한 결과 신체 각 부위의 온도차가 매우 적었다. 이 역시 온혈동물의 특징이다.

열째, 육식 공룡의 수가 초식 공룡에 비해 월등하게 적었다. 온혈동물은 대부분 초식성이며 육식성은 전체의 4퍼센트 정도다. 육식성 온혈동물은 원활한 영양 공급을 위해 많이 먹어야 하므로 개체 수를 늘리는 데 한계가 있다. 반면 냉혈동물은 적은 양의 먹이만 먹고도 살아갈 수 있으므로 개체 수가 많아도 살아갈 수 있다.

마지막으로 새의 조상이 공룡이라면 새가 온혈동물이므로 공룡도 온혈동물이라는 설명이다.[49] 또한 공룡의 알은 파충류의 알보다 조류의 알과 흡사하고, 공룡의 골격 구조가 새와 흡사한 것을 볼 때 공룡 역시 새처럼 온혈동물이었으리라는 설명이다.

하지만 공룡은 냉혈동물이라는 학자들도 있다. 냉혈동물이라도 체격만 충분히 크면 추위 속에서도 몸을 따뜻하게 유지하는 것이 가능하다는 것이다. 동물의 체온은 생체 조직 속에서 진행되는 화학 반응에서 나온다. 몸이 크고 무거울수록 일상생활에서 만들어내는 열도 많으며 이 열은 몸 표면을 통해 발산된다. 체중과 표면적은 체격이 커짐에 따라 같은 비율로 증가하지 않는다. 체중은 세제곱에 비례하지만 표면적은 제곱에 비례하기 때문이다. 따라서 큰 동물은 작은 동물에 비해 발산하는 열이 적다. 냉혈동물이라도 몸이 대단히 크면 몸에서 나오는 열에 낮 동안 햇볕에서 받아들인 열을 충당해 밤의 추위 속에서도 활동할 수 있다는 것이다. 즉, 포유류처럼 체온을 조절하지 않아도 몸집이 크면 열이 빠져 나가는 속도가 느리기 때문에 체온을 유지할 수 있었다는 설명이다. 이를 공룡의 관성항온설이라고 한다. 만약 몸이 매우 큰 초식 공룡이 온혈동물이었다면 높은 체열로 생리현상에 이상이 생겨 죽었으리라는 주장도 제기되었다.

그러나 몸집이 100톤이 넘는 공룡이 냉혈동물이라면 체온을 1도 올리기 위해 밤낮없이 86시간이나 햇볕을 쬐어야한다는 계산이 나오자 온혈동물설이 다시 힘을 얻었다. 특히 새끼 공룡의 성장이 타조만큼 빨랐다는 연구와 공룡에서 조류가 진화했다는 학설이 제기되자 온혈동물설이 확정되는 것처럼 보였다. 그러나 공룡을 포유류처럼 온혈동물로 단정하는 데에 결정적인 문제점이 있다. 포유류라면 당연히 있어야 하는 유선*이 없고 알을 낳는다는 점이다. 이는 냉혈동물의 특

* 유선乳線
젖샘이라고도 한다. 포유류의 유방 속에서 젖을 분비하는 샘으로, 땀샘에서 진화한 것이다.

성이다.

　대형 동물이 온혈동물이라고 해도 문제는 생긴다. 만약 30톤이 넘는 공룡이 에너지 소비가 큰 온혈동물이라면 그 큰 체구를 유지하기 위해 사나흘은 자지도 않고 계속 먹어야 하기 때문이다. 현재 육상 포유류 중에서 가장 큰 코끼리의 경우 몸무게가 4톤 정도인데 하루에 약 300킬로그램의 먹이를 필요로 한다. 세이스모사우루스Seismosaurus는 디플로도쿠스Diplodocus의 한 종인데 길이가 50미터, 몸무게는 100톤이 넘을 것으로 추정된다. 100톤이나 되는 동물이라면 하루에 7.5톤의 먹이를 먹어야 하는 셈이다. 그러나 몸집이 이렇게 커도 냉혈동물이라면 하루 1톤의 먹이로도 충분하다.[50]

＊ 비갑개鼻甲介
비강 외측벽에 수평으로 나 있는 융기를 말한다. 후각이 예민한 동물은 비갑개가 잘 발달해 있다.

　온혈동물의 99퍼센트는 코에 비갑개＊가 있다. 비갑개가 없으면 하루 수분 섭취량의 75퍼센트를 잃는다. 그런데 공룡은 비갑개의 흔적이 전혀 발견되지 않았다. 그러므로 공룡이 냉혈동물이라고 볼 수 있다는 것이다. 그러나 일부 학자는 비갑개는 그렇게 절대적인 기준이 아니며, 공룡이 파충류와 포유류의 특성을 두루 갖추고 있는 것은 사실이기에 분류학적으로 파충류도 아니고 포유류도 아닌 공룡류로 독립시켜야 한다고 주장한다. 물론 공룡의 일부는 항온동물이었다고 추정한다.

　근래 생물학자들은 동물의 체온 체계를 체온을 공급하는 방식에 따라서 분류하기도 한다. 몸의 내부에서 열을 공급해 체온을 조절하면 내온성, 외부의 열원을 통해 체온을 조절하면 외온성이다. 몸에서 직접 열을 내 체온을 유지하는 '내온성 항온동물', 몸에서 직접 열은 내지만 체온을 유지하기 어려운 '내온성 변온동물', 외부에서 열에너

세이스모사우루스의 복원 모형. 공룡이 온혈동물이라면 이 몸집을 유지하기 위해 하루 7.5톤에 달하는 먹이를 먹어야 했을 것이다.

지를 받되 체온을 유지하는 '외온성 항온동물', 외부에서 열에너지를 받지만 체온을 유지하기 어려운 '외온성 변온동물'로 나눈다. 앞의 설명에 의하면 공룡은 '내온성 항온동물'로 규정할 수 있다. 그러나 공룡을 내온성 항온동물로 분류하는 데는 몇 가지 문제점이 있다.

내온성 동물은 대사량이 매우 높아 외온성 동물보다 10배에서 최대 30배나 많은 에너지를 소비한다. 소비 에너지를 보충하기 위해 꾸준히 많은 음식을 먹어야 하는데, 육식동물인 사자는 보통 하루에 9킬로그램의 고기를 먹는다. 대사량이 낮은 외온성 동물인 바다악어가 3개월 동안 버틸 수 있는 분량이다. 몸무게 9톤의 티라노사우루스가 내온성이라면 하루에 400킬로그램의 고기를 먹어야 한다. 초식동물이면 양은 더 늘어난다. 코끼리는 하루에 식물 300킬로그램을 먹어야 하는데, 먹는 데 하루에 18시간을 사용한다. 덩치가 코끼리보다 10배 이상 큰 공룡은 코끼리의 10배 즉 3,000킬로그램을 먹어야 한다. 24시간 동안에 이만큼 먹기 힘들뿐더러, 이렇게 먹었다면 푸른 숲이 남아나지 못했을 것이다.

먹이를 먹고 만들어내는 열에너지 또한 문제다. 몸집이 큰 동물은 몸의 부피에 비해 표면적이 좁으므로 외부의 공기와 만나는 면적이 좁아서 몸의 열이 잘 식지 않는다. 코끼리는 열을 발산하기 위해 귀를 크게 진화시켰고 열을 빨리 식히기 위해 귀를 계속 펄럭거린다. 코뿔소는 차가운 진흙 목욕을 하고, 하마는 점액질 액체를 배출해 피부를 보호함과 동시에 열을 식힌다. 이들보다 수십 배가 더 큰 공룡이라면 끓어오르는 체온을 식히기 힘들었을 것이다.

오스트레일리아 애들레이드대학의 로저 시모어Roger Seymour 교수는 공룡이 외온성 동물이라면 앞에 말한 문제점을 모두 해결할 수 있다고 주장했다. 바다악어는 큰 몸집 덕분에 외온성인데도 체온을 일정하게 유지하면서 활동성이 좋다는 것이다.

뉴멕시코대학의 존 M. 그레디John M. Grady 교수는 공룡 21종과 현생 동물 360종의 성장 속도를 이용해 에너지 사용량을 계산했는데, 공룡은 에너지를 많이 사용하는 내온성 동물과 에너지를 별로 사용하지 않는 외온성 동물 사이를 오갔다. 현재도 공룡과 같은 성향을 보이는 동물이 있는데 항온동물인 다랑어, 장수거북 그리고 내온성 변온동물인 바늘두더지다. 공룡이 다랑어와 장수거북처럼 외온성 항온동물이거나 바늘두더지처럼 내온성 변온동물 또는 종류에 따라 외온성 항온동물이나 내온성 변온동물일 가능성이 크다는 설명이다.

근래 제기된 또 다른 가설은 공룡의 체온 체계가 오늘날의 동물과 전혀 달랐다는 것이다. 2009년 미국 유타대학의 고생물학자인 스콧 D. 샘슨Scott D. Sampson은 공룡 대부분이 외온성 동물과 내온성 동물의

중간에 해당하는 중온성mesotherm 대사를 했다는 골디락스* 가설을 제
안했다.[51] 공룡이 중온성 동물이라면 에너지가 적게 드는 외온성 대사
를 할 수 있고 에너지 효율을 높일 수 있으므로 성장과 번식에 유리하
다는 것이다. 또한 중온성은 열 발산 문제도 개선할 수 있다. 내온성 동
물만큼 많은 양의 열에너지를 몸속에서 만들어내지 않기 때문이다.[52]

    공룡은 대부분 파충류처럼 비늘로 덮여 있지만 파충류와 다른 점
이 많다. 체온을 비롯한 공룡의 정체에 대한 논쟁은 앞으로 발견되는
화석 연구로 계속 이어질 것으로 보인다. 앞으로 파충류도 조류도 아
닌 현재와는 전혀 다른 동물군으로 분류될 가능성도 높다. 공룡이 냉
혈동물이냐 온혈동물이냐는 설전은 새로운 학설을 위한 준비 단계일
지도 모른다.

공룡의 알과 모성애

    공룡이 포유류와 근본적으로 다른 것은 알을 낳는다는 점이다.
공룡은 종류에 따라 다양한 모양과 크기의 알을 낳았다. 어떤 공룡의
알은 길이가 수십 센티미터에 이르고 모양도 길쭉한 타원형인데 어떤
공룡의 알은 메추리 알 정도로 작고 모양도 동그랗다. 공룡의 크기와
공룡 알의 크기는 상관관계가 낮다. 작은 알에서 태어난 공룡이 자라
서 아주 거대한 공룡이 되기도 했다. 현재까지 발견된 가장 큰 공룡 알
은 길이가 약 50센티미터 정도인데 학자들은 이를 공룡 알의 최대 크
기로 추정한다. 알의 크기가 커지면 껍데기도 두꺼워져야 하는데 너
무 두꺼우면 새끼가 껍데기를 깨고 나오기 힘들기 때문이다. 또한 알
껍데기에는 숨구멍이 있는데 알의 크기가 커지면 성장에 필요한 산소

* **골디락스**Goldilocks
뜨겁지도 차갑지도 않은 적당
한 중간치를 의미한다.

고성공룡박물관에 전시된 공룡 알 화석. 학자들이 공룡을 변온동물로 봤던 이유 중 하나는 알을 낳는 것이 파충류의 특성이기 때문이다.

를 충분히 공급받지 못한다.[53]

1979년 미국 몬태나주에서 발견된 마이아사우라 Maiasaura의 둥지에서는 부화 전의 새끼가 들어 있는 알과 새끼 화석이 발견되어 공룡이 새처럼 집단으로 모여 둥지를 틀고 새끼를 키웠음을 알려주었다. 1993년 몽골과학원과 미국자연사박물관 합동 조사단이 몽골에서 약 8,000만 년 전 후기 백악기의 공룡 화석을 발굴했다. 다양한 화석과 함께 다섯 종류의 공룡 알 화석도 발견했다. 학자들을 놀라게 한 것은 알 화석과 함께 어미 공룡의 뼈 화석이 발견되었기 때문이다. 이 둥지 화석은 어미 공룡이 알을 품고 있는 장면을 연상시킨다. 주인공은 오비랍토르로 둥우리에 앉아 있다가 갑자기 불어닥친 모래바람이나 무너진 사구에 덮여 죽은 것으로 보인다. 알은 22개로 알의 크기는 길이 18센티미터, 폭 6.5센티미터다. 알은 굵은 쪽이 둥지 중심을 향해 둥글게 놓여 있으며 두 층으로 놓인 곳도 있다. 표면에는 금이 가 있어 부화하고 있었던 것으로 여겨진다. 복원하자 공룡 새끼가 부화하기 직전 네 다리를 모아 몸을 쪼그리고 누워 있었던 것이 드러났다.[54]

공룡은 알을 부드러운 진흙에 비스듬하게 박아 놓았다. 어미 공룡은 알의 뾰족한 부분을 아래로 향하게 해서 땅에 비스듬하게 박아 일정한 방향으로 정렬해 놓았다. 마이아사우라는 알을 나선형으로 박아놓았다. 프랑스 남부에서 발견된 육식 공룡은 둥지 없이 알을 직선으로 박아 놓았다. 타원형의 알을 두 줄로 땅에 얕게 묻었던 경우도 있다. 중국에서 발견된 지름 1미터 정도의 공룡 둥지 화석에는 커다란 타원형 알들이 방사상으로 질서 있게 눕혀서 묻어 놓았다. 스페인 레리다Lérida에서 공룡 알 화석들이 발견되었는데 둥지들은 대략 2.5미터 간격으로 떨어져 있었다. 이런 증거들은 공룡이 모성애를 가지고 알을 돌보았다는 것을 보여준다.

공룡의 모성애는 한국의 공룡 화석 산지가 구분된다는 것으로도 짐작해 볼 수 있다. 한국의 화석 산지를 살펴보면 발자국 화석은 경상남도 남해안 지방에서 많이 나오는데, 골격 화석은 주로 내륙 지방에서 나온다. 장순근 박사는 둥지가 있던 지역과 서식했던 지역이 다를 수 있다고 했다. 둥지에서 부화한 새끼를 돌보다가 새끼가 성장하면 이동했을 가능성이 있다는 뜻이다.[55]

한국의 화석도 공룡이 모성애가 있었다는 것을 증명해주었다. 2004년 전라남도 보성군 득량면 비봉리 선소마을에서 덩어리째 붙어 있는 공룡뼈 화석이 발굴되어 코리아노사우루스 보성엔시스Koreanosaurus Boseongensis로 명명되었다. 새끼 공룡의 뼈 화석이 발견된 선소해안 일

고성공룡박물관에 전시된 알을 품고 있는 오비랍토르 복원 모형. 알을 품고 있는 오비랍토르 화석이 발견되면서 공룡도 모성애가 있다는 것이 증명되었다.

코리아노사우루스 보성엔시스의 화석. 이 화석이 발견된 전라남도 보성군의 선소해안 일대는 공룡의 집단 산란지로 추정된다.

대에서 공룡 알둥지가 25군데나 발견되었는데 약 30미터가량 간격을 두고 자리한 둥지에서 230여 개의 공룡 알 화석이 무더기로 나왔다. 그래서 선소해안을 공룡들이 떼 지어 와서 알을 낳은 집단 산란지로 추정한다. 공룡이 알을 깨고 나와 성장할 때까지 어미 공룡의 보살핌을 받았다는 가설을 증명하는 것으로도 세계적인 주목을 받았다.[56]

불가사의한 공룡의 멸종

공룡에 관한 가장 큰 의문은 공룡이 1억 6,500만 년이나 활보했음에도 약 6,500만 년 전에 수수께끼처럼 갑자기 사라진 이유가 무엇이냐는 것이다. 게다가 공룡은 물론 익룡, 어룡, 수장룡 등이 대부분 사라졌는데 민물에 사는 종은 90퍼센트나 살아남았고 깊은 바다에 사는 동물은 크게 피해를 입지 않았다. 악어나 도룡뇽 등 기후에 취약한 파충류도 전멸하지 않았는데 공룡만 멸종했다. 이 당시의 생명체 멸종의 원인을 찾는 것 즉, 거대한 집단 멸종을 단 하나의 해석으로 설명하는 것은 쉽지 않은 일이다.[57] 공룡의 멸종 원인에 대한 학설은 오랜 시간에 걸쳐 서서히 멸종했다는 점멸설漸滅說과, 비교적 짧은 시간에 멸종했다는 격멸설激滅說로 대별된다.

격멸설

운석의 충돌로 공룡이 멸망했다는 가설은 근래에 힘을 얻고 있다. 미국의 지질학자 월터 앨버레즈Walter Alvarez는 1973년 북부 이탈리아의 구비오Gubbio 근교에서 퇴적층을 연구하던 중 화석이 많이 발견되는 석회암층 사이에 화석이 거의 없는 1센티미터 두께의 점토층을 발견했다. 이 점토층은 중생대와 신생대의 경계인 K-T경계층으로, 지질학적으로 단기간 내에 형성되었다. 월터 앨버레즈의 아버지 루이스 앨버레즈Luis Alvarez는 점토층의 샘플을 분석했는데, 이리듐* 함량이

가운데 흰색의 K-T경계층이 선명한 지층 일부. 샌디에이고 자연사박물관 소장.

© Zimbres

지구 표면보다 100배나 높았다.[58] 뉴질랜드와 덴마크의 백악기 말 퇴적물도 정상보다 훨씬 높은 이리듐 수치를 보였다.[59]

　루이스 앨버레즈는 K-T경계층의 이리듐이 지구 밖에서 온 것이라고 결론을 내렸다. 전 세계에 걸친 비정상적인 이리듐의 총량을 약 500만 킬로그램으로 계산했으며, 그렇게 많은 이리듐이 쌓이기 위해서는 핼리 혜성*보다 큰 혜성이 지구와 충돌해야 한다고 주장했다. 이 혜성(학자들은 당시 소행성이 아니라 혜성으로 추정했다)이 충돌할 때 생긴 폭발의 위력은 트리니트로톨루엔TNT 1억 메가톤과 맞먹는다. 히로시마에 떨어진 원자폭탄의 위력은 1만 2,000톤에 불과하다. 현재 인류가 보유한 가장 강력한 핵폭탄의 위력이 50메가톤 정도인데, 혜성 충돌 시 폭발력은 그 200만 배에 달한다.

　월터 앨버레즈는 이리듐이 다량 포함된 진흙층은 6,500만 년 전에 형성된 것으로 추정되므로 6,500만 년 전의 생물 대량 멸종과 운석을 연계했다.[60] 대형 운석이 지구와 충돌하자 반경 400~500킬로미터 안에 있는 모든 것이 파괴되었다. 커다란 크레이터가 생기고 화산이 폭발하면서 거대한 화재와 해일이 발생했다. 산산조각 난 운석 파편들이 대기권에 떨어질 때 지구는 약 40분간 2,000도까지 온도가 올라갔을 것이다.[61]

　더불어 엄청난 양의 먼지가 성층권까지 올라가 상당 기간 태양빛을 차단해 지구 기온은 급격히 내려갔다. 먼지구름 내의 수증기와 대기 중의 질소가 결합해 질산이 만들어졌고 강한 산성비가 되어 지표면에 쏟아졌다. 3개월 이상 지속된 암흑세계로 생태계는 완전히 파괴되었다. 낮은 온도에 적응하지 못한 생물들이 멸종했고, 식물들이

* 핼리 혜성Halley's Comet 76년 주기로 태양을 도는 혜성, 지름은 약 15×8킬로미터, 무게는 약 2.2×10ᵃ킬로그램이다.

광합성을 하지 못하고 사라지자 그것을 먹이로 하던 초식 공룡도 멸종했다. 초식 공룡들이 사라지기 시작하자 육식 공룡들도 연쇄적으로 멸종했다.[62]

영국 셰필드대학과 미국 텍사스주립대 등의 연구진은 백악기 말 은행나무와 양치식물을 분석한 결과 이 시기에 지구 대기 중 이산화탄소가 갑자기 5배 늘어났다는 사실을 밝혀냈다. 대기 중 이산화탄소의 급증은 지구 온도를 7.5도나 상승시켰고 공룡과 다른 생명체의 멸종을 초래했다. 연구진은 그렇게 많은 이산화탄소가 순식간에 발생할 수 있었던 것은 운석 충돌에 의한 것임을 주장하면서 운석 충돌설을 뒷받침했다.[63]

문제는 운석이 충돌한 크레이터*가 어디에 있는지다. 1991년 NASA의 인공위성이 멕시코의 유카탄반도 상공에서 지름이 300킬로미터나 되는 칙술루브Chicxulub 크레이터를 발견했다. 바다 밑에 있는 데다 크기가 너무 커서 발견하지 못했던 것으로 5억 7,000만 년 전에 있었던 운석의 충돌 이후 가장 거대한 것이었다. 곧이어 6,500만 년 전의 운석 충돌은 한 번이 아니라 두 번이었다는 주장도 제기되었다. 하나의 운석이 지구에 접근하는 과정에서 둘로 쪼개졌을 수 있다.

곧바로 대규모 화산 활동설과 혜성 충돌설이 치열하게 격돌했는데 1962년 세르게이 M. 스티쇼프Sergey M. Stishov가 발견한 스티쇼바이트**가 논쟁의 중심이 되었다. 화산 폭발 시에도 스티쇼바이트가 생성되지만 이 경우 시간이 지나면서 스티쇼바이트가 평범한 이산화규소로 변한다. 1990년 딕비 J. 맥라렌Digby J. McLaren과 웨인 D. 굿펠로Wayne D. Goodfellow는 지구와 운석의 충돌을 컴퓨터 시뮬레이션으로 재

＊ 크레이터crater
행성이나 위성에서 보이는 움푹 파인 구덩이를 말한다. 표면이 단단한 천체에 다른 천체가 충돌했을 때 생긴다.

＊＊ 스티쇼바이트 Stishovite
규산염광물로, 거대한 운석이 지상에 충돌했을 때 충격으로 생기는 초고압 광물이다. 다른 규산염광물에 비해서 밀도가 크다.

칙술루브 크레이터가 있는 멕시코 유카탄 반도의 항공사진.

현한 결과 운석 충돌로 기후 변화가 생길 수 있다는 것을 보여주었다.

그러나 과학자들은 운석 충돌로 급격한 기온 저하가 일어나더라도 그 기간은 겨우 수 주일에 지나지 않는다는 것을 밝혀냈다. 운석 충돌로 온실효과가 일어나고 그로 인해 기온이 조금씩 상승하기 때문에 6,500만 년 전과 같은 대량 멸종은 불가능하다는 것이다. 예를 들어 1,500만 년 전 독일 뇌르들링거 리즈Nördlinger Ries에 충돌한 운석은 거대한 바위 덩어리를 100킬로미터 밖으로 날렸으며 충격에 용해된 '암석 안개'가 수백 킬로미터까지 확산되었다. 그러나 인근에 살던 포유류 집단에는 어떤 영향도 미치지 못했다. 1883년 인도네시아 크라카

타우Krakatau섬에서 일어난 화산 분출은 섬 위에 살고 있던 모든 생명을 앗아갔으며 인근 수백 킬로미터 내의 생태계에 심각한 타격을 입혔지만 완전히 복구하는데 100년이 채 걸리지 않았다. 거대한 운석이 충돌한다고 해도 전 세계에 분포해 있던 공룡이 일시에 사망하기에는 부족하다는 뜻이다.

그러나 또 다시 반전이 일어난다. 운석이 떨어진 칙술루브는 지구 어느 지역보다도 유황이 많이 포함된 지역이다. 이 지역에 운석이 충돌하자 땅 속의 유황이 분출되어 대기권 아래는 아황산가스*로 가득 차고 윗부분은 황산 안개로 가득 찼다. 그로 말미암아 햇빛이 차단되어 수십 년 동안 짧은 빙하기가 시작되었다는 것이다. 컴퓨터 시뮬레이션에 따르면 먼지보다 가벼운 황산 입자가 대기 중에서 약 30년 동안 짙은 안개를 형성해 기온을 떨어트릴 수 있다고 한다. 만일 운석이 다른 지역에 떨어졌다면 세계적인 기후 변화를 일으킬 수 없었겠지만, 하필 칙술루브에 떨어져 엄청난 유황이 분출한 결과 공룡이 멸종했다는 것이다.

하지만 운석 충돌에 의한 공룡 멸종에 비판적인 학자들은 이와 같은 천재지변은 공룡의 집단 멸종에 필요충분조건은 아니라고 주장한다. 이 시기에 공룡과 아주 비슷한 대형 파충류인 악어, 도마뱀, 거북, 뱀 더욱이 일사日射나 기후변동에 민감한 산호류가 멸종되지 않았기 때문이다.

점멸설

점멸설은 크게 기온 저하설로 대변된다. 중생대는 보기 드문 온

* 아황산가스
이산화황이라고도 한다. 자극적인 냄새가 나는 유독성 기체. 아황산가스는 호흡기 질환을 일으키고 심하면 사망에 이르기도 한다.

난한 시기로 당시 기온은 현재보다 5~10도 높았다. 그런데 중생대 말기에서 신생대 초기에 걸쳐서 기온이 점점 떨어졌다. 공룡이 기온 저하로 서서히 멸종했다는 것이다. 기온 저하의 원인으로는 크게 한파와 화산 분출을 꼽는다.

조산운동에 따른 기후변동으로 지구의 기온이 떨어졌다는 가설은 많은 지질학자의 지지를 받고 있다. 판게아 또는 곤드와나 대륙이 극지방으로 이동해 대륙에 빙하가 발달했고, 빙하가 태양 빛을 반사해 기온이 더욱 내려가 결국 공룡의 멸종을 초래했다는 것이다. 이 학설은 공룡 멸종 이전에 있었던 5대 멸종에 대륙 빙하의 퇴적물이 남아 있고 적도 지방의 열대성 동물이 큰 해를 입었다는 점에서 설득력이 있다.

캐나다 앨버타주 드럼헬러Drumheller에서 발견된 백악기 이전 700만 년 동안의 화석으로 기후 변화를 측정한 결과 평균 기온이 25도에서 15도로 급감하는 한편 강우량도 매년 줄어든 것으로 밝혀졌다. 기온이 급강하하자 초식 공룡들이 추위를 이기지 못해 죽었는데, 운석 충돌 이전에 이미 공룡의 절반 정도가 사라졌다는 것이다.

백악기 말부터 신생대 초에 이르는 100만 년 동안 화산의 분출이 격심했다. 화산 분출은 화산재뿐 아니라 화산재보다 공기 중에 오래 머무는 미세한 황산 알갱이로 된 연무질을 생성하는데 이것이 기후에 결정적인 영향을 미친다. 연속적인 화산 분출은 대규모의 산성비, 오존 고갈, 온실효과와 냉해 현상을 일으켜 결국 공룡과 같은 대형 동물의 멸종을 초래했다는 것이 점멸설의 배경이다.

화산 분출설은 6,600만 년 전에 인도 데칸Deccan 지역에서 발생한

© John Johnston

캐나다 엘버타주의 드럼헬러. 북아메리카 최대의 공룡 유적지로 유네스코 세계문화유산으로 지정되었다.

화산 분출을 근거로 제시한다. 100만 년 동안 화산 분출이 지속되어 2,400미터 두께의 데칸고원을 형성했는데, 지속적인 화산 분출이 이리듐이 풍부한 용암을 지표로 끌어올렸으며 동시에 이산화탄소를 대기로 뿜어내 궁극적으로 해양을 산성화해 해양생태계를 붕괴시키고 기후를 변하게 해서 바다 생물이 멸종했다는 설명이다.[66] 앨버레즈가 운석 충돌의 증거로 제시한 이리듐은 용암에도 풍부하게 들어 있기 때문에 운석 충돌이 아니라도 이리듐 수치의 상승을 충분히 설명할 수 있다는 것이다. 특히 이탈리아의 경계층에서 발견된 이리듐은 한 차례가 아니라 여러 번에 걸쳐서 형성된 것으로, 운석 충돌이라면 한 번이 아니라 여러 번 충돌했어야 한다.

백악기 말기에는 지구의 자기극*이 서로 바뀌던 때인 데다 해수면의 저하도 있었으므로 지구 내부에 변동이 있었다는 주장은 설득력이 있다. 화산활동이 태양 복사를 현저하게 감소시키고, 분출에 의해 대기로 올라간 에어로졸**이 산성비를 내리게 해 공룡의 멸종을 일으켰다는 것이다. 그러나 운석 충돌과 같은 순간적인 고압에서만 형성되는 스티쇼바이트 등은 설명해주지 못한다. 그러므로 운석 충돌은 멸종해가던 공룡에 '최후의 일격'을 가한 것뿐이라는 주장이다.[65]

흥미로운 설명은 알과 온도의 관계다. 악어와 몇몇 도마뱀, 거북은 부화 중 알의 온도에 따라 성性이 결정된다. 아메리카악어의 알은 30도보다 낮은 온도에서 부화하면 암컷만 태어나고 32도일 때는 암컷과 수컷이 모두 태어나며 34도에서는 수컷만 태어난다. 만약 어떤 공룡이 이와 같은 메커니즘을 가졌다면, 그리고 기후가 변덕스러웠다면 성비 불균형을 초래해 결국 멸종 단계로 갔을 수도 있다는 이론이다.[66] 점멸설과 격멸설 이외에 다양한 공룡 멸종설은 다음과 같다.

* **자기극**magnetic pole
자석의 양극으로, 지구 자기극은 고정되어 있는 것은 아니나 현재는 대략 북위 75도, 서경 101도와 남위 67도, 동위 140도다.

** **에어로졸**aerosol
공기 중에 미세한 입자가 혼합되어 있는 것으로 입자의 크기는 0.01~100마이크로미터 정도로 쉽게 지상으로 내려오지 않는다.

- 기온 상승설 : 지구의 기온이 상승하면 강우량이 줄고 늪이 말라붙는다. 이 때문에 공룡이 생활 터전을 잃어 멸망했을 수 있다.
- 체중 과대설 : 공룡이 체중을 이기지 못해 멸망했다는 이론이다. 한때 공룡은 늪지에 살며 물의 부력을 이용해 무거운 체중을 극복했다고

믿었다. 그러나 공룡의 발자국을 조사한 결과 공룡이 육지에서도 체중을 지탱할 수 있었다는 것이 밝혀졌다.

● 한랭설 : 위도에 따른 온도구배溫度勾配가 완만할 때는 온도가 제한 요인이 되지 않지만, 대규모의 온도 저하는 대량 멸종의 요인이 될 수 있다는 것이다. 백악기 말 한랭화의 원인으로는 각 대륙에서 활발하게 일어난 화산활동이 제시된다. 심해저 시추 결과 공룡이 멸망할 시기에 바닷물의 온도가 낮아져 탄산칼슘의 용해 수준이 갑자기 상승했다는 것이 발견되었다.

● 산소 과다설 : 백악기 말 탄소동화작용* 능력이 큰 속씨식물이 번성해

＊ 탄소동화작용

녹색식물이나 세균류가 이산화탄소와 물로 탄수화물을 만드는 것이다. 녹색식물의 광합성이 대표적이다.

아메리카악어를 비롯한 몇몇 파충류의 알은 온도에 따라 새끼의 성별이 변한다.

산소가 너무 많아져 공룡의 생리작용에 이상을 가져왔다는 주장이다.
이와 반대로 산소 부족설도 있다.

● 먹이 변화설 : 겉씨식물에 길들여져 있던 공룡이 속씨식물이 등장하
면서 식생활을 고치지 못해 멸종했다는 이론이다.

● 알칼로이드설 : 속씨식물 중에는 독성이 강한 알칼로이드* 성분을 함
유한 것이 많은데, 포유류에 비해 미각과 후각이 발달하지 못한 공룡
이 이를 피하지 못해 멸망했다는 이론이다.

● 초신성 폭발설 : 초신성 폭발이 일어나 우주에서 치명적인 방사선이
내려와 공룡을 비롯한 많은 생물이 암에 걸려 멸망했다는 이론이다.

● 태양 자기 폭발설 : 태양의 자기가 폭발해 태양에서 오는 방사선을 지
구자기장이 막아주지 못해 공룡이 방사선에 노출되어 멸종했다는 설
이다.

● 해수면 저하설 : 해퇴** 또는 해수면 저하가 해양생물의 멸종을 일으
켰다는 것이다. 해수면이 내려가 대륙붕의 면적이 좁아져 해양생물이
멸종했다는 설명인데 해수면의 저하 규모는 학자에 따라 다르나 대체
로 수백 미터에 달한다고 한다. 해수면의 변화는 기후변동, 해양 환경
변화를 일으켜 결국 육상동물의 변화를 초래했고 궁극적으로 공룡이
멸종했다는 설명이다.

● 공룡 알 도난설 : 숫자가 늘어난 포유류가 공룡의 알을 먹어버려서 공
룡이 멸망했다는 설이다. 공룡이 멸망했기 때문에 포유류의 세력이
커진 것은 사실이므로 포유류가 공룡의 알을 먹은 일이 없었다고는
장담할 수 없다.

＊ 알칼로이드alkaloid
질소를 함유한 염기성 유기화
합물로, 식물염기라고도 한
다. 동물에게 강한 생리작용
을 일으킨다.

＊＊ 해퇴海退
해수면이 육지에 비해 상대적
으로 낮아져 해안선이 바다
쪽으로 이동하는 현상.

이밖에도 전염병으로 절멸했다는 설 등 다양한 가설이 제기되고 있다. 근래에는 몇십만 년에 걸쳐 공룡이 멸종했다는 주장이 설득력을 얻고 있다. 공룡은 멸종하기 1,000만 년 전부터 이미 종이 줄어들고 있었다. 공룡 종이 줄어들고 있던 차에 여러 가지 복합적인 환경 변화가 겹치자 이를 이겨내지 못하고 멸종했다는 것이다. 환경 변화로는 크게 화산 폭발, 급속한 한랭화, 대규모 해침과 해퇴, 거대 운석의 충돌, 해양의 변화 등을 꼽는다. 운석 충돌은 여러 가지 복합적인 이유 중 하나이며, 아직도 공룡의 멸종 원인이 확실하게 밝혀진 것은 아니다.[67]

최근에는 운석 충돌과 화산 폭발로 기온 저하가 일어나 공룡이 멸종했다는 주장이 힘을 얻고 있다. 운석이 지구와 충돌했을 때 생기는 지진파가 대량의 화산을 폭발시켜 생물의 멸종을 촉발시켰다는 것으로 지구의 절반은 운석의 충돌로, 다른 쪽은 화산 분출로 큰 재난을 입었다는 주장이다.

공룡이
멸종하지 않았다면

6,500만 년 전 공룡이 갑자기 멸종하지 않았다면 어떻게 되었을까? 공룡은 중생대 이래 진화를 거듭하면서 1억 6,500만 년이나 번성했는데 신생대에도 적절히 적응하면서 번성할 수 있지 않았을까? 일부 과학자는 만약 공룡이 멸종하지 않았다면 진화를 계속해 결국 곧게 서서 걸었을 것이고, 인간 정도 혹은 인간보다 뛰어난 지능을 발달시켰을 것이라고 한다. 사실 작은 공룡의 화석 중에는 이미 두 발로 걷는 단계에 들어섰다고 볼 만한 것들이 있다. 물론 이와 반대로 공룡이 아주 오랫동안 존재했을지라도 두 발로 걸을 정도로 발전하지 못했을 것이라고 보는 학자도 있다. 공룡이 인간처럼 진화하기에는 역부족이라는 것이다.[68]

공룡이 인간과 같이 탁월한 동물로 진화하든 안하든 공룡이 갑자기 멸종하지 않았다면 아직도 지구를 제패하고 있을 수 있다. 실제로 지금도 옛날과 같은 원시적인 모습으로 살아가는 생물들이 있다. 살아 있는 화석living fossile이라 불리는 실러캔스, 투구게, 앵무조개, 철갑상어, 은행나무 등이다. 유기 퇴적물을 먹고 사는 바퀴벌레와 설치류도 생물의 70퍼센트가 멸종할 정도의 악조건 속에서도 살아남았다. 땅속에 살던 동물은 혜성 충돌로 인한 재난에 크게 피해를 보지 않았고 이어진 추위에도 지하에서 나무뿌리 등을 먹으며 살아남을 수 있었다. 설치류가 살아남을 수 있었던 것은 인간에게 행운이었다. 공룡과 같은 대형 동물이 사라진 반면에 설치류와 같은 포유류가 증가했는데 학자들은 설치류가 결국은 인간의 조상이 되었다고 한다.[69]

지구상에 엄청난 재난이 벌어졌음에도 포유류가 살아남을 수 있었던 것은 공룡과 비교할 때 상대적으로 개체 수가 많고 분포 면적이

목포자연사박물관에 있는 실러캔스의 화석. 실러캔스는 과거의 형태를 유지한 채 지금까지 살아 있어 '살아 있는 화석' 이라 불린다.

넓었기 때문이라고 한다. 6,500만 년 전에 일어난 대량 멸종은 당대를 석권하던 공룡과 암모나이트를 전멸시켰음에도 포유류와 일부 육상 파충류는 살아남았다. 가장 궁색하게 살던 포유류의 세상이 열렸는데, 그 단초는 공룡의 멸종이었다. 공룡이 멸종하지 않았다면 이 책을 읽는 일은 불가능했을지도 모른다.

과학자들의 연구에 따르면 오늘날 하루에 멸종하는 생물은 30~70종에 이른다고 한다. 1년에 1만~2만 5,000종, 100년에 100만~250만 종이 멸종한다는 뜻이다. 이대로라면 지구상의 생물 중 상당수는 100년 안에 멸종할 것이다. 이 같은 멸종 속도는 지구 역사 어느 때보다 빠른 것이다.

상당수 학자는 '6번째 대량 멸종'이라 부르는 오늘날의 대량 멸종은 인류 때문이라고 한다. 인류의 서식지 훼손, 생물의 남획, 외래종의 도입, 화석 연료 사용과 기후 온난화 등을 대량 멸종의 주범으로 꼽는다. 멸종의 원인을 어느 하나로 단정할 수 없지만 한반도에서 호랑이, 늑대, 표범, 원앙사촌 등이 멸종한 것은 사실이다. 이런 멸종은 결국 부메랑이 되어 인류에게도 돌아올 수 있으므로 모든 생물이 공존하는 방법을 찾아야 한다.[70]

공룡의
후손을 찾아서

　　영화 〈쥬라기 공원〉에 나온 것처럼 공룡 복제가 가능할까? 공룡은 어떠한 이유에서든 6,500만 년 전에 지구에서 완전히 멸종해버렸다. 공룡이 백악기 말에 멸종하지 않고 좀더 살아남았다는 주장도 있지만, 우리가 티라노사우루스나 브라키오사우루스 또는 트리케라톱스 등 유명한 공룡을 볼 수 없는 것은 확실하다.

　　1960년대 이후 공룡 연구가 폭발적으로 진행되자 우리가 공룡이라고 부르는 거대한 생물은 멸종했을지 몰라도 공룡의 후손은 현존하고 있다는 것이 밝혀졌다. 놀라운 이야기지만 조류가 공룡의 후손이라는 것이다. 그렇다면 공룡이 멸종했다고 할 수 없다. 공룡은 더 작

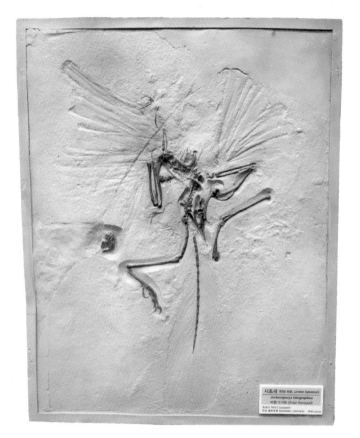

시조새 화석 런던 표본의 복제품. 대전 지질박물관 소장.

고 깃털이 있으며 날 수 있는 동물로 살아남았고 오늘날 그 어떤 동물보다도 성공적으로 번성하고 있다.

새는 공룡의 후손인가?

조류가 공룡이라는 개념은 오래전부터 제기되어 왔다. 1861년 독일인 의사 카를 헤베를레인Karl Häberlein이 바이에른 지방의 쥐라기 지층 졸렌호펜Solenhofen에서 약 1억 5,000만 년 전인 쥐라기 후기에 살았던 시조새Archaeopteryx의 화석을 발견했다. 부리에 이빨이 있고, 긴 꼬리와 날카로운 발톱에 새의 깃털을 지닌 화석으로 공룡이 진화해 새가 되었다는 논쟁을 불러일으켰다. 이 화석은 '런던 표본'이라 불리며 현재 영국 대영박물관에서 보관하고 있다.

크기는 오늘날의 비둘기나 까마귀 정도로 몸길이는 30~40센티미터, 날개를 펼쳤을 때의 길이는 약 50센티미터, 몸무게는 300그램 정도다. 주로 곤충과 과일을 먹었으며 온혈동물로 추정한다. 새는 다리에 비늘이 있으며 알을 낳는다는 사실 때문에 공룡에서 진화했다고 여겨져왔다. 특히 시조새는 골격이 공룡과 유사하며 조류의 가장 큰 특징인 깃털도 갖고 있다. 공룡에서 조류로 진화하는 과정을 보여주는 중간 단계의 동물이다.

1877년 독일의 아이히슈테트Eichstät 지방에서 두 번째 시조새 화석이 발견되었다. 이 화석은 현재까지 발견된 시조새 화석 중 가장 보존 상태가 좋은 것으로 베를린 자연사박물관에 보관되어 있으므로 '베를린 표본'이라고 부른다. 뒤로 젖힌 머리뼈는 5.2센티미터 정도로 작으며 위아래 부리에는 각각 10개의 날카로운 원뿔형 이발이 나 있다. 눈은 크고 목이 길며 날개 끝에는 3개의 발가락이 달려 있다. 뒷다리 발가락은 4개인데 이 중 3개는 앞쪽을 향해 있으며 1개는 뒤쪽을 향해 있다. 꼬리뼈가 길고 다리를 제외한 온몸은 깃털로 덮여 있다.[71]

* 발생학發生學
생물의 개체 발생을 연구하는 생물학의 한 분과. 현미경이 발달하면서 많은 연구가 행해졌다.

영국의 생물학자로 강력한 진화론 지지자인 토머스 헨리 헉슬리Thomas Henry Huxley는 이 화석이 뛰어다니는 작은 공룡 콤프소그나투스Compsognathus와 유사하다는 점에 주목했다. 헉슬리는 이 증거와 발생학*

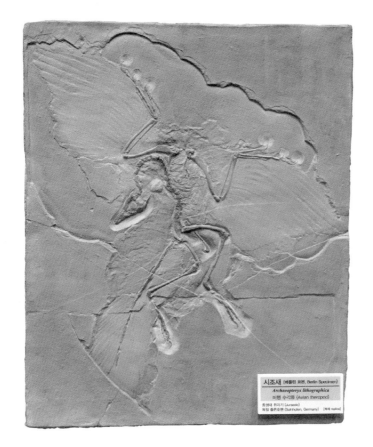

시조새 화석 베를린 표본의 복
제품. 대전 지질박물관 소장.

을 근거로 조류와 공룡이 유연관계類緣關係가 있다고 주장했다. 화석을
근거로 같은 지층에서 발견된 콤프소그나투스와 시조새가 친족 관계
라고 본 것이다.

　　새와 공룡의 닮은 점은 쉽게 찾아볼 수 있다. 먼저 공룡과 새는 영
장류를 제외하고 두 발로 걷는 유일한 동물이다. 모래집과 위석도 공
룡과 새의 공통점이며, 공룡의 알은 원형의 파충류 알보다 타원형인

조류의 알과 비슷하다. 새의 다리에 비늘 같은 피부가 남아 있는 것도 새가 예전에 공룡류였음을 말해준다. 위의 내용을 포함해 육식 공룡에서 나타나는 조류의 특징은 다음과 같다.[72]

- 뒷발로 걷는 이족 보행. 이족 보행은 새와 공룡만 가능하다.
- 두개골을 비롯해 뼈 속에 빈 공간이 많다.
- 등을 수평으로 유지한 채 뒷다리를 중심으로 머리와 꼬리가 균형을 이루며 띈다.
- 대퇴골은 정강이뼈보다 짧아졌으며, 종아리뼈가 퇴화했다.
- 뒷발가락은 중앙의 세 발가락만 사용한다.
- 공룡은 손목을 새의 날개처럼 접을 수 있다.
- 뒷다리와 꼬리의 연결 근육이 없다.

시조새 골격 모형. 대전 지질박물관 소장.

새는 공룡 그룹 안에 포함된다. 티라노사우루스, 브라키오사우루스, 트리케라톱스는 물론 펠리컨, 타조, 펭귄, 칠면조가 모두 공룡이라는 것이다. 사람, 고래, 코끼리, 박쥐가 모두 다르게 생겼지만 포유류에 포함되는 것과 같다. 이렇게 보면 공룡은 멸종한 것이 아니다. 현존하는 날아다니는 것을 공룡이 아니라 새라고 부르는 것뿐이다.[73]

1926년 게르하르트 하일만Gerhard Heilmann은 공룡이 새의 조상일 수 없다는 결정적인 증거를 제시했다. 새가 하늘을 나는 데 꼭 필요한 차골 즉 빗장뼈의 흔적을 공룡에게서는 찾을 수 없다는 것이다. 차골* 은 새의 날개와 가슴을 이어주는 뼈로, 닭을 먹다 보면 목 부위에서 쉽게 볼 수 있다.[74] 사람의 경우 가슴뼈와 어깨뼈에 이어지는 빗장뼈가 여기에 해당하는데, 공룡은 차골로 진화할 수 있는 빗장뼈조차 퇴화해 없어져버렸다. 진화 중에 한 번 없어진 형질은 같은 종에서 다시 나타나지 않는다는 돌로의 법칙Dollo's law에 위배된다. 만약 공룡이 쇄골을 잃었다면 그 후손인 조류에 다시 나타나 차골로 발전할 수 없다는 것이다.[75]

하일만은 새가 트라이아스기에 악어, 공룡, 익룡의 공통 조상인 원시 파충류에서 진화했다고 주장했다. 그러나 그의 주장은 뒤에 벨로키랍토르 등 빗장뼈를 가진 작은 육식 공룡의 화석이 발견되면서 빛을 잃었다. 1991년 몽골 고비사막에서 발견된 벨로키랍토르는 새처럼 빗장뼈가 변형된 차골이 있었다. 더 놀라운 것은 오비랍토르, 벨로키랍토르, 알로사우루스 심지어 티라노사우루스를 포함한 대부분의 수각류는 강력한 앞다리 근육이 붙은 차골이 있다는 점이다.

조류의 조상이 공룡이라는 주장은 많은 주목을 받았지만 결정적

* **차골叉骨, wishbone**
조류와 일부 수각류의 목과 가슴 사이에 있는, V자를 이루는 유합쇄골이다.

■ 필드자연사박물관의 데이노니
쿠스의 화석. 데이노니쿠스는
새와 유사한 손목 관절을 갖
고 있었다.

인 증거가 부족했는데 1970년대 오스트롬 교수가 몇 가지 중요한 발
견을 했다. 데이노니쿠스는 매우 활동적이고 신진대사가 높으며 뒷다
리로 균형을 잡을 수 있는 공룡이다. 오스트롬 교수가 주목한 부분은
조류와 데이노니쿠스가 공통적으로 손목에 해당하는 부위에 독특한
반달 모양의 뼈가 있다는 점이다. 이 뼈는 새가 날기 위해 날개를 펄럭
일 때 관절이 강하게 앞으로 꾸부러지게 해준다. 새와 데이노니쿠스
는 긴 팔을 가지고 있어 날갯짓을 할 수 있었다는 것이다.

　　뒷다리에도 공통적인 특징이 많다. 조류와 공룡, 익룡은 중족골中
足骨 관절이라는 독특한 발목관절을 갖고 있다. 척추동물 대부분은 정
강이뼈와 발목뼈의 첫째 줄 사이에 경첩관절*이 있다. 그러나 조류와
익룡, 공룡은 경첩관절이 발목뼈의 첫째 줄과 둘째 줄 사이에 있다. 다

* 경첩관절
경첩과 같은 구조로 되어 있
는 관절. 팔꿈치가 대표적이
며 한쪽 방향으로만 굴곡 운
동을 한다.

른 동물에서는 찾아볼 수 없는 구조다. 발목뼈의 첫째 줄은 정강이뼈를 감싸는 작은 덮개뼈가 되는데 공룡 중에는 이 뼈가 정강이뼈와 완전히 융합된 것이 많다. 이런 모습은 오늘날 조류에서도 확인된다.

공룡 연구가 진행될수록 공룡이 조류의 시조라는 증거가 계속 발견되었다. 쥐라기와 백악기의 조류 표본 수백 점도 발견되었다. 중국 랴오닝遼寧성의 호수 밑바닥 지층에서 발견된 표본들은 깃털과 위 속 내용물, 그 밖의 세밀한 구조까지 보일 정도로 보존 상태가 좋았다. 원시 조류뿐 아니라 날지 않은 작은 공룡들도 깃털이 있었다. 깃털이 비행을 위한 구조로 전환된 것은 훨씬 나중으로, 공룡의 깃털은 비행을 위한 것이 아니라 보온을 위한 것이었다고 추정한다.

1993년 공룡이 온혈동물일 수 있다는 증거가 제시되면서 온혈동물인 조류와 공룡의 유사성에 힘을 실어주었다. 미국 사우스다코타주에서 발굴한 작은 공룡 테스켈로사우루스Thescelosaurus의 가슴 안에서 불그스레한 돌덩어리 하나가 나왔다. CT 촬영으로 조사해본 결과, 포유류나 새처럼 2심방 2심실 구조의 심장임이 밝혀졌다.[76]

그러나 무엇보다 새의 공룡 진화설이 인정받은 것은 깃털 달린 공룡 화석이 계속 발견되었기 때문이다. 새가 공룡에서 진화했다면 비늘이 깃털로 바뀐 것이므로 진화의 계통상 그 중간 단계가 있어야 했다. 시조새 화석이 발견된 해가 1861년인데 100여 년이 지났음에도 이를 확인해줄 수 있는 화석이 발견되지 않아 새가 공룡에서 진화했다는 가설은 인정을 받지 못해왔다. 그런데 1996년 중국 랴오닝성에서 깃털 달린 공룡인 중화용조中華龍鳥(시노사우롭테릭스, Sinosauropteryx)가 발견되었다. 랴오닝성에서 공룡 화석이 많이 발견되는 것은 이 지

중화용조의 복원 모형. 서대
문 자연사박물관 소장.

역에 백악기 전기 지층인 이시안층Yixian Formation이 넓게 분포해 있기
때문이다.

1996년 중국의 한 농부가 칠면조처럼 생긴 기이한 동물의 화석
을 발견했다. 작은 고양이만한 육식 공룡이었는데 놀랍게도 목과 등
을 따라 꼬리 끝까지 깃털처럼 보이는 것으로 덮여 있었다. 키는 약
50센티미터에 머리는 작고 육식동물의 이빨과 긴 꼬리가 있었으며,
가는 실 같은 원시적인 깃털로 덮여 있다. 그 후 10여 년 동안 수백 개
의 깃털 공룡 화석이 발견되었다.

중화용조는 다른 수각류와 달리 팔이 상당히 짧고 꼬리가 몸길이
의 반 이상을 차지할 정도로 긴 것이 특징이다. 형태는 콤프소그나투
스와 같은 작은 육식 공룡과 비슷하지만 머리에서 꼬리 끝까지 깃털
은 물론 솜털까지 발달해 있다. 이 털에서 색소세포를 추출한 결과 매
우 화려한 색깔인 것으로 밝혀졌는데, 짝짓기 할 때 구애하기 위해 발
달한 것으로 추정한다. 깃털이 있었지만 시조새보다 원시적인 형태로

대전 지질박물관의 카우딥테 릭스 화석과 카우딥테릭스 복 원 모형.

하늘을 날 수는 없었을 것이다.

중화용조가 발견된 다음 해인 1997년 긴 손가락을 가진 깃털 공룡 프로타르카이옵테릭스Protarchaeopteryx, 닭처럼 생긴 카우딥테릭스 Caudipteryx의 화석이 연달아 발견되었고 1999년 데이노니쿠스와 가까운 친척인 시노르니토사우루스Sinornithosaurus가 보고되었다. 이들을 종합해 데이노니쿠스를 포함하는 드로마에오사우루스류 공룡 또한 깃털이 있었다는 사실이 밝혀졌다.[77]

'꼬리 깃털'이라는 뜻의 카우딥테릭스는 키가 60~70센티미터에 머리가 작고 부리가 있으며, 부리 앞부분에는 몇 개의 이빨이 있다. 카우딥테릭스의 가장 큰 특징은 꼬리와 양 손에 좌우대칭적인 깃털을 갖고 있다는 것이다. 몸매가 날렵하고 뒷다리가 발달해 매우 빠르게 달릴 수 있었을 것으로 본다. 카우딥테릭스의 깃털은 체온을 유지해주었으며 짝짓기할 때 상대를 유혹하기 위한 목적으로도 사용했을 것이다.

같은 깃털이라도 모양이 대칭이나 비대칭이냐에 따라 의미가 다르다. 대칭 모양의 깃털은 양력*을 받을 수 없다. 새처럼 비대칭 깃털이라야 하늘을 날 수 있다. 중국 랴오닝성에서 비대칭 깃털이 있는 마이크로랍토르가 발견되면서 이 문제 역시 해결되었다.

중화용조가 발견된 랴오닝성 베이퍄오北票시에는 중국쓰허툰고생물화석관이 있다. 화석 유적 현장 바로 위에 박물관을 세운 것으로, 조류의 진화 과정에 관한 충실한 화석들을 보관하고 있다.[78]

중화용조는 공룡과 새에 관해 그동안 벌어졌던 모든 논쟁을 원천적으로 부정하는 증거로도 유명하다. 중국이 중화용조가 독일에서 발

* 양력揚力
유체 속의 물체가 수직 방향으로 받는 힘이다. 비행기 날개는 이 힘을 이용해 비행기를 하늘에 띄운다.

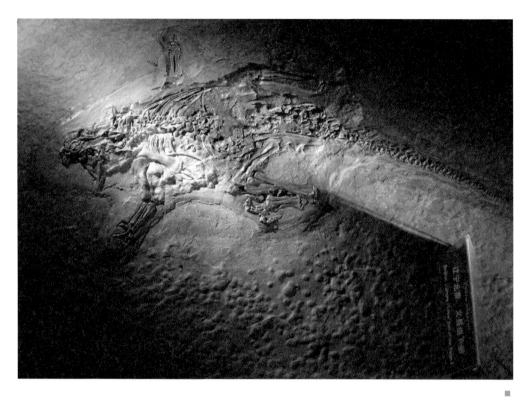

중국쓰허툰고생물화석관의 중
화용조 화석.

견된 시조새보다 거의 1억 년 전의 것이라고 주장했기 때문이다. 시조
새는 1억 5,000만 년에서 1억 3,000만 년 전인 쥐라기에 살았던 반면
중화용조는 2억 3,000만 년에서 1억 8,000만 년 전인 트라이아스기에
살았다고 한다. 문제는 중화용조와 공룡의 연계성이다. 중화용조의
연대가 워낙 앞서기 때문에 공룡에서 중화용조가 진화했다는 설명에
모순이 생긴다. 중국의 퉁즈밍童枝明 교수는 중화용조가 새와 공룡의
중간이라는 절충설을 제기했다. 반면 연대가 높은 것을 감안해 날 수
는 있지만 새의 선조가 아니라 익룡으로 보기도 한다.[79] 초기 익룡이

라는 설명이다.

대부분의 자료에서 중화용조를 백악기 전기인 약 1억 4,500만 년 전에서 1억 년 전에 살았다고 설명한다.[80] 시조새보다 후대에 살았다는 것인데, 중국은 이를 부정한다. 중화용조가 원시 공룡과 같은 시대에 살았느냐, 원시 공룡에서 중화용조가 진화한 것이냐는 등 엇갈리는 주장은 중화용조를 어떻게 분류하느냐에 따라 달라질 것으로, 앞으로 많은 연구가 필요해 보인다.[81]

1998년 몽골에서 벨로키랍토르 화석이 발견되었다. 고생물학자 앨런 터너Alan Turner는 벨로키랍토르 앞다리 뼈인 척골*에서 일련의 작

＊ 척골蹠骨, metatasus
발목뼈와 발가락뼈 사이에 있는 뼈

깃털이 있었을 것으로 추정되는 벨로키랍토르의 복원 모형. 빈 자연사박물관 소장.
■

은 돌기를 발견했다. 이 돌기들은 새의 날개뼈에 있는 털이 자라는 부분인 깃혹이었다. 터너가 발견해낸 앞다리 뼈와 돌기는 벨로키랍토르가 깃털로 덮여 있었고 앞다리에 거대한 깃털이 나 있었음을 보여주는 분명한 증거였다. 벨로키랍토르의 앞다리는 몸에 비해 큰 편으로 형태는 앞다리라기보다 날개에 가깝지만 날개라고 하기에는 너무 짧아서 하늘을 날지는 못했을 것이다. 하지만 벨로키랍토르의 날개털 발견으로 새의 비행이 공룡에서 기원했을지 모른다는 설이 힘을 얻었다.[82]

2004년 중국 랴오닝성에서 발견된 신종 티라노사우루스의 꼬리와 아래턱뼈에서도 새의 깃털과 흡사한 섬유조직이 발견되었다. 신종 티라노사우루스는 일반적인 티라노사우루스보다 팔의 길이가 길었고 용처럼 주둥이가 길었으며 피부도 비늘이 아닌 섬유조직으로 이루어져 있었다. 공룡의 원시 깃털은 아주 좋은 절연체로, 몸 가까이에 공기층을 형성해 체온을 유지해주었을 것이다.

티라노사우루스와 같이 거대한 육식 공룡이 몸에 깃털을 갖고 있었을 가능성은 낮아 보인다. 깃털은 외부 온도 변화에서 체온을 보호하는 역할을 하는데, 동물의 덩치가 커지면 체열 보존이 잘 되기 때문에 굳이 깃털이 있을 필요가 없다. 그러나 어린 티라노사우루스는 체온조절 능력이 떨어지기 때문에 깃털이 있었을 것으로 추정한다. 다 자란 티라노사우루스도 깃털이 있을 수 있는데, 이 경우 깃털의 용도는 보온용이 아니라 치장용일 가능성이 크다고 캐나다 로얄 티렐 고생물박물관의 필립 J. 커리Philip J. Currie 박사는 말했다.[83]

2005년 미국 노스캐롤라이나주립대학의 메리 슈바이저Mary

Schweitzer 교수팀이 티라노사우루스의 대퇴골 화석에서 암컷 조류에게서만 발견되는 골수뼈를 발견해 공룡이 조류의 선조라는 가설에 결정적인 기여를 했다.

근래 학자들은 약 2억 3,000만 년 전인 트라이아스기 후기에 하나의 공통 조상에서 초식 공룡과 육식 공룡이 분리되었다고 생각한다. 이런 가설을 뒷받침하는 증거 중 하나는 초식 공룡과 육식 공룡 모두에게서 깃털의 흔적이 발견된다는 것이다. 그렇다면 초기 공룡은 깃털이 있었는데, 일부 공룡은 깃털이 없는 피부로 진화했다는 의미가 된다.[84]

그렇다면 공룡은 어떻게 하늘을 날게 되었을까? 첫 번째는 그라운드업ground-up 가설이다. 공룡의 몸에 깃털이 생겨나고 크기가 점점 작아져 빨리 달리기 시작하면서 날아다닐 수 있게 되었다는 것이다. 두번째는 트리다운tree-down으로 작은 공룡이 먹이를 찾기 위해 나무 위로 올라가 나무 사이를 점프하면서 날 수 있게 되었다는 설명이다.

두 가설 중 처음에는 그라운드업 가설이 우세했다. 이 가설은 당시 대학원생인 새뮤얼 웬들 윌리스턴Samuel Wendell Williston이 제안했다. 시조새의 뒷다리가 길어 잘 뛸 수 있었을 것이다. 드로마에오사우루스류는 앞다리를 퍼덕이는 데 필요한 거의 모든 신체 구조를 땅 위에서 진화시켰을 것으로 추정되는데, 앞다리를 퍼덕이다가 도움닫기나 점프해 날아오르게 되었다는 것이다. 시조새와 같은 원시 조류가 빠른 속도로 뜀박질하며 날갯짓을 하다 보니 얼떨결에 날아오르게 되었다는 것이다. 그럴듯해 보이지만 이를 입증할 결정적 증거는 아직 나오지 않았다.

트리다운 가설은 윌리스턴이 그라운드업 가설을 제시한 지 1년 후 윌리스턴의 지도 교수인 벤저민 프랭클린 머지Benjamin Franklin Mudge 가 제시했다. 그는 시조새가 나뭇가지 위를 껑충껑충 뛰어다니며 균형을 잡을 때 기다란 날개를 사용했을 것으로 추정했다. 먼 나뭇가지를 향해 뛰다 보니 활공하는 법을 배우고 나중에는 비행할 수 있게 되었다는 것이다.

이 가설에는 화석 증거도 있었다. 2000년 중국에서 발견된 까마귀 크기의 마이크로랍토르는 약 1억 2,000만 년에서 1억 1,000만 년 전 사이에 살았는데 나무와 나무 사이를 활공하는 방식으로 날아다닌 것으로 보였다. 다른 깃털 공룡과는 달리 비대칭형 깃털로 이루어진 기다란 날개깃이 있었다. 더욱 놀라운 것은 기다란 날개깃이 앞다리와 뒷다리에 모두 있었다는 점이다.[85]

중국 연구팀은 마이크로랍토르의 화석을 면밀히 분석한 결과 날아오를 수 있을 만큼 빠르게 뛰거나 다리를 퍼덕이지는 못했을 것으로 보았다. 하지만 보조익補助翼 또는 비막*과 같은 기능을 했을 수 있다. 비막을 이용해 나무에서 활강하다가 비행으로 발전했을 가능성도 있다는 것이다.[86]

* 비막飛膜
활주나 비행을 하는 육상 척추동물의 몸통이나 다리에 뻗어 있는 피부막으로 박쥐류, 하늘다람쥐류에게서 볼 수 있다.

2012년 캐나다 앨버타대학의 스콧 퍼슨스Scott Persons 교수는 마이크로랍토르의 꼬리가 활공에 매우 적합하다고 보고했다. 마이크로랍토르의 꼬리뼈는 길쭉하며 윗부분과 아랫부분이 길게 뻗어 있다. 고리뼈들이 서로 겹치는데 이런 꼬리는 활공하면서 배의 방향타처럼 사용할 수 있기 때문에 활공에 유용하다.[87]

그런데 조류의 조상이 공룡이라는 가설에는 또 다른 결정적인 문

마이크로랍토르의 화석(위)과
복원 상상도(아래).

제가 있다. 새의 조상이라는 깃털 달린 공룡의 출현 시기가 시조새나 쥐라기의 새보다 늦다는 점이다. 중화용조의 출현 시기를 거론하지 않더라도 1억 2,000만 년 전 백악기 초기에 살았던 수각류 화석에서 깃털이 발견되는데, 시조새는 적어도 그보다 3,000만 년 전인 쥐라기 후기에 이미 하늘을 날았다. 더구나 시조새가 발견된 쥐라기 후기 지층에서 50여 종의 새 화석이 발견되었다. 이 정도로 새의 종류가 다양해지려면 공룡이 처음 등장했을 때 새의 조상도 함께 출현했어야 한다.[88]

경상남도 고성군 덕명리 해안에서도 30여 층준*에서 새 발자국이 발견되었다. 공룡 발자국 산지에서 새 발자국이 함께 발견된 것이다. 조류는 쥐라기 후기에 등장한 시조새를 기점으로 진화했으며 중생대에는 미미한 상태로 유지되다가 신생대 제3기에 들어 폭발적으로 진화했다는 것이 지금까지의 정설이다. 그런데 덕명리 새 발자국 화석은 중생대에도 새가 다양하게 진화했다는 것을 보여준다.

중요한 것은 시조새가 등장한 쥐라기 이전 지층에서도 새 발자국이 발견된다는 점이다. 따라서 새는 쥐라기 후기 시조새에서 기원한 것이 아니라 그보다 훨씬 이전에 나타났다고 보아야 한다.[89] 그래서 깃털 공룡이 새로 진화한 것이 아니라 공통 조상에서 시조새와 깃털 공룡으로 진화했다고 추정하는 학자들도 있으며, 원시 지배파충류에서 직접 진화했다고 보기도 한다.

7,000만 년 전 백악기에 현대의 조류가 번성했다는 것도 쟁점 중 하나다. 미국 노스캐롤라이나주립대 연구진은 '공룡과 오리의 동거설'을 주장했다. 그들은 증거물로 1992년 남극 베가Vega섬에서 발견한 7,000만 년 전 조류 화석을 제시했다. 이들은 이 화석을 현생 오리의 친척뻘로 추정하며, 현대의 조류는 6,500만 년 전 공룡 대멸종에서 살아남았다고 주장했다. 한마디로 원시 조류 계통이 있었으며, 진화를 거쳐 오늘날 조류가 되었다는 것이다.

또 다른 쟁점은 깃털 달린 공룡 화석의 정체다. 공룡을 새의 조상으로 보는 학자들은 깃털 달린 공룡을 새로 진화하기 전 형태로 본 반면 반론을 펴는 학자들은 타조처럼 날 수 없는 새의 일종에 불과하다고 주장한다.[90]

* 층준層準, *stratigraphic horizon*
지층 가운데 특징이 있으며, 수평으로 널리 이어져 쉽게 추적할 수 있는 단층을 말한다.

근래 그동안 견지되어온 공룡에 대한 인식을 획기적으로 바꿀 자료가 나왔다. 원시 공룡도 깃털을 갖고 있었음을 보여주는 증거가 중국에서 발견되었기 때문이다. 지금까지 새의 조상으로 여겨지는 수각류 화석에서는 깃털이 발견되어왔으나, 새의 진화 계통과 달랐던 조각류 공룡에서 깃털이 발견된 것은 처음이다. 종의 구분 없이 상당수 공룡이 깃털 또는 털을 가지고 있었을지도 모른다.

중국 산둥山東성 톈위자연박물관의 정샤오팅鄭曉廷 박사는 최근 공룡 화석이 풍부하게 매장된 랴오닝성의 화석 지대에서 전기 백악기에 살았던 원시 공룡의 목·등·꼬리에 붙은 깃털 화석을 발견했다. 70센티미터 크기의 작은 몸집에 5센티미터가 안 되는 털을 지닌 이 공룡 화석은 1억 4,000만 년에서 1억 년 전의 것으로, 공자의 이름을 따서 콘푸키우소르니스Confuciusornis라고 명명되었다. 서울대학교 이융남 교수는 원시 조반류 공룡에서 깃털이 발견된 것은 공룡에 관한 인식을 바꿀 만한 '쇼킹한' 소식이라고 말했다. 무엇보다 원시 깃털이 보온 기능을 한다면 공룡이 온혈동물이었을 가능성이 커진다.

공룡의 모습은 계속 변화해왔다. 벨로키랍토르가 영화 〈쥬라기공원〉에 나온 것과 달리 알록달록한 깃털을 지닌 모습으로 복원될 정도로 '깃털 단 공룡'의 상상도는 더 많아지고 있다. 전남대학교 허민 교수도 벨로키랍토르는 물론이고 다른 육식 공룡에서도 깃털 흔적이 발견되고 있다고 했다. 이융남 교수는 깃털 화석은 매우 고운 흙 입자가 차곡차곡 쌓이는 안정된 퇴적암 지대에서 주로 발견되므로 지각 변동이 잦았던 한반도에서는 발견될 확률이 높지 않다고 말했다.[91]

앞으로 공룡과 조류의 관계를 강화해줄 화석이 더 발견될 것으로

중국 라오닝성에서 발견된 콘푸키우소르니스의 화석과 복원 상상도.

보이지만, 아직 조류가 공룡의 직접적인 후손이라는 확증은 없다. 그렇지만 공룡과 조류 사이에 밀접한 관계가 있다는 데는 이견이 거의 없다. 그렇게 생각한다면 공룡은 백악기 종말과 함께 멸종한 것이 아니라고 볼 수 있다. 우리는 창밖을 내다보면 하늘 높이 날고 있는 공룡을 연상할 수 있고 새장 속에서도 공룡이 살고 있음을 느낄 수 있다.[92]

공룡을 되살릴 수 있을까?

영화 〈쥬라기 공원〉처럼 공룡을 복제해 되살릴 수 있을지 모른
다는 생각은 많은 사람을 설레게 한다. 비약적인 바이오테크놀로지 발
전으로 죽은 애완동물을 복제해 함께 사는 세상이 되었지만 6,500만
년 전에 사라진 공룡을 복제하는 것은 그보다 훨씬 어려운 일이다. 하
지만 그 계획은 나름대로 설득력이 있다.

쥐라기 시대의 공룡을 복제한다는 소재로 세계를 놀라게 한 영화
〈쥬라기 공원〉에서 선보인 아이디어는 단순하다. 공룡이 서식하던
시절에도 모기가 있었고 모기는 그때도 동물의 피를 빨며 살았다. 공
룡의 피를 빤 모기가 나뭇가지에 앉아 있다가 수액에 갇힌다. 이 수액
이 굳어져 호박*이 되고 모기는 그 속에서 오랜 세월 온전히 보존된
다. 이 모기의 피에서 공룡의 DNA를 추출하는 것이다.[93]

정말 영화에서처럼 공룡 복제가 가능할까? 우선 호박 속 곤충의
피에서 DNA를 분리한다는 착상은 꽤 현실적이다. 실제로 호박 안에

* 호박號珀
나무의 진이 땅속에 묻혀서
탄소, 수소, 산소 등과 화합해
굳어진 화석이다. 오래전부터
장신구로 사용해왔다.

영화 〈쥬라기 공원〉의 한 장
면. 호박에 갇힌 모기에서 공
룡의 DNA를 추출해 공룡을
복원한다는 것이 영화의 큰
줄거리다.

포착된 식물의 씨나 곤충에서 DNA를 분리한 예가 많다. 1993년 캘리포니아 폴리테크닉주립대학의 라울 카노Raul Cano 교수는 1억 3,500만 년 전에 살았다고 추정되는 곤충으로부터 바구미 이종異種의 유전정보를 가진 DNA를 분리해내는 데 성공했다.

그러나 영화에서처럼 모기에서 공룡의 DNA를 추출하는 것은 문제가 있다. 현재까지 알려진 가장 오래된 모기는 부르마쿠렉스 안티쿠우스Burmaculex Antiquus인데, 브라키오사우루스나 스테고사우루스 등은 부르마쿠렉스 안티쿠우스보다 6,000만 년 전에 살았다.[94] 모기가 공룡의 피를 빨았다고 해도, 모기가 빤 것이 단 하나의 공룡의 피라고 단정할 수 없다는 문제가 생긴다. 모기의 내장에 여러 공룡의 피가 섞여 있다면 하나하나의 공룡 DNA 정보를 분리해내야 하기 때문이다. 더구나 임신한 암컷 모기만 피를 빤다는 사실까지 더하면 모기에서 공룡의 DNA를 찾는 일은 요원해보인다.

하지만 확보된 시료*가 공룡의 피가 확실하다면 적은 양이여도 복제에 활용할 수 있다. 캐리 멀리스Kary Mullis 박사가 개발한 PCR(중합효소연쇄반응)** 기법이 있기 때문이다. 문제는 6,500만 년 전에 멸종한 공룡의 DNA를 확보했다 해서 공룡을 바로 복제할 수 있는 것은 아니라는 점이다. DNA가 파리나 병아리, 또는 사람을 직접 만드는 것이 아니기 때문이다. DNA는 생명체를 구성하는 생화학적 도구를 일일이 지정해주지만, 하나의 청사진으로 저장된 것이 아니다. 생명체를 이루는 모든 DNA가 복합적으로 작용해 생물을 형성한다. 이는 특정 생물이 특정한 DNA 키트를 만들거나 역으로 특정 DNA가 특정한 생물을 만들 것이라고 말할 수 없다는 뜻이다. 즉 DNA 염기 배열을 기

* 시료試料, sample
어떤 목적을 위해 과학적 검사와 분석 등에 사용하는 물질이나 생물을 말한다.

** PCR
PolymeraseChain Reaction/DNA
게놈에서 특정 DNA 절편만을 선택해 복제함으로써 적은 양으로도 효과적으로 DNA를 탐색하고 분리해내는 기법이다.

초로 생물의 구조를 구체화해 낼 수 없다.

우선 DNA는 스스로 발생을 시작할 수 없다. 그러므로 DNA를 판독하고 그에 따라 작동하는 도구가 있어야 한다. 거의 모든 동물의 발생은 암컷의 난소에서 난자가 만들어지면서 시작된다. 따라서 공룡의 DNA를 재현하기 위해서는 같은 종種의 공룡 알이 필요하다. 공룡을 복제하기 위해서는 공룡 자체가 있어야 한다는 뜻이 되는데, 문제는 공룡이 모두 멸종했다는 점이다. 다행하게도 공룡의 DNA를 얻었다고 해도 그 DNA를 공룡으로 키워줄 수 있는 유사 공룡이 없는 한 공룡을 복제한다는 것은 불가능하다. 결국 〈쥬라기 공원〉은 현실적으로 불가능하다.

그럼에도 공룡 복제에 관심이 고조되면서 새로운 발견들이 이루어지고 있다. 공룡 화석에서 공룡의 것으로 보이는 DNA와 생체 조직을 발견하기도 했다. 미국 노스캐롤라이나대학 연구진은 티라노사우루스 뒷다리 뼈 화석에서 생체 조직들을 발견했는데 골세포와 혈관, 심지어 적혈구 형태도 보인다. 학자들이 흥분한 것은 공룡의 것으로 추정되는 DNA 유전자 일부와 단백질도 발견했기 때문이다. 수천만 년 동안 생체 조직이 온전히 보존되었을지는 알 수 없지만, 공룡의 유전정보를 밝혀내는 것이 원천적으로 불가능한 일은 아니다. 하지만 순천향대학교 이융석 교수가 지적한 것처럼 다른 생물의 유전자가 공룡 뼈에 들어갔을 가능성도 있으며 공룡을 되살리려면 조각난 유전자가 아니라 전체 DNA가 필요하다. 하지만 완전하지 않더라도 공룡의 DNA를 발견했다는 사실은 상당한 의미가 있다. 언젠가 온전한 DNA가 발견될 수도 있다. 멸종된 공룡과 가장 유사한 조류를 확보한다면

적어도 유사 공룡은 만들 수 있을지 모른다.[95]

위스콘신대학의 매슈 해리스Matthew Harris는 닭을 연구하다가 이빨을 만들어내는 유전자를 발견했다. 이 유전자는 새가 진화하는 과정에서 작동하지 않도록 변했다. 해리스는 이 유전자를 작동하도록 조작했다. 그랬더니 알 속의 병아리에 원뿔형의 이빨이 생겼다. 작은 육식 공룡과 같은 형태다.

2009년 미국 몬태나대학의 잭 호너John 'Jack' R. Horner 박사는 해리스의 연구를 업그레이드해 닭으로 공룡을 만들어보겠다는 계획을 세웠다. 새가 공룡에서 진화했다면, 닭을 거꾸로 진화시켜 공룡으로 만들어보겠다는 것이다. 물론 닭을 공룡으로 만드는 것은 간단한 일이 아니다. 닭의 부리를 없애고 이빨이 자라나게 해야 하며, 가느다란 손가락 3개와 기다란 꼬리를 만들어야 한다.[96]

매머드를
복제할 수 있을까?

매머드는 공룡만큼 아이들에게 인기 있는 동물이다. 코끼리의 사촌이라고도 불리는 매머드는 마지막 빙하기까지 지구상에 살다가 약 1만 년 전에 멸종했다고 알려졌다. 전 세계에 살고 있던 매머드가 어느 날 갑자기 멸종한 것은 사람들의 흥미를 자극하는 미스터리며, 매머드는 공룡과 달리 실물을 볼 수 있을지 모른다는 점이 더욱 호기심을 부추긴다. 적어도 매머드는 공룡과 달리 완벽하게 보존된 냉동 상태의 시신이 발견될 수 있기 때문이다.

매머드와 아시아코끼리, 아프리카코끼리는 약 600만 년 전 살았던 공통 조상에서 분리되었다. 매머드의 게놈genom 가운데 코끼리와 분리된 이후 변한 부분이 얼마나 있느냐에 따라 복원의 성패가 달라질 것이다. 하지만 매머드는 전체를 복제하지 않아도 특성과 행동 방식을 알아낼 수 있다. 예를 들어 매머드처럼 털이 무성하게 자라나는

미국 로스앤젤레스 조지 C. 페이지 박물관에 소장된 매머드 화석(왼쪽)과
캐나다 빅토리아의 로얄 브리티시 컬럼비아 박물관의 메머드 복원 상상도(오른쪽).

DNA 서열을 찾아내 코끼리의 게놈을 조작하면 매머드와 유사하게
만들 수 있기 때문이다.

　매머드 복제를 위해서는 우선 보존 상태가 양호한 뼈 화석을 확
보해야 한다. 화석에서 매머드의 완벽한 게놈 서열을 알아내 매머드
와 진화론적으로 가장 가까운 아시아코끼리 게놈과 비교·분석한다.
매머드에 가까운 게놈이 완성될 때까지 DNA 염기를 몇 개씩 조작하
는 방식으로 진행한다. 이렇게 만든 게놈을 주입한 세포를 배아로 성

장시킨 뒤 암컷 아시아코끼리의 자궁에 착상시키면 20~22개월 뒤 새끼 매머드가 태어날 것이다.

이 방법의 선구자는 하버드대학의 조지 처치George Church 교수다. 처치 교수는 매머드가 지닌 14가지 특징의 발현에 관여하는 DNA를 발견했다. 무성한 털, 두터운 지방층, 저온에서 산소를 효율적으로 운반하는 혈액 세포 등이다. 이 세포로만 매머드를 만들 수는 없지만 매머드 복제에 상당한 진전이 이루어진 것은 사실이다.[97]

매머드 부활의 또 다른 방법은 매머드의 정자를 활용하는 것이다. 1990년 일본 긴키대학 고토 가즈후미後藤和文 교수는 죽은 황소의 정자를 난자와 수정시키는 데 성공했다. 고토 교수는 정자의 머리 부분의 유전 정보가 완벽하게 보존되어 있다면 매머드도 복원할 수 있다고 설명했다. 정자는 다른 세포에 비해 동결되어도 높은 생존율을 보인다. 정자의 냉동 후 생존율은 적어도 50퍼센트, 최고 90퍼센트에 달한다.[98]

매머드를 복원하는 또 다른 방법은 이언 윌머트Ian Wilmut 박사가 복제양 돌리를 만든 체세포 복제 방법을 쓰는 것이다. 매머드가 냉동된 동안 신체 조직의 DNA가 손상되지 않았다면 이 방법으로 매머드를 복제하는 일이 불가능한 것은 아니다. 매머드 세포에서 세포핵을 추출해 코끼리 난자에 주입시켜 수정란을 암컷 코끼리에 착상시키는 것이다. 이후 유사 매머드를 계속 교배시키면 멸종한 매머드와 유사한 동물이 태어날 수 있다.

긴키대학의 이리타니 아키라入谷明 교수가 냉동 세포에서 정상적인 DNA를 추출하는 기술을 확보했다. 2008년 일본 이화학연구소 발생·재생과학종합연구센터의 와카야마 데루히코若山照彦 박사가 16년간 죽은 상태로 냉동된 생쥐의 세포에서 복제 생쥐를 탄생시키는 데 성공했다. 이리타니 교수 연구팀은 이 기술을 기반으로 압축 조직에 2~3퍼센트 포함된 양질의 세포핵을 손상 없이 추출하는 기술을 개발한 것이다. 매머드의 복제 배아 생성에 성공하면, 대리모인 아프리카 코끼리에 수정란을 착상시킬 예정이다. 순조롭게 진행된다면 5~6년 뒤 매머드의 탄생을 기대할 수 있다고 한다. 완벽한 매머드는 아니지만 매머드 사촌 정도는 볼 수 있을 전망이다.[99]

매머드 복제에 모든 사람이 찬성하는 것은 아니다. 일부 학자는 매머드를 이전에 살았던 환경과 전혀 다른 환경에서 부활시키는 것은 의미가 없으며 비도덕적인 일이라고 주장한다. 매머드 복원에 따를 수 있는 위험 요소도 있다. 매머드가 생존할 당시에 존재했던 치명적인 바이러스나 세균이 매머드 복원으로 다시 출현할 가능성이 있다는 지적이다.[100]

남극이나 시베리아에 냉동된 채 보존된 매머드를 활용한다면 매머드는 공룡보다 복제하기 쉽다. 2013년, 시베리아에서 얼어붙은 4만 3,000년 전의 암컷 매머드 사체가 발견되었다. 시베리아 북동연방대학의 빅토리아 예고르바Viktoria Egorova 박사는 부검 결과 근육조직은 6개월 전에 죽은 사람보다 보존 상태가 좋고 혈액은 DNA분석을 할 수 있을 정도로 양호하다며 매머드 복제에 박차를 가할 수 있다고 주장했다. 그는 "잘린 조직은 강한 혈관벽을 갖고 있으며 혈관 안의 적혈구에서 헤모글로빈이 유출되는 용혈반응이 있었고 적혈구를 발견했으며 근육과 지방질도 잘 보존되어 있었다"고 밝혔다.[101]

아직 실제로 매머드를 복원하지는 못했다.[102] 그러나 언젠가 매머드 복제가 성공한다면 과학기술의 발전에 힘입어 공룡 복제도 가능할지 모른다. 〈쥬라기 공원〉을 실제로 볼 수 있다는 것처럼 환상은 자아내는 것은 없다. 우리 앞에 공룡이 나타나는 날이 도래하지 않으리라고 누가 장담하겠는가.

제 2 장
공룡의 천국, 한반도

한국에서 공룡 유적이 발견된 것은 1970년대 초이므로 한국 공룡 연구 역사는 40년에 불과하다. 그런데도 국내 공룡 화석 산지는 헤아릴 수 없이 많다. 공룡 화석은 처음에는 주로 경상도에서 발견되다가 전라도는 물론 경기도에서도 발견되었다. 일부 지역을 제외하고 한국의 거의 모든 지역에 화석이 매장되어 있다고 해도 과언이 아니다.[103]

공룡의 천국이었던 한국의 수많은 공룡 유적지를 직접 답사하는 것이 『과학문화유산 답사기』의 기본이다. 제1장에서 공룡에 대해 알아야 할 것들을 설명했지만, 답사는 한국에 있는 공룡 유적을 기본으로 하므로 한국의 공룡에 대해 숙지하는 것이 필요하다. 답사지 공룡에 대한 사전 지식이 없으면 현장에 가도 그게 그것처럼 보이기 때문이다. 한반도의 공룡 답사 대장정에 들어가기 전에 한국의 공룡에 대해 알아본다.

한반도
공룡의 역사

한국에서 처음으로 공룡 화석이 발견된 것은 1973년 8월이다. 경북대학교 양승영 교수가 경상남도 하동군 금남면 수문동 해안가에서 암석 속에 박혀 있는 공룡의 알껍데기를 발견했다. 그런데 당시 대학원생이었던 김항묵 교수는 자신이 1973년 1월 경북 의성군 금성면 탑리 봉황재 산복 도로에서 공룡 뼈 화석을 발견했으므로 양승영 교수보다 7개월 앞선다고 주장했다. 이 화석은 석회암 속에 보존되어 있었는데 지름이 35밀리미터고 골수가 있던 가운데 부분에 구멍이 나 있다. 국내에서 처음으로 발견된 용각류의 앞다리 상완골(위팔뼈)로 알려졌다.

그러나 김항묵 교수는 당시 발견을 학회에 곧바로 보고하지 않고, 1977년에야 발표했다. 반면 양승영 교수는 1976년 3월 화석 발견을 대한지질학회에 보고했다. 그 때문에 한국의 최초 공룡 화석 발견자가 누구냐는 문제를 두고 논란이 일기도 했다. 『과학동아』는 학계에서는 발표 시점을 중시하기에 한국에서 최초로 공룡을 발견한 사람은 양승영 교수라고 밝혔다.

1977년 경북대학교 장기홍 교수가 김항묵 교수가 의성군 탑리에서 발견한 골격을 연구하면서 한국의 공룡이 본격적으로 주목 받게 되었다. 1982년 장기홍 교수는 의성군 탑리에서 발견한 공룡 뼈가 용각류의 팔 또는 다리 일부라고 추측했다. 발굴 당사자인 김항묵 교수는 용각류의 우측 척골(아래팔뼈)로 판단했으며 새로운 공룡의 뼈로 보고 울트라사우루스 탑리엔시스Ultrasaurus Tabriensis라 명명했다. 그러나 1997년 이융남 교수는 이 골격을 왼쪽 상완골의 윗부분이라면서 뼈가 불완전해서 정확히 어느 종류의 것인지 알 수 없다고 했다.[104]

공룡에 대한 관심이 고조되던 중 1982년 양승영 교수가 경상남도 고성군 하이면 덕명리 해안 지역에서 공룡 발자국 화석을 발견했다. 이 지역에서 발견된 지름 35센티미터 내외, 깊이 20센티미터의 발자국 가운데는 발가락 윤곽이 뚜렷하게 남아 있는 것도 있다. 볼펜만한 발가락과 1~2미터에 달하는 보폭은 공룡의 몸집이 얼마나 거대했는지 짐작하게 한다. 이곳에는 공룡이 세 발자국 이상 걸어간 보행렬*도 247개나 남아 있다. 지름 15센티미터 이하의 육식성 랍토르류의 발자국은 물론 빗살무늬 모양의 새 발자국도 곳곳에 흩어져 있다. 이때 발견된 발자국 가운데는 마멘키사우루스의 약 3배에 이르는 거대

✻ 보행렬步行列
일정한 간격을 두고 줄지어 찍힌 발자국.

경상남도 고성군 덕명리 해안가에서 대량의 공룡 발자국이 발견되면서 공룡에 대한 관심이 크게 고조되었다.

용각류의 115센티미터짜리 발자국과 9센티미터 밖에 안 되는 새끼 용각류 발자국도 있다.[105]

이후 영남 지역 곳곳에서 발자국 화석이 발견되었다. 어느 정도 넓은 지층면이 보이는 곳이라면 거의 공룡 화석이 발견될 정도였다. 심지어는 가야 고분에서 공룡 발자국 화석이 발견되기도 했다. 래리 마틴 교수는 한국 남해안 지역에서만 공룡 발자국 화석이 1만 개 이상 발견되었다며 한국을 세계 3대 공룡 발자국 화석 지역이라고 했다.

공룡의
천국

한국이 공룡의 천국이라고는 하는데, 그러면 왜 한국에 그렇게 많은 공룡이 살았을까? 또, 공룡은 한반도의 어떤 환경에서 살았을까? 이를 가정 정확하게 알 수 있는 방법은 타임머신을 타고 공룡 시대로 돌아가 직접 보는 것이지만, 타임머신은 없으므로 지금까지 알려진 각종 자료를 토대로 한반도에서 공룡이 살던 시대를 재현해보아야 한다. 이 문제를 이융남 교수의 설명으로 풀어본다.

고생대 말기가 되자 바닷속에 있던 한반도는 육지가 되었다. 이 당시 중국, 한국, 일본은 하나의 땅덩어리로 붙어 있었으며 기후도 온난했다. 한반도는 큰 지각변동 없이 오랜 기간 침식*을 받아 준평원에

* 침식侵蝕
지표地表의 암석이 여러 가지 작용으로 파괴되어 차차 붕괴되어 가는 과정을 통틀어 일컫는 말이다. 좁은 뜻으로는 비, 바람, 빙하 등이 지구 표면의 무른 부분을 깎는 일을 말한다.

가까운 평탄한 지형을 유지했는데 트라이아스기와 쥐라기에 전국에 걸쳐 대보조산운동*이 일어나 격렬한 화산과 지진 활동이 계속되었다. 이 기간에 지표에는 대동누층군**이라는 두꺼운 퇴적층이 쌓였다. 대동누층군에서는 공룡 화석의 흔적이 발견되지 않았기 때문에 이 기간에 공룡이 한반도에 서식했는지는 알 수 없다. 반면에 김포, 문경, 보령 지역에 조그만 늪지와 하천이 발달해 물속에는 물고기가, 물가에는 겉씨식물이 번성해 많은 곤충의 서식지가 되었다.

백악기에 한반도의 환경은 완전히 변했다. 저지대에 있는 분지가 커다란 호수, 못, 늪지대로 변했는데, 당시 호수는 오대호나 바이칼호에 견줄 만큼 거대했다. 경상분지에만 큰 호수가 3개 있었는데 그중 하나는 남해안에서 일본 쓰시마섬까지 걸칠 정도였다. 남해안 지역도 군데군데 호수로, 바다가 아니었다. 그 증거로 중생대를 대표하는 바

* 대보조산운동大寶造山運動
쥐라기부터 백악기 초까지 한반도 전역에서 일어난 가장 큰 지각변동으로, 전국에 걸쳐 대보화강암이 관입貫入되었으며 차령산맥, 노령산맥, 소백산맥 등이 형성되었다. 남한 중부 옥천대沃川帶를 사이에 두고 양쪽에 뚜렷한 방향성을 보인다.

** 대동누층군大同累層群
육지에서 퇴적된 육성층陸成層으로 평양 부근의 대동층군, 김포와 연천의 김포층군, 문경과 단양의 반송층군, 보령의 남포층군을 합쳐 대동계 또는 대동누층군이라 부른다.

암모나이트 화석. 암모나이트는 중생대를 대표하는 바다 생물로, 과거 호수 지형이었던 한반도에서는 암모나이트 화석이 발견되지 않았다.

다 생물인 암모나이트 화석이 발견되지 않는다는 것을 들 수 있다.[106]

한국은 '백악기 공원'

경상남도 고성과 진주, 경상북도 의성을 비롯한 경상도 일대와 전라남도 해남과 함평, 능주, 전라북도 진안과 부안, 충청남도 공주, 충청북도 음성, 강원도 통리 등 중생대 백악기 퇴적층이 분포하는 지역은 모두 당시 분지였던 곳이다.[107] 이 백악기 지층을 경상누층군慶尙累層群이라 하는데 중생대를 대표하는 지층으로 남한 전체 면적의 4분의 1을 차지한다. 퇴적층의 두께도 9킬로미터에 달한다.[108] 바로 이곳에서 공룡 화석이 다량 발견되었다. 경상분지는 지금까지 알려진 대부분의 공룡 뼈와 공룡 발자국, 공룡 알이 발견된 공룡 화석의 보고다. 이곳에서 발견된 화석을 보면 한국은 '쥐라기 공원'은 아니지만 '백악기 공원'이라고 할 만하다.[109]

한국을 공룡의 천국이라고 부르는 것은 공룡이 남긴 흔적인 공룡 발자국이 가장 많이 발견되었기 때문이다. 경상남도 고성, 전라남도 여수 등의 해안 절벽에는 겹겹이 쌓인 100여 개 지층에 공룡 발자국이 들어 있다. 일본도 당시 비슷한 환경이었지만 그 뒤로 격심한 지각변동이 있어 화석이 많이 발견되지 않는다.[110] 부산광역시 동삼동 신선바위 주변에는 7,000만 년에서 6,500만 년 전 백악기 말에 살았던 오리주둥이 공룡의 발자국이 있다. 이 발자국은 한반도에서 공룡이 6,500만 년 전 멸종할 때까지 살았음을 보여준다.[111]

다른 나라에서는 공룡 뼈 화석이 많이 발견되는데 반해 한국에서 발견된 화석은 대부분 공룡 발자국 화석이다. 그 원인은 한국의 독특

한 지질 환경과 연관 있다. 공룡의 발자국이 화석으로 남기 위해서는
여러 가지 복잡한 여건이 맞아떨어져야 한다. 발자국은 깊은 물속이
나 마른 땅 위, 하천의 모래밭에서는 만들어지지 않는다. 단단한 지층
과 암석 위에도 발자국이 찍히지 않는다. 발자국은 호수나 강가에 쌓
인 펄이 수면 위에 나온 지 얼마 안 되어 수분을 약간 포함해 꾸덕꾸덕
한 상태일 때 남는다. 공룡 발자국이 찍히는 가장 좋은 조건은 수분을
머금은 퇴적층이다. 이러한 조건을 갖춘 호수가 백악기에 경상도 지
역을 포함해 전국에 산재해 있었다. 당시 한반도는 공룡 발자국 화석
이 남을 수 있는 여건이 잘 갖추어져 있었다. 공룡 발자국이 찍힌 후
어느 정도 시간이 흐르면 단단하게 굳어지는데 그 위에 모래나 점토
등 퇴적물이 쌓이면 굳어진 발자국은 지층 속에 매몰되어 단단한 암

경상북도 의성군 제오리의 공
룡 발자국 화석. 국내 최초로
천연기념물로 지정된 공룡 발
자국 화석이다. 공룡의 발자국
이 남기 위해서는 많은 조건
이 맞아떨어져야 한다.

석이 된다. 이런 형성 과정에 조금이라도 변화가 생기면 발자국은 화석으로 보존되지 않는다.

발자국 화석이 만들어지는 과정이 환경의 제약을 받기 때문에 발자국은 과거의 환경을 그만큼 정확하게 제시해준다. 걸어간 발자국 열을 보면 한 쪽이 다른 쪽보다 움푹 들어간 경우가 있다. 움푹 들어간 것은 물에 가까운 쪽이고 얕은 것은 육지 쪽이다. 이런 것을 보면 발자국을 남긴 공룡이 물에서 걸어 나온 것인지, 아니면 육지에서 물로 걸어갔는지 알 수 있다. 공룡 발자국 화석은 당시 수륙 분포를 보여주므로 호수의 윤곽을 그리는 데 좋은 자료가 된다.

공룡 시대 한반도는 거대한 호수가 곳곳에 있었고 호수로 흘러드는 조그만 하천과 강에 물이 풍부하게 넘쳐났다. 우기와 건기가 되풀이되었고, 식물은 빠르게 성장했다. 목 긴 초식 공룡이 살기에 최적의 장소였을 것이다. 네 발로 걷는 용각류와 함께 두 발로 걷는 조각류의 발자국도 발견된다. 조각류는 대개 입 모양이 오리 주둥이처럼 생긴 오리주둥이 공룡이었다. 오리주둥이 공룡은 포식자로부터 자신을 방어하기 위해 무리 지어 이동하고 강가에 모여 살며 알을 낳고 새끼를 길렀다.

오리주둥이 공룡은 백악기 전기가 끝날 무렵 이구아노돈에서 진화했다. 겉모습은 이구아노돈과 유사한데, 차이점은 이빨 모양이다. 이구아노돈은 이빨의 양옆이 넓으며 가장자리를 따라 작은 돌기들이 발달해 있다. 오리주둥이 공룡은 이빨 돌기가 작거나 아예 없으며 전체적인 모양이 다이아몬드와 비슷하다. 오리주둥이 공룡은 이빨이 촘촘하게 붙어 있어서 더 많은 이빨이 날 수 있었다. 이빨이 많이 나는

고성공룡박물관에 있는 오리
주둥이 공룡류에 속하는 람베
오사우루스의 모형.

쪽으로 진화한 것은 질겨지는 식물을 잘 씹기 위한 것으로 추정한다.

오리주둥이 공룡은 머리 형태도 이구아노돈과 다르다. 오리주둥이 공룡 일부는 백악기 후기로 가면서 머리에 볏 장식을 발달시키기 시작했다. 이 볏 구조물은 단순한 장식이 아니다. 볏 속은 비어 있는데, 이 공간은 콧구멍부터 호흡기까지 연결되어 있었다. 뉴멕시코자연사박물관의 토머스 E. 윌리엄슨Thomas E. Williamson 박사는 오리주둥이 공룡이 볏의 빈 공간을 이용해 소리를 냈을 것으로 추정했다. 그 소리는 30헤르츠 정도로 낮은 트럼펫 소리와 유사했을 것이다. 오리주

등이 공룡은 저음파를 이용해 멀리 있는 동료들과 의사소통했을지 모른다. 오리주둥이 공룡을 포함하는 이구아노돈류가 지구 각지로 퍼져 나가다 보니 의사소통이 필요했다는 것이다. 흥미로운 것은 오리주둥이 공룡의 천적인 티라노사우루스가 저음파를 잘 들었을 것이라는 점이다.[112]

강가에는 길이가 20센티미터에 불과한 원시 악어도 등장했으며 강과 제방에는 다양한 거북과 자라도 살았다. 초식 공룡과 함께 이들을 먹이로 삼는 육식 공룡도 살았다. 한반도에 살았던 육식 공룡 중 잘 알려진 것은 알로사우루스, 메갈로사우루스 등이다. 이빨 길이가 9센티미터, 몸길이가 12미터나 되는 아크로칸토사우루스Acrocanthosaurus 같은 거대한 수각류의 흔적도 보인다.

공룡사에서 중요한 것은 중생대 한반도가 호숫가에 둥지를 틀고 새끼를 키운 익룡들의 고향이라는 점이다. 익룡은 호수 속에 사는 작은 민물고기를 먹이로 삼았다. 백악기에 번성한 익룡은 꼬리가 짧고 이빨이 없는 프테로닥틸루스류Pterodactylus가 대부분인데, 한국에 살았던 익룡은 이빨이 발달했다. 이빨 길이가 7센티미터나 되는 것도 있었다. 이들은 호숫가 절벽에 살면서 긴 날개로 바람을 타고 활강해 수면 위를 낮게 날다가 수면 가까이에 있는 물고기를 길고 날카로운 이빨로 재빠르게 낚아채어 먹었을 것으로 추정한다.

백악기 전기가 끝날 무렵, 한반도 공룡의 생태계는 급격히 변하기 시작했다. 경상호수*가 빠르게 동쪽으로 확장하며 화산활동도 증가했다. 화산활동이 격렬해지자 공룡들은 하나둘씩 안전한 곳을 찾아 떠났다. 공룡 무리는 무성한 숲보다 호숫가를 따라 이동하면서 무수

＊ 경상호수
중생대 경상도 지역에 있었을 것으로 생각되는 호수. 대한 해협과 일본 열도를 아우르는 거대한 호수였을 것이다.

한 발자국을 남겼다.

　백악기 후기로 접어들면서 한반도 곳곳에서 화산이 본격적으로 터지기 시작하자 경상분지에서 공룡이 자취를 감추었다. 경상도를 떠난 공룡들은 전라남도 보성으로 옮겨가 자리를 잡고 알을 낳았다. 다른 무리는 전라남도 해남에 다다랐다. 그들 앞에 얕은 호수가 있었는데 크기가 15미터에 달하는 거대한 용각류들이 호수를 건너며 남긴 흔적이 있다. 해남 우항리의 공룡 발자국 화석은 거대한 공룡의 것인데, 뒷발자국은 보이지 않고 앞발자국만 보인다. 학자들은 이 발자국을 다음과 같이 설명한다. 공룡들이 호수로 진입했는데 호수의 물이 깊어지자 부력에 엉덩이 부분은 떠오르고 앞발만 사용해 호수를 건너갔다는 것이다.

　한편 뒷발의 길이가 35센티미터나 되는 거대한 익룡은 엉거주춤한 자세로 네 발을 사용해 갯벌을 걸었다. 일부 공룡은 화산활동을 피해 경기도 화성의 강변으로 이동했다. 열악한 환경에서도 부지런히 알을 낳았지만 빈번하게 일어난 홍수로 많은 알이 부화하지 못한 채 깨어졌다. 화산활동이 격렬해지면서 점점 공룡들이 피신할 곳은 줄어들었고, 한반도에서 그토록 번성했던 공룡은 더 생존할 곳을 찾지 못하고 멸종했다.[113]

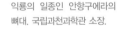

익룡의 일종인 안항구에라의 뼈대. 국립과천과학관 소장.

생흔화석은 공룡 정보의 보고

한국의 공룡 발자국 중 상당수는 전문가가 아니라 일반인이 발견했다. 그만큼 공룡 발자국은 약간의 지식으로도 쉽게 찾을 수 있다.[114] 화석에는 동물의 뼈나 조개껍데기처럼 생물의 몸 자체가 남아 있는 실체화석實體化石이 있고, 동물의 발자국 같은 생흔화석生痕化石이 있다. 생흔화석은 화석이 된 생물이 살았던 환경과 생태를 알려주는 중요한 단서다. 예를 들어 공룡 발자국 화석은 그 화석을 포함하는 지층이 어떠한 환경에서 퇴적되었는지 알려준다. 연흔*이 발견되는 것은 얕은 물이었다는 뜻이고, 건열**은 자주 공기에 노출되었다는 의미다.[115] 실체화석만으로는 그 공룡의 행동 양식이 어떠한지, 어디에 어떻게 모여 살았는지 알 수 없다. 생흔화석은 고생물이 살았던 모습과 움직임을 알게 해주는 귀중한 자료다.

생흔화석 중 배설물이 화석화된 분석糞石은 매우 중요하다. 육식 공룡의 분석은 더 크고, 초식 공룡의 분석은 작은 크기로 발견되는데, 벌레들이 영양분이 풍부한 초식 공룡의 배설물을 선호했기 때문이다. 분석에서는 몸속에 살았던 기생충의 흔적도 발견된다. 오리건주립대학의 조지 포이너 주니어George Poinar Jr. 교수는 이구아노돈의 것으로 추정되는 분석에서 기생충 알 2종류와 유충 1종류를 발견했다.

대변뿐 아니라 소변도 화석이 되는데, 소변 자체는 화석으로 남지 못하지만 소변이 고여 있던 흔적은 화석으로 발견된다. 이 흔적화석을 오줌석이라고 하는데 매우 희귀한 화석이다. 미국 와이오밍주에서 발견된 양동이 모양의 큰 오줌석은 브라키오사우루스 같은 거대한 목 긴 공룡의 것으로 추정한다.[116]

* 연흔漣痕, ripplemark
물결자국. 바람이나 물의 움직임에 의해 퇴적물의 표면에 형성된다.

** 건열乾裂, mud crack
지표면에 퇴적된 점토나 이토에 수분이 증발하면서 표면이 수축해 다각형 모양으로 갈라질 때 형성된 퇴적 구조를 말한다.

캐나다에서 발견된 분석. 분석은 생흔화석 중에서도 많은 정보를 제공해주는 것으로 가치가 높다.

하지만 역시 공룡의 생흔화석 중 중요한 것은 발자국 화석이다. 발자국의 형태는 발가락에 따라 둥근 원반 모양, 굵은 새 발가락 모양, 뾰족한 왕관 모양 등 다양하다. 발자국의 크기와 형태는 공룡의 종류를 유추해내는 데 중요한 역할을 한다. 발자국 사이의 간격은 공룡이 걸었는지 뛰었는지 분별해준다. 공룡은 보통 일렬로 반듯이 걸어 다녔기 때문에 보행렬을 통해 몇 마리가 어느 방향으로 이동했는지 알 수 있으며, 어미와 새끼의 동행 여부도 알 수 있다. 익룡의 걸음걸이에 대한 비밀은 우항리 익룡 발자국 화석이 풀어주었다. 익룡은 날개를 접은 채 앞발을 사용해 어기적거리며 걸었다.

공룡의 발자국 화석으로 그 발자국의 주인이 육식 공룡이었는지 초식 공룡이었는지, 그 동물이 얼마나 빠른 속도로 이동했는지도 알아낼 수 있다. 심지어는 공룡의 몸무게, 지능 지수, 크기까지 규명할 수 있다. 이를 알아내는 간략한 공식을 소개한다.

●공룡의 다리 길이=발자국 길이×4

$$\bullet\,공룡의\ 속도=0.25g^{0.5}보폭^{1.67}허리높이^{-1.17}$$

위의 'g'는 중력을 말한다. 공룡 발자국의 최대 산지인 경상남도 고성군을 보면 거의 모든 발자국은 진동층*이라는 퇴적층에서 발견되는데 현재까지 4,000개 이상의 공룡 발자국이 발견되어 단일 지층에서 발견된 공룡 발자국 수로는 세계 최대다. 고성군 하이면 덕명리 일대의 해안에 노출된 150미터 두께의 진동층에는 약 200개의 공룡 발자국이 발견되었다. 진동층이 호숫가에 조금씩 쌓이는 동안 분지가 계속 침강하고 동시에 호수의 크기가 계속 변하면서 수면의 높이가 변했고 호숫가를 찾는 공룡들이 호숫가 퇴적물에 반복해 발자국을 남겼다. 발자국들은 연흔과 함께 나타났다.

공룡들은 물을 먹기 위해 자주 호수를 찾았고 이동할 때도 호숫

* 진동층鎭東層
백악기에 형성된 지층으로, 주로 세립질의 셰일로 구성되어 있으며 암회색을 띈다.

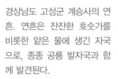
경상남도 고성군 계승사의 연흔. 연흔은 잔잔한 호숫가를 비롯한 얕은 물에 생긴 자국으로, 종종 공룡 발자국과 함께 발견된다.

가를 따라 집단으로 이동했다. 그러면서 남겨진 발자국은 시간이 흐
름에 따라 단단하게 굳어졌고 그 위에 다시 퇴적층이 덮이면서 발자
국은 지층 속에 남게 되었다. 이러한 현상이 약 1억 년 전 진동층 150미
터가 쌓이는 동안 200차례나 반복되었다. 그 뒤 풍화와 침식으로 지
층이 한 겹 두 겹 드러나고 그 속에 있던 발자국들이 차례차례 우리 앞
에 나타난 것이다.[117]

한국에 살았던 공룡

　한국에서 변변한 골격 화석이 발견되지 않고 주로 발자국만 발견되었다고 해서 한국에 어떤 공룡이 살았는지 파악할 수 없는 것은 아니다. 공룡 연구가 매우 발전해 발자국만 가지고도 어떤 공룡인지 파악할 수 있다.

　한국에서는 몸집이 거대하고 목과 꼬리가 긴 용각류의 발자국이 많이 발견되었는데, 뒷발의 크기가 불과 9센티미터인 발자국부터 115센티미터에 달하는 거대한 발자국까지 다양하다. 이러한 발자국에 근거해 보면 머리끝부터 꼬리 끝까지 2미터 남짓한 어린 새끼부터 30미터에 이르는 농구장만한 크기의 목 긴 공룡이 한반도를 활보했다고 볼 수 있다. 발자국을 토대로 한국에 디플로도쿠스, 브라키오사우루스, 아파토사우루스, 카마라사우루스, 오리주둥이 공룡으로 불리는 하드로사우루스 등 이구아노돈 계통의 공룡이 살았을 것으로 추정한다. 특히 브라키오사우루스류가 한국에도 살았다는 것은 학자들을 흥분하게 만들었다. 그동안 브라키오사우루스는 미국, 영국, 프랑스, 탄자니아에서만 발견되었으나 2000년 초에 발견된 공룡 이빨 화석을 토대로 2001년 임종덕 박사가 브라키오사우루스류가 한국에도 살았음을 밝혔다.[118]

1999년에 경상남도 고성군 두호리에서 발견된 조각류 앞발자국 화석은 신종 공룡의 것으로 공인받았다. 이 발자국은 초승달 모양의 자국이 있어 삼각형이나 원형, 또는 반달형인 다른 조각류와 뚜렷이 구별된다. 이 공룡은 카르이르이크늄 경수키미Caririchnium Kyoungsookimi로 명명되었다. 종명種名인 '경수키미'는 김경수 교수의 이름을 딴 것이다.

한국 연구자의 이름을 딴 공룡은 1982년 경상남도 고성에서 공룡 발자국 화석을 처음 찾아낸 양승영 교수에 이어 두 번째다. 임종덕 박사는 이 발자국 주인공은 몸길이 최대 13미터, 높이 5미터에 이르는 이구아노돈류 공룡으로, 두 다리 또는 네 다리 보행이 가능

카르이르이크늄 경수키미의 발자국. 한국에서 발견된 새로운 종의 공룡이다.

앞발

앞발

했을 것이라고 말했다. 앞발은 길이 3.4~4센티미터, 폭 9.8~10센티미터, 뒷발은 길이 39~39.5센티미터, 폭 32.2~34.6센티미터다.[119]

　1억 년 전 한국에 벨로키랍토르 같은 몸집이 작은 육식 공룡이 살았다는 것도 확인되었다. 경상남도 남해군 창선면의 함안층에서 두 발가락이 찍힌 육식 공룡의 발자국 화석을 발견되었다. 공룡 발자국의 길이는 약 15.5센티미터, 폭은 8.4센티미터며 보폭은 약 2미터다. 다른 육식 공룡과 달리 뒷발 두 번째 발가락의 발톱이 사냥감을 꽉 잡

드로마에오사우루스의 복원
모형. 대전 지질박물관 소장.
■

을 수 있도록 커다란 갈고리 모양으로 발달해 발자국을 남기지 않는
다. 그래서 세 번째와 네 번째 발가락만 자국이 남게 된다. 이들의 발
자국 화석은 함안층에서 발견된 드로마에오사우루스의 발자국이란
의미를 담아 드로마에오사우리푸스 함안엔시스Dromaeosauripus
Hamanensis라고 명명되었다.[120]

　북한의 황해북도 평산군 룡궁리에서도 공룡 발자국 화석이 발견
되어 북한 천연기념물 제466호로 지정되었다. 1989년 김일성종합대
학교 지질학부가 평양-개성 도로 부근 구릉지대에서 발견했다. 1억
년 전에서 8,000만 년 전의 공룡 발자국으로 길이 100미터, 너비 15미
터 정도의 경사진 바위 위에 2줄로 새겨져 있다. 두 발 걸음으로 첫 번
째 줄에는 14개, 두 번째 줄에는 16개의 발자국이 있다. 첫 번째 줄의
발자국은 길이 45센티미터, 너비 40센티미터, 깊이 4센티미터 정도며
오른발과 왼발 사이의 거리는 80~90센티미터다. 진흙 겉면을 스친
흔적이 약 20센티미터 길이로 나타나 있는데 앞발 자국이 스친 자리
와 뒷발 자국이 스친 자리가 2~5도 정도 각을 이룬다. 두 번째 줄에는
발바닥의 윤곽만 보이며 발자국의 크기는 길이 40~45센티미터, 너비
35~38센티미터고 발자국 사이의 거리는 55~65센티미터다. 발가락
과 발톱 자국은 보이지 않는데, 당시 무른 진흙 지대였기 때문에 발가
락과 발톱 자국은 남지 않은 것으로 보인다.[121]

　한국에서 그렇게 많은 발자국이 발견된 반면 완전한 형태의 공룡
뼈 화석이 발견되지 않은 이유는 크게 두 가지다. 첫째, 한국은 퇴적층
의 두께가 얇아서 대규모의 공룡 뼈 화석이 박혀 있기 힘들다. 일반적
으로 생물이 살던 곳과 죽어서 묻히는 곳은 같지 않으므로 죽은 공룡

이 화석이 될 수 있는 환경이더라도 땅에 퇴적되는 과정에서 물에 휩쓸려 이동하는 일이 자주 있으므로 화석으로 발견되는 경우는 매우 적다. 또 다른 이유는 당시 한반도가 온난다습하고 안정되어 살기 좋은 장소였다는 것이다. 생물이 살기 좋은 장소는 죽어서 그 시체가 보존되기 어려운 곳이다. 죽은 동물의 골격이 화석으로 보존되려면 동물의 시체가 즉시 퇴적물 속에 매몰되어 다른 생물의 분해 작용에서 벗어나야 한다. 뼈 화석이 만들어지려면 홍수, 산사태 등으로 생물이 갑자기 매몰되어야 한다. 자연 미라가 발견되는 곳이 사막이나 빙하 속이라는 것을 생각하면 쉽게 이해될 것이다. 그러나 당시 한반도는 비교적 안정된 지층으로 그런 불상사가 일어나기 어려운 환경이었다.

그러나 한국의 공룡 연구 단초를 연 것은 아이러니하게도 뼈 화석이다. 국내에서 최초로 발견된 공룡 화석이 바로 공룡 뼈기 때문이다. 한국에서 최초로 공룡 화석을 발견한 사람에 대해서는 논란이 있지만, 김항묵 교수가 1973년 발견한 화석은 공룡 뼈다. 외국에서처럼 대량의 실체화석이 발견된 것은 아니지만 한국에서도 10여 곳에서 공룡 뼈 화석이 발견되었다.

1985년 경상북도 군위군 우보면 고속도로 변에서도 공룡 뼈 화석이 발견되었다. 경상남도 합천군에서도 보존이 잘된 머리뼈를 포함한 상당수의 뼈 화석이 발견되었고, 경상남도 진주시 내동면 유수리 가화천에서도 공룡 뼈 화석이 발견되었다. 안동대학교의 이동진 교수도 경상북도 의성에서 온전한 공룡 뼈 화석을 발견했다. 공룡의 넓적다리뼈를 포함해 뼈 5개가 출토되었고 묻혀 있는 뼈 4개도 확인했다는 것이다. 공룡이 묻힌 곳은 펄이 퇴적된 결이 고운 암석이라 화석의

보존 상태도 양호하다.[122] 1996년에는 경상남도 하동군 금남면 수문
동에서 알로사우루스의 이빨이 발견되었고 1997년 경상남도 고성군
덕명리에서도 알로사우루스의 것으로 추정되는 공룡 이빨이 발견되
었다.[123]

한국의 공룡 유산 중 흥미로운 것은 수각류의 흔적이다. 수각류
는 두 발로 달렸는데 중생대의 육지를 지배했던 강한 포식자로 알려
져 있다. 수각류 가운데 유명한 공룡은 벨로키랍토르와 데이노니쿠스
로 각각 '빠른 약탈자'와 '무서운 발톱'이라는 뜻이다. 1979년 수각류
의 발톱과 이빨, 종아리뼈가 발견되었는데, 처음에는 새로운 종으로

데논토사우루스를 공격하는
데이노니쿠스의 모형. 고성공
룡박물관 소장.

간주되어 코리아노사우루스Koreanosaurus라고 명명되었으나 데이노니쿠스의 일종이라는 것이 밝혀져 데이노니쿠스 코리아넨시스 Deinonychus Koreanensis라는 이름을 갖게 되었다.[124]

2002년 경상남도 하동군에서 오리주둥이 공룡 이빨이 발견되었다. 이 발견은 후기 백악기에 북아메리카에서 번성한 오리주둥이 공룡이 아시아에서 기원했음을 의미한다. 하동군에서는 3개의 수각류 이빨도 발견되었는데 가장 큰 것은 이빨 뿌리를 제외하고 길이가 9센티미터이며 나머지 2개는 그보다 작다. 이 이빨은 한국에서 발견된 가장 큰 수각류 이빨이다. 이 이빨의 주인공은 머리 길이가 약 1.4미터, 몸길이는 12미터로 티라노사우루스와 비슷했을 것이다. 이 이빨은 각각 5.6미터와 6.5미터 떨어진 같은 층준에서 발견되어 한 개체의 이빨일 가능성이 높다. 육식 공룡의 이빨은 빠지면 새 이빨로 채워지기 때문에 닳은 이빨은 자연스럽게 빠져 낱개로 흔히 발견된다.[125]

이융남 교수는 경상남도 사천시에서 티라노사우루스류의 위턱 이빨 화석을 발견했다. 위아래 부분이 소실되었지만 13.6밀리미터 정도 남았으며 밑 부분 폭은 5.9밀리미터다. 육식 공룡의 이빨에 나타나는 톱니 구조가 뒤쪽에 있으며, 티라노사우루스류에만 나타나는 D 모양의 단면적이 있다. 이융남 교수는 이 이빨이 전기 백악기 한반도에 티라노사우루스의 조상이 서식했다는 증거라고 말했다.[126]

익룡 역시 발자국보다 뼈가 먼저 발견되었다. 1997년 전라남도 해남군 우항리 해안가에서 익룡 뼈 조각이 발견되었으며 2001년 과학교사 백광석이 남해안의 한 무인도에서 완전한 형태의 익룡 손가락 첫째 마디를 발견했다. 이 익룡은 중가립테루스Dsungaripterus로 밝혀졌다. 2001년 경상북도 고령군 성산면 국도에서 윤철수가 익룡 이빨 화석을 발견했다. 익룡 발자국 화석은 1996년부터 해남군 우항리에서 본격적으로 발견되었다.

공룡시대에는 공룡만 산 것이 아니다. 거북, 도마뱀, 악어, 포유류가 중생대에 출현했는데 해성층*이 없는 우리나라 중생대층에서는 해양파충류를 제외한 위의 모든 척추동물의 화석이 나올 수 있다. 물고기 화석은 충청남도 보령 지역에 발달한 지층인 대동누층군의 아미산층을 시작으로 경상누층군의 진주층에서 상당수 발견되었다. 경상남도 하동군과 전라남도 보성군에서 거북 화석의 배갑背甲조각이 발견되었다. 경상남도 고성군에서는 거북 알 화석도 발견되었다. 최근 경상남도 하동군에서는 악어 화석도 발견되었다.[127]

* **해성층海成層**
해저에 퇴적되어 형성된 지층을 말한다. 층리가 명확하며 퇴적한 곳에 따라 연안성층, 근해성층, 심해성층으로 구분한다.

화석의
불모지

한국에서 공룡 화석이 좀처럼 발견되지 않는 곳은 강원도다. 강원도는 고생대 지형이므로 쥐라기와는 몇 억 년의 차이가 있기 때문이다. 고생대의 토양에서 쥐라기 시대의 공룡이 발견될 수는 없다. 반면에 강원도에서는 삼엽충 화석이 발견된다. 삼엽충은 고생대 캄브리아기에서 오르도비스기 사이인 5억 6,000만 년 전부터 약 1억 년 동안 바다에서 번성했다.[128]

서울의 도봉산과 관악산 같은 화강암 지형에서도 화석이 발견되지 않는다. 허민 교수는 한국은 상당 부분 화강암 지형이므로 이들 지역에서 공룡 화석을 찾겠다는 생각을 접어야 한다고 말했다. 화석은 기본적으로 퇴적암에서 발견되기 때문이다. 공룡 화석은 퇴적암 지형 중에서도 중생대 지층에서 발견된다.

경기도에는 강화도와 가까운 김포 탄전에 쥐라기 지층이 분포하

지만 분포 면적이 좁아 공룡 화석이 발견될 가능성이 낮다. 충청남도
에도 중생대 지층이 비교적 넓게 분포하지만 경상도에 비해 분포 지
역이 좁을 뿐 아니라 백악기 이전의 지층이 주로 분포하기 때문에 공
룡 화석이 발견될 가능성이 높지 않다.

　대표적인 중생대 지층은 경상도 남해안 일대, 충청북도 영동, 경
기도 시화호 주변, 전라북도 전주 등이다. 공룡 화석이 이들 지역에서
발견되는 이유다. 제주도, 울릉도, 경주, 포항, 백두산 등지는 신생대
지형이라 공룡 유적을 발견할 수 없다. 공룡은 신생대 이전에 멸종했
기 때문이다.[129]

스필버그에게
한 수 가르쳐준 한국 공룡

    스티븐 스필버그의 〈쥐라기 공원〉은 멸종한 공룡을 DNA 합성을 통해 만들어냈다가 피조물인 공룡 때문에 파멸하는 인간의 이야기를 다룬 작품이다. 줄거리는 다음과 같다.

    코스타리카의 누블라 섬에 미래형 놀이동산이 건설된다. 6,500만 년 전에 멸종한 공룡들의 공원이다. 이 공원을 만드는 데 가장 큰 문제는 6,500만 년 전에 멸종한 공룡을 어떻게 복원시키느냐다.[130] 유전공학자들은 호박에서 찾아낸 쥐라기 시대의 모기에서 공룡의 피를 추출해 양서류의 DNA와 결합해 새끼 공룡을 부화시키는 데 성공한다. 야생 그대로의 중생대를 재현하기 위해 초식 공룡뿐만 아니라 위험한 육식 공룡도 만들었다. 공룡은 암컷뿐이었으며 공원에서 주는 사료를 먹지 않으면 한 달 안에 죽도록 설계되어 있었다. 그러나 공룡을 통제하는 통제실의 주컴퓨터가 작동하지 않자 순식간에 혼란에 빠지고 공룡은 인간을 공격하기 시작했다. 결국 쥐라기 공원은 파멸을 맞는다.

〈쥐라기 공원〉은 공룡을 복원한다는 상상으로 공전의 흥행에 성공했다. 티라노사우루스에 쫓기는 오리주둥이 공룡 집단이 초원을 무리 지어 달리는 장면, 공룡 새끼가 알에서 깨어나는 장면 등이 유명하다. 그런데 오리주둥이 공룡이 두 발로 뛰는 장면은 한국에서 발견된 공룡 발자국 화석 덕분에 만들어졌다.

영화 〈쥐라기 공원〉의 한 장면. 하드로사우루스의 무리가 티라노사우루스에 쫓겨 평원을 달리는 장면은 깊은 인상을 주었다.

당초 스필버그가 공룡 제작의 교범으로 삼은 곳은 캐나다 앨버타주의 배드랜드badland 중심에 있는 앨버타주 공룡 공원Dinosaur Provincial Park이다. 이 일대는 7,500만 년 전에는 아열대 지대로 숲과 습지 등으로 이루어진 최적의 공룡 서식지였다. 수백만 년에 걸쳐 공룡의 시체가 쌓이고 그 위에 퇴적물이 덮이면서 공룡 뼈는 화석으로 변했는데 약 1만 5,000년 전 빙하가 녹으면서 땅속 깊이 묻혀 있던 화석층이 서서히 드러났다. 이곳에서 약 37종의 공룡이 확인되었는데 전 세계에서 발견된 공룡 종류의 상당수에 해당하는 것이다. 스필버그는 이 공원에서 발견된 공룡들을 토대로 마이클 크라이튼Michael Crichton의 소설 『쥬라기 공원』을 기반으로 영화를 만들기 시작했다. 당시 대본에는 오리주둥이 공룡이 티라노사우루스에게 쫓기는 장면이 없었다.

당시에는 공룡이 네 발로 아주 천천히 걸었고, 대형 공룡은 몸을 지탱할 수 없어 물속에서 머리만 내밀고 살았다는 가정까지 있었다. 그러나 공룡 연구가 급진전하면서 일부 공룡은 두 발로 서서 걸었다는 사실이 발견되었다. 공룡이 꼬리를 끌면서 걸었다면 깊은 고랑 같은 자국이 발자국과 함께 남아야 한다. 그런데 한국에서 발견된 수많은 공룡 발자국 화석에는 꼬리를 끈 흔적이 발견되지 않았다. 냉혈동물처럼 복부를 땅에 끈 흔적도 없다. 이는 꼬리를 들고 걸어 다녔다는 의미다.

발자국 화석은 일부 공룡이 매우 빠르게 뛸 수 있었다는 것도 보여준다. 동물은 종아리뼈가 넓적다리뼈에 비해 길면 빨리 뛸 수 있다. 코끼리는 그 비율이 0.65며 인간은 1.1정도, 가젤은 1.25다. 새를 닮은 공룡은 1.24로 가젤만큼 빨리 달릴 수 있었을 것이다. 가젤은 시속

80킬로미터 정도로 달리는데 백악기 후기에 살았던 스트루티오미무스Struthiomimus는 그만큼 속도를 낼 수 있었다고 추정한다.**131**

영화 〈쥬라기 공원〉에서 빨리 달리는 공룡들은 오리주둥이 공룡인 하드로사우루스다. 하드로사우루스는 길게 늘어난 오리주둥이 같은 부리가 특징인데 영화에서처럼 빨리 달렸다고 본다.**132** 공룡의 속도는 공룡 발자국 화석의 보폭을 감안해 계산하는데, 그중에서도 한국에서 발견된 오리주둥이 공룡 발자국 화석은 공룡이 매우 빨리 뛰었다는 결정적인 자료를 제공했다. 영화 〈쥬라기 공원〉의 촬영이 상당 부분 진행되었을 때, 한국에서 발견된 공룡 발자국에 의하면 매우 빠른 속도로 뛰는 공룡도 있었다는 보도를 접한 몇몇 디자이너가 오리주둥이 공룡들이 뛰는 장면을 스필버그에게 보여주었고, 스필버그는 시나리오를 바꿔 공룡이 뛰는 장면을 삽입했다고 한다. 그래서 한국에서 공룡 발자국이 발견되지 않았더라면 〈쥬라기 공원〉이 이정도로 성공하지 못했을지 모른다는 추측도 나왔다. 오리주둥이 공룡의 발자국 화석이 발견된 주 현장은 고성 덕명리와 해남 우항리다.

〈쥬라기 공원〉은 전 세계적인 흥행에 성공했지만, 오류도 적지 않다. 그중 대표적인 것은 〈쥬라기 공원〉이라는 제목이다. 티라노사우루스가 영화의 핵심으로 등장하는데, 티라노사우루스는 후기 백악기인 6,700만 년 전에 출현해 6,500만 년 전까지 잠깐 살다 멸종했다. 갈리미무스, 오리주둥이 공룡, 벨로키랍토르, 코뿔소를 닮은 트리케라톱스도 백악기 때 살았던 공룡이다.**133** 브라키오사우루스는 쥐라기에 나타나 백악기에 번성했다. 따라서 '쥬라기 공원'보다는 '백악기 공원'이 적절했을 것이다.

하버드대학의 스티븐 제이 굴드Stephen Jay Gould가 크라이튼에게 책 표지와 영화 포스터에 어째서 백악기 공룡인 티라노사우루스를 넣었냐고 묻자 크라이튼은 "그 점은 전혀 생각하지 못했습니다. 우리는 그저 이미지에만 매달리다가 티라노사우루스가 괜찮아 보이길래 결정했거든요"[134]라고 솔직하게 대답했다.

〈쥬라기 공원〉에서 티라노사우루스는 무시무시한 속도로 뛰는데 한서대학교 이광연 교수는 티라노사우루스가 얼마나 빨리 달릴 수 있는지를 계산해냈다. 다리 길이 4미터, 보폭 8미터인 티라노사우루스는 1초에 약 5미터를 갈 수 있다고 한다. 시속 18킬로미터 정도로 사람이 달리는 속도보다 느린 셈이다.[135]

〈쥬라기 공원〉의
오류

　〈쥬라기 공원〉은 공룡의 피를 빤 모기에서 채취한 유전자로 공룡을 복제한다는 것을 제외하더라도 오류가 많다. 첫째는 매우 영악하고 포악한 약탈자로 그려진 벨로키랍토르에 관한 것이다. 벨로키랍토르는 파충류처럼 비늘로 덮여 있는 것이 아니라 깃털로 덮여 있었다. 벨로키랍토르의 화석에서 깃혹quill knobs이 발견되었는데, 이는 칠면조와 같이 크고 무거운 깃털을 가진 새에게서 흔히 볼 수 있는 구조다. 날개 깃털은 벨로키랍토르의 친척뻘인 수많은 육식 공룡에게서도 발견된다.

　둘째는 벨로키랍토르가 문을 여는 장면이다. 문을 열려면 문고리를 잡고 손바닥을 아래로 돌리면서 문고리를 힘껏 내리눌러야 한다. 그러나 벨로키랍토르의 앞다리는 이러한 동작을 할 수 없다. 벨로키랍토르는 마치 새처럼 앞다리를 접고 있기 때문이다. 닭 날개로 문을

영화 〈쥬라기 공원〉에 나온느 벨로키랍토르, 뛰어난 지능으로 주인공을 압박하며 영화에 긴장감을 불어넣었지만 팔의 사용과 체구, 피부 등이 잘못 그려졌다.

열지 못하는 것과 같다.

셋째로 지적되는 것은 벨로키랍토르의 체구다. 영화 속 벨로키랍 토르는 사람만큼 거대한데, 실제는 큰 거위만했을 것이다. 학자들은 벨로키랍토르의 크기를 과장하더라도 몸길이 1.8~2미터, 엉덩이까지 높이 50센티미터, 키는 1미터 내외였을 것이라고 한다. 넷째, 아직 벨 로키랍토르가 무리 생활했다는 증거가 없는데 영화에서는 여러 마리 가 함께 행동하는 모습이 등장했다.

가장 큰 오류는 영화 속의 벨로키랍토르 머리가 벨로키랍토르가 아니라 데이노니쿠스라는 점이다. 데이노니쿠스가 벨로키랍토르로 등장하게 된 것은 그레고리 S. 폴Gregory S. Paul 때문이다. 폴은 데이노니쿠스의 골격을 조사하면서 벨로키랍토르와 유사하다는 것을 발견하고 1988년 출판한 『세계의 포식 공룡Predatory Dinosaurs of the World』에서 둘을 같은 공룡으로 설명했다. 데이노니쿠스의 학명은 1969년에, 벨로키랍토르는 1924년에 명명되었으므로 선취권에 의해 데이노니쿠스를 벨로키랍토르로 소개한 것이다. 벨로키랍토르와 데이노니쿠스 사이에는 여러 가지 해부학적 차이가 있지만 『세계의 포식 공룡』이 베스트셀러가 되고 크라이튼이 이 책의 영향을 받아 『쥬라기 공원』을 쓰면서 이 오류가 영화 〈쥬라기 공원〉에도 반영되었다.

그런데 데이노니쿠스도 사람보다 한참 작다. 그러나 스필버그는 몸집이 작으면 관객이 별로 무서워하지 않는다며 몸집을 거의 2배 부풀렸다. 〈쥬라기 공원〉에서 데이노니쿠스가 벨로키랍토르로 등장한 것은 물론 엄청나게 크기가 확대된 것이다. 그런데 1993년 놀라운 일이 일어났다. 실제로 사람 크기의 드로마에오사우루스류가 발견된 것이다.[136]

벨로키랍토르는 20세기 초반 몽골에서 발견되었는데 1971년에 몽골에서 프로토케라톱스와 싸우고 있던 모습이 발견되었다. 벨로키랍토르가 프로토케라톱스의 몸에 날카로운 발톱을 박아넣고, 프로토케라톱스는 벨로키랍토르의 앞발을 물고 있었다. 두 공룡은 서로 싸우는 도중 갑작스런 모래 폭풍에 덮여 죽은 것으로 보인다.

■
프로토케라톱스와 싸우고 있는 벨로키랍토르의 모형. 서대문 자연사박물관 소장.

　벨로키랍토르는 머리의 크기에 비해 뇌가 커 머리가 매우 좋았고 몸의 생김새로 보아 재빠른 몸놀림으로 먹이를 공격했을 것으로 보인다. 특히 시야가 넓고 시력이 좋아 타고난 사냥꾼이었다. 다른 육식 공룡은 턱과 이빨에 의존해 사냥했지만 벨로키랍토르는 튼튼한 꼬리와 뒷다리를 이용해 사냥감을 향해 높이 뛰어오른 뒤 뒷다리에 있는 날카로운 발톱으로 사냥감을 찍었을 것이다. 앞발에는 길고 날렵한 발톱 3개가 달려 있고 뒷다리의 두 번째 발가락에는 낫 모양의 커다란 발톱이 달려 있다. 벨로키랍토르는 발톱으로 먹잇감을 찢거나 찔러

죽였다.

　대부분 동물의 앞발목은 위아래 방향으로 움직여 걸을 때 발처럼 사용한다. 그러나 벨로키랍토르나 데이노니쿠스는 앞발목을 새처럼 좌우로 움직일 수 있다. 골반도 시조새와 유사해 새와 가장 가까운 공룡으로 여겨지기도 한다.

　허민 교수는 한국에도 드로마에오사우루스가 살았을 가능성을 제기했다. 경상남도 남해군 창선면의 함안층에서 드로마에오사우루스의 발자국이 발견되었기 때문이다. 발자국의 길이는 약 15.5센티미터, 폭은 8.4센티미터다. 발자국 크기로만 볼 때 이들은 벨로키랍토르보다 훨씬 큰 드로마에오사우루스로 추정된다. 드로마에오사우루스는 전 세계에 넓게 분포했기 때문에 한반도에도 다양한 크기의 드로마에오사우루스가 살았을 가능성이 높다.[137]

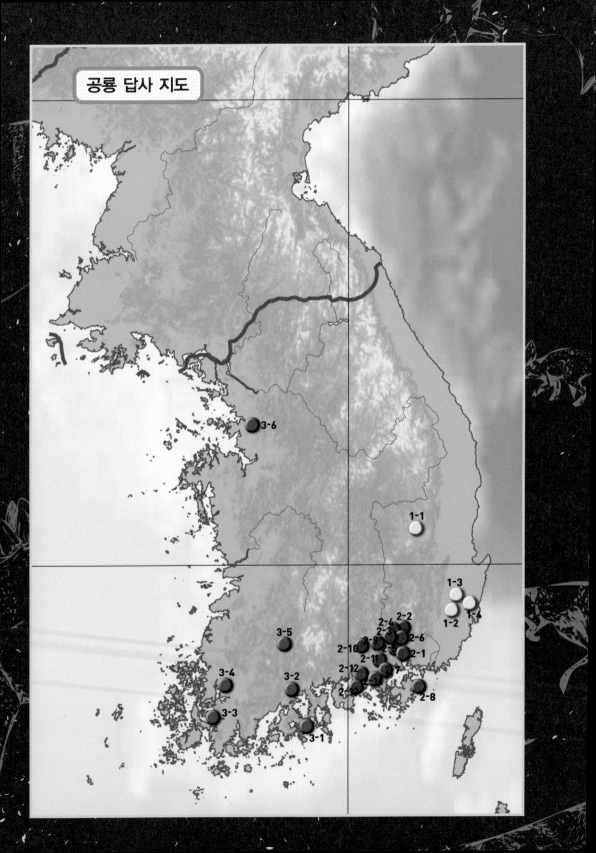

공룡 답사 지도

제3장
공룡 현장을 가다

한국의 공룡 현장을 찾아가고자 한다면 가장 먼저 어디를 갈지 정해야 한다. 하지만 이는 쉬운 일이 아닌데, 공룡 유적이 너무 많아 몇몇 곳을 선택해서 찾아가는 것이 어렵기 때문이다. 다행히도 공룡 유적의 중요성을 인식하고 천연기념물 14곳, 시도기념물 3곳, 시도문화재자료 7곳을 지정해 보존하고 있다. 무려 24곳이나 문화재로 보존하고 있다는 것은 그만큼 한국이 공룡의 낙원이었다는 증거다.

1962년 공표된 문화재법은 기념해야 할 자연물을 보호해 고유의 자연을 본래 형태로 보존하고자 제정된 법이다. 공룡 화석이 한국에서 발견된 것이 40여 년에 지나지 않은데도 14곳이나 천연기념물로 지정되었다는 것은 그만큼 우리나라의 공룡 유적이 중요하다는 의미다. 시·도기념물은 시·도 내에 소재한 문화재로, 국가지정문화재로 지정되지 않은 패총·고분·성지·궁지 등 사적지 중 역사적·학술적 가치가 있는 것, 경승지로서 예술적 기교, 관람 가치가 있는 곳, 학술적 가치가 있는 동물·식물·광물·동굴 등을 대상으로 각 지방자치단체장이 조례에 따라 지정한다. 문화재자료는 지방자치단체장이 국가지정문화재 또는 시·도지정문화재로 지정하지 않은 문화재 중 향토 문화 보존에 필요하다고 인정하는 것을 시·도조례에 따라 지정한다.

공룡 답사를 천연기념물, 시도기념물, 시도문화재자료를 중심으로 24곳으로 한정했지만, 분포 지역이 울산광역시, 경기도, 전라도, 경상도를 아우르고 있는 것은 물론 섬도 있어 전부 답사하는 것이 만만치 않다. 이 책은 한국의 어느 공룡 유적부터 답사를 시작해도 완주하는 데 문제가 없도록 설명했다.

경상남도의 함안 용산리 함안층 새 발자국 화석 산지는 새 발자국 화석 유적이지만 공룡 발자국과 함께 있으므로 포함시켰고 경상남도 고성 계승사 백악기 퇴적 구조는 중생대 백악기 시대에 형성된 물결자국, 빗방울 자국, 공룡 발자국 화석, 퇴적 층리 등이 일괄 지정되어 있으므로 역시 포함시켰다.

서울에서 자동차로 출발하는 것을 기본으로 전체를 답사할 수 있도록 일정으로 잡았다. 무엇보다 공룡 유산을 찾아갈 때 필요한 기초 정보를 사전에 숙지하는 것을 전제로 설명한다. 공룡 현장에는 설명이 있지만 단편적인 경우가 많으므로 준비가 필요하다.

경상북도와
울산광역시

의성 제오리 공룡 발자국 화석 산지

　제일 먼저 방문한 곳은 경상북도 의성군 금성면 제오리에 있는 의성 제오리 공룡 발자국 화석 산지(천연기념물 제373호)다. 이곳은 과거 문익점이 목화를 재배하던 곳으로, 1988년 지방도로 확장 공사로 경사면이 절개된 후 1989년 여름 홍수로 새로운 지층면이 드러나면서 공룡 발자국이 발견되었다. 1993년 6월 1일 천연기념물로 지정되었으며, 공룡 유적으로 천연기념물이 된 첫 번째다.

　제오리 공룡 발자국 화석이 큰 주목을 받은 것은 내륙 지역에서 발견되었고 발자국의 밀집도가 높았기 때문이다. 제오리 공룡 발자국이 발견된 곳은 약 1억 1,000만 년 전 강과 범람원에서 퇴적된 지층이다. 제오리 일원과 그 주변 지역은 중생대 백악기 경상누층군의 하부 층준에 속하는 산동층군(낙동층, 하산동층, 진주층)과 이를 정합으로 덮은 하양층군(일직층, 후평동층, 점곡층, 사곡층, 춘산층, 신양동층)으로 이루어져 있다. 공룡 발자국이 발견된 지층인 사곡층은 주로 담회색 사암*과 세일**로 구성되어 있다. 공룡 발자국이 발견된 층준은 총 4개며 공룡 발자국 316개가 발견되었다. 지층의 경사가 45도 이상이라 이 지역의 지각 변동을 피부로 느끼게 해준다.

제오리가 위치한 의성군 일원은 공룡 뼈, 악어 이빨 화석과 여러 종류의 공룡 발자국 화석 산지로 유명한 지역이다. 제오리로만 국한한다면 발견된 공룡 발자국은 초식 공룡인 용각류가 가장 많고 조각

* 사암砂巖
지름 0.063~2밀리미터 크기의 모래가 쌓여 뭉쳐서 굳어진 암석.

** 셰일shale
퇴적암 중 점토가 굳어져 이루어진 수성암水成巖으로 입자의 크기는 63마이크로미터 이하로, 층과 평행하게 벗겨진다.

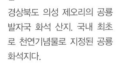

경상북도 의성 제오리의 공룡 발자국 화석 산지. 국내 최초로 천연기념물로 지정된 공룡 화석지다.

류와 수각류 발자국도 발견된다. 용각류 발자국은 12마리 이상의 보행렬이 확인되며 조각류 10마리 이상, 수각류 1마리가 지나간 흔적도 확인된다.

용각류 발자국은 앞발과 뒷발이 모두 관찰되는데 뒷발자국이 앞발자국보다 크며 조각류는 뒷발로만 걸었으므로 이족 보행 자국을 남겼다. 뒷발자국은 발가락 3개가 뚜렷이 보이고 발톱은 뭉툭하며 발자국의 폭과 길이가 거의 같다. 수각류의 발자국도 보이는데 발가락의 폭이 좁고 발가락 끝에 날카로운 발톱이 있어 뾰족하며 발자국 길이가 폭보다 큰 특징이 있다.

제오리 화석 산지는 노천인데다 도로에 접해 있어 보존에 취약하다. 공룡 유적지를 보호하기 위해 보호막 설치, 배수로 정비, 잡목 제거, 보호막 도색 등 여러 대책을 강구하고 있다. 우리나라 노천에 산재한 공룡 유산 보호를 위한 시범적인 성격도 갖고 있어 중요하다.

제오리 화석 산지에 도착하면 매우 놀란다. 커다란 보호각 아래 공룡 발자국이 찍힌 절개면이 45도 이상 기울어져 있는데, 발자국 대부분에 페인트가 칠해져 있기 때문이다. 페인트는 2003년과 2004년 두 번에 걸쳐 칠해졌는데 처음에는 공룡에 따라 초록색, 노란색, 빨간색으로 구분해 칠했다. 조각류의 발자국에는 노란색, 수각류의 발자국에는 빨간색, 용각류 발자국에는 초록색 페인트를 칠했다. 현재는 주황색 페인트가 칠해져 있으나 과거에 칠했던 페인트도 부분적으로 보인다.

문제는 일부 공룡 발자국을 시멘트로 덧칠했다는 점이다. 공룡 발자국을 보다 부각시키기 위해 시멘트로 공룡 발자국의 윤곽을 만든

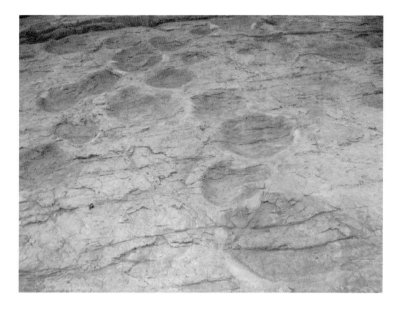

공룡 발자국 화석 위에 페인트를 칠했던 흔적이 보인다.

것인데, 기존의 암석과 어울리지 않아 이질감을 주는 것은 물론 화석의 훼손을 빠르게 진행시킨다.

국립문화재연구소의 공달용 박사는 페인트 물질을 XRF 분석기*로 분석한 결과 페인트에서 10퍼센트 이상의 칼슘이온이 검출되었다고 발표했다. 칼슘은 수분에 쉽게 이온화되며 이 과정에서 생성된 수용성염은 화석의 풍화를 촉진시킨다. 실제로 공룡 발자국 위에 덧칠한 시멘트가 탈락하면서 암석 일부도 같이 떨어져나오기도 했다. 따라서 페인트는 반드시 제거해야 하는데 다행히도 페인트가 이미 떨어져나가고 있으므로 건식 세척으로도 쉽게 제거할 수 있다고 한다. 다만 시멘트를 암석에서 제거할 때 원암도 탈락할 수 있으므로 대책이 필요하다.

* **XRF 분석기**|X선 형광분석기, X-Ray Fluorescence Analyzer 중금속의 함유 정도를 분석하는 기기로, X선을 쏘아 미세한 성분 차이를 조사한다. 토양 성분 분석, 농수산물 중금속 오염 분석은 물론 미술품 위작 판별에도 사용된다.

　페인트칠의 대안도 있다. 미국 콜로라도에 위치한 디노사우루스 리지Dinosaur Ridge는 한 해에 10만 명 정도가 방문할 정도로 유명한 공룡 발자국 명소다. 이곳 역시 도로 절개지의 급한 경사면에서 공룡 발자국이 발견되었다. 높은 경사면에 있는 발자국이 시간이 지나면서 잘 보이지 않자 관람객의 편의를 위해 발자국을 숯으로 칠했다. 숯은 페인트와 달리 암석에 스트레스를 거의 주지 않고 시간이 지나면 자연스럽게 사라지므로 제오리와 같은 문제가 발생하지 않는다.

　제오리 공룡 발자국 화석은 1993년 천연기념물로 지정된 후 풍화로 인해 보존에 문제가 생기자 2003년 보호각을 세웠는데, 이 보호각도 몇 가지 문제점을 야기했다. 보호각을 설치한 이유는 빗물에 공룡 발자국이 상하는 것을 방지하기 위해서였다. 문제는 직접적인 빗줄기는 막아주지만 위에서 흘러내려오는 물까지 막아줄 수 없다는 점이다. 화석 산지 상부에 배수로를 만들어 빗물이 우회하도록 했으나 암반 속을 침투해 유입되는 수분을 차단하기에는 역부족이다. 이 문제를 해결하기 위해 근본적인 배수로 설치를 구상하고 있다고 한다.

　철책 내부 지면에 조성된 토양 역시 유적을 오염시키는 주범으로 지적되었다. 토양이 바람에 날려 암석의 빈틈에 퇴적되면서 식물이 자라기 때문이다. 또한 토양에 수분이 오랜 기간 머물면서 암석의 물리적, 화학적, 생물학적 풍화에 영향을 미친다.

공룡 발자국 화석의 풍화를 막기 위해 2003년 보호각을 세웠으나 문제는 여전하다.

공룡 발자국 자체가 외부에 노출되어 있으므로 물리·화학적으로 훼손되는 것은 당연한 일이다. 균류·조류·지의류 등 생물에 의해 암석이 직접적으로 훼손되고 있다. 특히 질소산화물과 황산화물을 비롯한 분진이 침착되어 미생물의 영양원이 된다. 미생물이 발생한 암석은 생물막*이 형성되어 표면이 물리·화학적으로 손상될 뿐만 아니라 식물이 자라게 되어 훼손이 심해진다. 제오리 화석 산지에 발생하는 생물 침해**는 크게 조류·균류·지의류, 초본류와 목본류에 의한 생물 침해 등으로 나눌 수 있다. 특히 조류·균류·지의류와 같은 미생물에 의한 생물 침해는 거의 모든 화석 산지에서 발생하고 있다. 미생물이 화석과 암석 표면을 오염시키며 미관상 가치도 떨어진다. 초본식물과 목본식물의 뿌리가 암석의 갈라진 틈이나 약화된 조직에서 성장하면서 암석을 물리적으로 풍화시키는 것도 문제다.

* 생물막生物膜, Biofilms
미생물 또는 생물에 의하여 형성된 막 모양 구조.

** 생물 침해
외부에 있는 유적이 이끼, 풀, 나무 등 생물에 의해 직접적으로 훼손되는 것.

이런 훼손을 막기 위해서는 수분 유입 차단이 필수적이다. 화석을 파괴하는 생물을 제거하는 것도 중요한데 무엇보다 암석에 영향을 주지 않는 방법을 사용해야 한다. 목본류와 초본류의 경우 이들이 성장할 수 있는 토양을 제거하는 것도 방법이다. 특히 초본류는 화석 산지의 갈라진 틈을 따라 생육하므로 갈라진 틈crack과 절리joint에 있는 토양을 제거한 후 토양이 쌓이지 않도록 하는 것이 최선이다. 갈라진 틈은 적절한 대체 물질로 메우는 것을 추천한다.

제오리 화석 산지를 찾아가는 방법은 간단하다. 중앙고속도로 의성IC에서 의성 읍내를 벗어나면 공룡 발자국이라는 안내판이 있고 국도 28호선으로 의성에서 영천 방향으로 가다 보면 사곡으로 가라는 안내판이 나온다. 이후 약 2킬로미터 정도 들어가면 공룡 발자국 화석

지가 나오는데 안내판이 많아 찾기 쉽다. 접근성도 매우 좋으며 관광
지 개발과 관련이 없어 자연을 배경으로 느긋하게 공룡 발자국을 관
찰할 수 있다. 그러나 주차 공간과 관람 공간, 안전로가 부족해 여러
사람이 함께 방문할 때는 주의가 필요하다.[138]

대곡리 공룡 발자국 화석

제오리에서 경상남도 진주시로 향하는 길에 유명한 공룡 발자국
화석지가 2곳 있다. 대곡리 공룡 발자국 화석(울산광역시 문화재자료 제13
호)과 천전리 공룡 발자국 화석(울산광역시 문화재자료 제6호)이다. 대곡리
공룡 발자국 화석은 국보 제285호인 반구대 암각화 근처에 있으며,
천전리 공룡 발자국 화석은 국보 제147호인 천전리 바위그림 근처에

반구대 암각화가 있는 암벽.
근처에 대곡리 공룡 발자국 화
석이 있으며, 2013년 이 바위
바로 아래에서도 새로운 공룡
발자국 화석이 발견되었다.

서 발견되었다.

2013년 반구대 암각화 바로 아래서 공룡 발자국이 발견되었다. 그동안 수많은 논란을 거쳐 반구대 바위그림을 보호하기 위한 카이네틱 댐*을 건설하기 위해 반구대 암각화 일대를 발굴 조사하다가 암각화 아래서 1억 년 전 백악기 때 살았던 용각류와 조각류의 발자국으로 추정되는 화석을 발견한 것이다. 공룡 발자국 발견도 큰 의미가 있<u>으므로</u> 반구대 보호 계획 자체를 파기해야 하느냐 논란이 있었으나, 결국 기존에 계획했던 반구대 보호 계획을 추진하고 공룡 발자국은 다시 매몰했다.

* 카이네틱 댐kinetic dam
가변형 투명 물막이로, 대곡천 하류에 사연댐이 생긴 이후 반구대 암각화가 침수와 노출을 반복하며 훼손되고 있기 때문에 고안되었다.

반구대 하단의 공룡 발자국을 발굴·조사하는 모습.

반구대 하단의 공룡 발자국.
지금은 다시 물로 덮여 직접
볼 수는 없다.

2013년에 발견된 공룡 발자국은 매몰되었지만 울산광역시 문화
재자료 13호인 공룡 발자국은 현존하므로 이곳은 한국이 세계에 자랑
하는 대표적인 바위그림과 공룡 발자국을 동시에 볼 수 있는 곳이다.
한국에서 그동안 확인된 바위그림은 약 15점으로 주로 울산과 경상북
도에 집중되어 있다. 그중에서도 한국을 대표하는 바위그림은 천전리
와 대곡리 반구대를 꼽을 수 있다. 반구대 암각화를 보면, 왼쪽 위에
고래와 거북이 있으며 꼭대기에 사람 형상이 있다. 국립중앙과학관의
정동찬 박사는 당시 중요한 식량 자원인 고래를 사냥하러 나가기 전

고래가 많이 잡히기를 바라는 의식을 나타내는 것으로 해석했다. 고
래는 반구대에 그려진 동물 그림 중 58개로 가장 많으며, 어미 고래 등
에 업힌 새끼 고래를 선두로 물을 뿜어대는 고래, 작살에 꽂힌 고래, 흰
수염고래, 돌고래 등이 있다.

바위그림에는 배 5척의 모습도 보인다. 직접적으로 어로 장면을
연상할 수 있는 그림도 있는 반면 다른 형상들과 떨어진 그림도 있다.
배에는 10명 미만에서 20여 명까지 타고 있는데 특히 뱃머리에 우뚝
서 있는 사람의 모습이 인상적이다. 이 배는 의식용이나 주술용 배로,
고래잡이의 풍요를 비는 것으로 추정한다. 고래와 배 사이에 이상한
물건이 하나 있는데 학자들은 이것을 고래잡이할 때 고래와 배를 연

결하는 부구浮球로 추측한다.

바위그림 윗부분은 사람의 키보다 높은 곳에 있어 훼손되지 않고 그대로 남아 있지만 아랫부분은 어린아이 키 정도밖에 되지 않는다. 더구나 암질이 물러 쇠꼬챙이로도 쉽사리 쪼을 수 있는 까닭에 아랫부분은 상당히 훼손되었다. 바위그림의 작성 연대는 대부분의 학자가 청동기 시대인 기원전 1,000년경으로 추정했는데 1999년에 발견된 부산광역시 영도구 동삼동 패총貝塚에서 발견된 동물 유체 분석 결과와 울산만 고환경 연구 등에 비추어 볼 때 대부분 신석기 시대에 제작된 것으로 추정하며 일부 그림은 청동기 시대의 것으로 본다.[139]

그런데 반구대 암각화는 1965년 공업용수를 공급하기 위해 건설된 사연댐 때문에 물속에 잠겨 있다. 1년 중 갈수기인 11월에서 5월말 중 2~3개월 정도만 직접 볼 수 있다. 대곡천으로 막혀 있어 가까이에 가 볼 수는 없지만, 전망대에 설치된 대형 모형도와 확대경으로 볼 수 있다. 문제는 1년 중 상당 기간 물속에 잠겨 있어 풍화가 빠르게 진행된다는 점이다.

대곡리 공룡 발자국은 방문하는 것이 어렵지 않다. 울주군 두동면 대곡천에 들어서면 건립 당시부터 말썽이 많았던 울산암각화박물관이 있다. 반구대 암각화와 천전리 바위그림을 중심으로 2008년 문을 열었지만 반구대에서 몇백 미터도 안 되는 곳에 건립해 유네스코 세계유산 신청이 무산될지 모른다고 해서 큰 말썽을 불러일으켰다.[140] 박물관에서 다리를 건너면 길이 두 갈래로 나뉜다. 오른쪽은 반구대 암각화로 가는 길이며, 왼쪽은 천전리 바위그림으로 가는 길이다. 둘 다 똑같이 1.2킬로미터 떨어져 있다.

대곡천을 오른쪽으로 끼고 걸으면 경주 최씨 문중 정각인 집청정集淸亭과 포은 정몽주, 회재 이언적, 한강 정구 삼현을 모신 반구서원盤龜書院 등이 있다. 마을 맞은편에 보이는 바위가 바로 반구대다. 20~30미터 정도의 단애斷崖가 거북의 머리를 닮았다고 해서 붙은 이름인데, 머리 부분에 해당하는 부분에 정몽주의 유배를 기리기 위한 작은 사당이 있어서 포은대라고도 한다. 반구대 조망대에 가기 위해 나무다리를 건너자마자 대나무 숲을 지나면 우측에 공룡 발자국 화석이 있는데, 대부분 지나치기 십상이다. 안내판에는 다음과 같이 적혀 있다.

이곳의 공룡 발자국 화석은 약 1억 년 전의 전기 백악기 시대에 살았던 공룡들의 것으로 보인다. 당시의 공룡들은 아열대 기후 아래 우기와 건기가 반복되고 열대 무역풍이 영향을 미치는 사바나 지역의 하천 평야 일대에 살았던 것으로 알려져 있다. 대곡천의 여러 장소에서 공룡 발자국이 확인되지만 이곳의 공룡 발자국 화석이 보존 상태가 가장 양호한 것이다. 이곳의 공룡 발자국은 약 100제곱미터 넓이의 바위에 새겨져 있는데, 용각류 팔룡과에 속하는 것(60톤급)과 조각류 이구아나과에 속하는 것(고성룡족) 등 24여 개다. 일정한 방향으로 걸어가는 모습으로 남아 있는 것으로 보아 공룡들은 이 일대를 평화롭게 배회했음을 짐작할 수 있다.

울산광역시 문화재자료로 지정된 면적은 넓지 않다. 공룡 발자국 화석은 반구대 암각화 북동쪽 25~30미터의 하상 암면(해발 48~49미터)에 있으며, 50여 개가 발견되었다. 이 숫자는 앞으로 계속 늘어날 것으로 보인다. 발자국 크기는 길이 25~80센티미터, 폭 29~72센티미터

대곡리 공룡 발자국 화석. 반
구대 암각화에서 멀지 않다.

로 용각류와 조각류 것으로, 최소 5마리 이상의 발자국으로 추정한다.
제1보행렬은 8개 발자국으로 이루어져 있으며 발자국의 평균 길이는
48센티미터, 폭 40센티미터, 보폭 거리 약 153센티미터다. 제2보행렬
은 4개 발자국으로 이루어져 있으며 발자국의 평균 길이는 69센티미
터, 폭 59센티미터, 보폭 거리는 약 200센티미터다.

조각류 공룡 발자국은 주로 북동쪽에서 발견되는데 암각화가 있
는 암면층에서도 공룡 발자국 1개가 확인되었다. 발톱 자국이 뚜렷한
데, 국내에서 유일하며 세계적으로도 매우 드문 것이다. 발자국의 크
기는 길이 29센티미터, 폭 25센티미터다. 반구대 암각화 아래에 있는
공룡 발자국 화석은 그동안 하천 토사에 묻혀 있다가 카이네틱 댐 설
치를 위해 하천 물길을 돌리고 흙을 걷어내면서 드러났다.[141]

2013년11월 27일 반구대 현장을 찾았는데 이때 방문한 것은 그야말로 행운이었다. 카이네틱 댐 건설을 하다 물길이 터져 이를 복구하는 작업이 한창 진행 중이었다. 국립문화재연구소의 윤형준 학예연구사를 만나 공룡 발자국을 볼 수 있느냐는 뜻을 전하자 이융남 교수 등에게 전화한 후 약간의 조건을 제시했다. 공룡 발자국을 볼 수는 있지만 상태가 정확하지 않으며 12월 초에 공식적으로 발굴 조사에 대한 발표를 할 예정이므로 그전까지 사진 자료 등은 반드시 확인을 받아야 한다고 했다. 조건을 승낙하고 현장을 직접 확인할 수 있었다.

울산광역시는 반구대 암각화를 보존하기 위해 생태 제방을 쌓거나 터널을 뚫어 물길을 우회하는 '유로 변경안'을 제시했지만 문화재청은 환경 훼손의 우려가 있다며 반대했다. 결국 반구대 앞에 둑 형태로 높이 10여 미터의 물막이벽을 설치하기는 결정했다. 투명한 구조물인데다 필요에 따라 이동과 철거가 가능하기에 기존 자연경관과 지형에 큰 변화를 주지 않는다는 장점이 있다고 알려져 2015년 말 완공을 목표로 건설에 들어갔다.[142] 그러나 공룡 발자국 발견으로 공사에 지장이 생겼다. 공룡 발자국 현장을 문화재로 지정하면 카이네틱 댐 공사 자체를 재고해야 하기 때문이다. 하지만 전문가들이 현장을 정밀 관찰한 후 공룡 발자국을 문화재로 지정하지 않고 흙으로 다시 덮었다.

원래 2015년 말까지 완공하기로 계획한 카이네틱 댐은 실험 모형의 누수 문제 등 안전성 논란과 설계 지연, 장마철 동안의 검증 등으로 늦춰져 2017년 설치로 연기되었다. 2017년에 계획대로 설치되기 위해서는 안정성을 담보하는 기술도 필요하지만 기후 조건도 맞아야 한다. 안전성을 검증하기 위해서는 장마철 실험이 필수적인데 검증의 실효성을 담보할 만한 장마가 없으면 시간은 계속 지체될 수밖에 없다.[143]

그런데 공사에 들어가기 전 사전 실험에서 누수 현상이 발생해 검증에 실패했다. 누수는 투명판을 이어 붙이는 밀봉재인 가스켓의 불량으로 알려졌고 재실험을 걸쳐 공사를 완료한다는 계획이었지만 결국 카이네틱 댐 설치는 전면 철회되었다. 카이네틱 댐을 설치해도 암각화로 스며드는 물을 차단할 수 없다는 지적은 물론, 댐 설치를 위해 암각화 인근 바위에 접착제를 사용하면 또 다른 훼손이 우려된다는 지적 때문이다. 진품인 반구대 암각화를 떼어내 박물관에 영구 보존하고 그 자리에 모형 암각화를 설치하자는 의견까지 제시되었다.[144] 공룡 발자국 화석과 함께 암각화 보존에도 많은 관심이 필요해 보인다.

천전리 공룡 발자국 화석

반구대 암각화와 쌍벽을 이루는 국보 제147호 천전리 바위그림은 반구대에서 약 2.4킬로미터 떨어져 있는 대곡천 상류의 높이 2.7미터, 너비 약 9.5미터 바위벽에 그려져 있다. 과거에는 반구대 암각화와 천전리 바위그림을 함께 보려면 상당한 거리를 돌아가야 했지만 현재는 울산암각화박물관 앞의 갈림길까지 돌아간 다음 강변을 따라가면 수월하게 찾을 수 있다.

같은 바위그림이지만 천전리 바위그림은 반구대 암각화와 느낌이 전혀 다르다. 반구대 암각화가 고래를 비롯한 다양한 동물의 모습을 사실적으로 새겼다면, 천전리 바위그림은 수많은 학자가 연구하고

있음에도 그림이 무엇을 의미하는지 모호할 만큼 추상적인 도형과 무늬가 새겨져 있다. 학자들은 천전리 바위그림은 신비스럽고 절대적인 힘에 의지하려 했던 고대인의 신앙과 종교 의식을 엿볼 수 있는 흔적이라고 한다. 매년 일정 기간 물에 잠기는 반구대 암각화와 달리 천전리 바위그림은 언제 방문해도 관찰할 수 있다.

　　바위그림이 있는 바위 윗부분은 앞으로 15도 정도 기울어져 있다. 학술 조사에 따르면 이 경사는 바위에 그림을 새기기 위해 일부러 깎은 것이라고 한다. 바위그림이 비를 피할 수 있는 지붕을 만들었다는 설명이다.[145] 덕분에 비바람에 덜 손상되지만 서울시립대 이수곤 교수는 무게중심이 조금만 앞으로 쏠려도 무너질 수 있다고 주장했다. 또한 바위 위에 우거진 나무들이 붕괴 위험성을 높인다고 우려를 표명했다. 암벽 뒤쪽의 수직 절리節理 틈새로 나무뿌리가 침투해 틈을 점점 벌린다는 것이다.[146]

천전리의 바위그림은 크게 네 차례에 걸쳐 그려졌다고 추정한다. 임세권 박사는 가장 먼저 사슴, 물고기 등 동물과 인물이 쪼아 파기 방법으로 새겨지고, 이 그림 위에 동심원이나 마름모 등의 기하학 도형이 새겨졌으며, 그 위에 아주 가는 선각으로 동물과 사람이 새겨지고 마지막으로 신라 시대에 글자가 새겨졌다는 것이다.[147] 암질은 자색 셰일로 바위그림을 그리기에 매우 적합하다. 자색 셰일은 백악기 퇴적암으로 입도*가 낮을수록 얇은 층으로 쉽게 부서진다. 풍화에는 강하지만 열에 약하다.

＊ 입도粒度
암석을 구성하는 광물 알갱이의 크기.

천전리 바위그림과 더불어 유명한 것은 곳곳에서 발견되는 공룡의 흔적이다. 울산 지역에서 지금까지 발견된 공룡 발자국 화석 산지는 16곳으로 대곡천 일대에 13곳이 집중되어 있다. 이 중에서 3곳(천

천전리 각석의 탁본. 오랜 세월에 걸쳐 다양한 그림이 그려졌다.

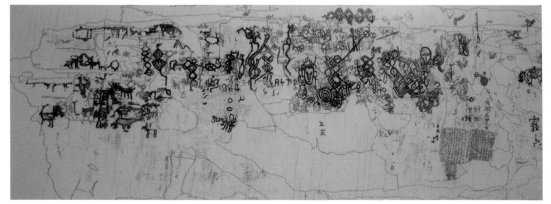

천전리 바위그림 아래 반석에 있는 공룡 발자국.

전리 공룡 발자국 화석, 대곡리 공룡 발자국 화석, 유곡동 공룡 발자국 화석)은 울산광역시 문화재 자료로 지정되어 있다. 울산광역시 문화재자료 제6호로 지정된 천전리 공룡 발자국 화석은 모두 131개로 대곡천 일대에서 가장 많은 개수다.

바위그림 아래 반석은 얼핏 보아도 곳곳에 물이 고인 웅덩이가 많은데, 다름 아니라 공룡 발자국일 확률이 높다. 공룡 발자국 화석은 약 1,750제곱미터의 바위에 새겨져 있다. 공룡 발자국이 나온 지층은 중회색 이암 혼펠스*로 경상누층군 하양층군 사연리층에 속한다.

1995년에 처음 발견된 대형과 중형 초식 공룡 중 울트라사우루스를 비롯한 용각류 공룡 10마리의 발자국과 이구아나류에 속하는 고성고사우루스 1마리의 발자국이 불규칙하게 남아 있다. 발자국이 불규칙하게 흩어져 있는 것으로 미루어보아 공룡들이 자유롭게 돌아다

* 혼펠스hornfels
접촉 변성 작용으로 형성된 변성암으로, 뿔같이 치밀하고 깨진 자국은 모난 뿔 같아서 각암이라고도 불린다. 축대 등 건설용 골재로 쓰인다.

넜으며, 육식 공룡 발자국 화석이 발견되지 않는 것을 볼 때 이 일대는 초식 공룡의 생활공간이었을 것이다.[148]

이곳에는 공룡 발자국뿐만 아니라 신라 화랑의 행렬도, 사람, 용, 새 그림도 남아 있다. 영랑永郎, 정광랑貞光郎과 같은 화랑의 이름이 새겨져 있고 신라인이 새긴 800여 자의 글자가 있는데 왕과 왕비가 다녀 갔다는 내용도 있다. 신라 시대에 새겨진 명문에는 법흥왕의 동생 사부지갈문왕徙夫知葛文王이 525년 새벽에 천전리로 놀러왔고, 그 뒤 사부지갈문왕이 죽자 부인인 지몰시혜只沒尸兮가 그리움에 사무쳐 그의 흔적이 남은 천전리 계곡을 어린 아들과 함께 찾았다는 내용이 담겨 있다.[149] 근래 관광객이 남긴 낙서까지 쉽게 찾아볼 수 있는데 한마디로 공룡시대에서 문명시대까지 억겁의 세월이 압축되어 있다. 수많은 사람이 이름을 남기지 못하고 죽어가는데, 선사시대 사람과 공룡은 그 흔적을 남겼다. 우리는 어떤 흔적을 남기고 죽을까라는 철학적 질문을 제기해준다.[150]

유곡동 공룡 발자국 화석

반구대 암각화, 천전리 바위그림과 공룡 발자국을 본 후 울산광역시 문화재자료 제12호인 유곡동 공룡 발자국 화석지로 발걸음을 옮겼다. 그러나 유곡동 공룡 발자국 화석을 찾는 것은 거의 불가능했다. 울산광역시 교육청 인근이라고 자료에 나와 있지만 내비게이션을 통해 어떤 정보도 얻을 수 없었다. 울산광역시 중구 문화관광과 문화공보실에 전화하니 교육청 인근이 분명한데 정확한 지점은 잘 모르겠다고 한다. 인근 지리를 잘 아는 공인중개사에게 물어도 전혀 모른다는

울산광역시 유곡동의 공룡 발자국 화석지 일대. 제대로 관리되어 있지 않아 주민들도 위치를 잘 모른다.

이야기뿐이다.

　울산광역시 교육청을 찾아가 질문하니, 놀랍게도 바로 앞에 있는 동원로얄듀크 아파트 뒤에 있다고 알려준다. 하지만 아파트 관리인과 주민에게 물어봐도 자신들이 살고 있는 아파트에 공룡 화석이 있다는 것은 금시초문이라고 한다. 교육청 총무과 김구호 팀장과 같이 찾아보았으나 쉽게 찾지 못하다가 잡석 등 쓰레기가 있는 지름 약 50미터, 깊이 약 20미터 정도의 커다란 구덩이에 안내판이 있는 것을 발견했다. 경사진 구덩이를 내려가니 공룡 발자국 화석 안내판이 있었다. 그러나 현장은 포장으로 덮여 있어 공룡 발자국 화석은 보지 못하고 현장 사진만 몇 장 찍었다.

파란색 포장으로 덮여 있어 공룡 발자국의 실제 모습은 관찰할 수 없었다.

울산광역시 유곡동의 공룡 발자국 화석은 약 1억 년 전의 전기 백악기 시대에 살았던 공룡들의 것이다. 이곳의 공룡 발자국은 약 91제곱미터의 바위에 새겨져 있는데, 초식 공룡인 이구아나류에 속하는 발자국과 육식 공룡의 발자국 등 80여 개가 발견되었다. 빠른 속도로 달려가는 모양으로 남아 있어서, 육식 공룡인 마니랍토라Maniraptora 한 마리가 이구아나류에 속하는 고성고사우루스 아홉 마리를 추격한 것으로 해석된다. 아파트 단지 내에 있지만 의외로 공룡 발자국 화석의 보존 상태는 양호하다고 한다.

울산 지역에서 발견된 공룡 화석지는 16곳으로 공룡 발자국은 370여 개에 달하며 확인된 발자국의 약 95퍼센트 이상이 초식 공룡의 발자국이며 육식 공룡인 수각류의 발자국은 5퍼센트 미만이다. 초식 공룡 발자국과 육식 공룡 발자국의 이러한 비율은 우리나라 최대 공룡 발자국 화석 산지인 경상남도 고성 지역에서도 동일하게 나타난다. 이는 먹이사슬의 최상위 포식자인 육식 공룡보다 먹이사슬의 아래에 위치한 초식 공룡이 월등히 많은 것으로 생태계가 안정적이었다는 뜻이기도 하다.

경상남도

고현리 공룡 발자국 화석

울산광역시의 공룡 유산을 답사한 후 경상남도 기념물 제105호인 경상남도 창원시 마산합포구 진동면 고현리 공룡 발자국 화석지로 향했다. 고현이라는 이름이 생기기 전에는 가야 연맹 중 포상팔국의 하나인 포국浦國으로 그 당시에는 내포內浦라 했다. 고현리는 미더덕 산지로도 유명하다. 고현마을 자체를 찾는 것은 어렵지 않지만 공룡 발자국을 찾는 것은 쉬운 일이 아니다.

고현리 공룡 발자국 화석은 파식작용波蝕作用으로 드러난 곳으로 2,100제곱미터의 면적에서 발견되었는데 조반류와 조각류, 이구아나

■ 남해에 접해 있는 고현리 공룡 발자국 화석. 모양이 선명하고 발자국 내부 구조도 잘 보존되어 있다.

류에 속하는 30여 마리가 두 발로 보행한 400여 개의 발자국을 찾을수 있다. 발자국 화석에 의하면 같은 종류의 공룡이 모여 살았고, 뒷발의 길이와 폭은 각각 35센티미터와 32센티미터 정도다. 무엇보다 발자국이 뚜렷하게 남아 있는 것이 특징이다. 뻘이 크게 움푹 파일 정도라면 무척 커다란 공룡이었을 것이다. 공룡 발자국이 산출된 지층은 약 1억 년 전의 중생대 백악기 전기 하양층군 진동층의 중회색 셰일이다.

고현리의 공룡 발자국 화석은 발자국 내부 구조가 잘 보여 보존가치가 높다. 그러나 2012년 태풍으로 안내판 등이 파손되었으나 아직 복구되지 않아 정확한 장소를 찾기 힘들다. 안내판조차 보수가 안

될 정도니 문화재에 대한 정부의 관심이 너무 부족하다. 이곳 공룡 발
자국을 보려면 물때를 맞추어야 한다.

함안 용산리 함안층 새 발자국 화석 산지

함안은 육가야의 하나인 아라가야阿羅伽倻의 본거지로, 도항리와
말산리에 규모가 큰 아라고분군이 남아 있다. 함안은 남고북저 지형
이다. 우리나라 지형이 대체로 북쪽이 높고 남쪽이 낮은데 함안은 남
쪽이 높고 북쪽이 낮아 물줄기가 남강이 있는 서북쪽으로 흐른다. 덕
분에 왕조시대에는 왕이 있는 북쪽으로 거슬러 올라가는 불경스러운
고장이라고 홀대를 받았다고 한다. 또 다른 특성은 습지가 많다는 것

함안의 거대한 가야 고분군.

인데 특히 가야읍은 크고 작은 물줄기가 모이는 저지대로 장화 없이
는 다닐 수 없다고 할 정도로 비 피해가 심하던 곳이다.[151]

함안의 공룡 발자국 화석 중 문화재자료로 지정된 곳은 4곳인데
서울에서 따진다면 칠서면 대치리에 있는 함안 대치리 공룡 발자국(경
상남도 문화재자료 제205호)이 가장 가깝다. 그러나 대치리 공룡 발자국
화석은 개발의 여파로 함안박물관으로 이전했으므로 함안 용산리 함
안층 새 발자국 화석 산지(천연기념물 제222호)로 먼저 발을 옮겼다. 함
안 용산리 새 발자국 화석 산지는 함안군 칠원면 용산리 산4번지에 있
다. 공룡 시대의 새 발자국 화석으로 국내에서 가장 잘 알려진 곳인데
공룡 발자국도 함께 발견되었다.

함안 용산리 함안층 새 발자국 화석은 1969년 9월 마산여자고등
학교 교사 허찬구가 중생대 백악기의 육성층인 함안층 상부에서 발견
했는데 약 8,000만 년 전의 것이다. 새 발자국이 발견된 지역은 예전

■
함안 용산리 함안층 새 발자
국 화석 산지는 칠원공설운동
장을 찾은 뒤 뒤편의 개울을
건너는 것이 가장 쉽게 찾아
갈 수 있는 방법이다.

부터 이 지역 사람들이 구들장에 놓을 판석을 채취하던 곳으로 천연 기념물로 지정된 후 민원이 끊이지 않았으며 산주山主와 주민들에 의 해 화석지가 훼손되기도 했다.[152]

천연기념물로 지정되어 있지만 이곳을 찾아가기는 생각보다 쉽 지 않다. 내비게이션이 엉뚱한 곳으로 안내하기 때문이다. 일단 신영 장미아파트를 찾은 뒤 칠원공설운동장을 찾는 것이 빠르다. 운동장을 찾으면 개울 반대편 작은 동산으로 올라가는 돌다리가 보인다. 돌다 리를 건너 올라가면 곧바로 보호각으로 둘러싸인 유적지가 보인다.

백악기는 공룡이 크게 번식한 시기므로 공룡 발자국 화석이 발견 된 경우는 많지만, 새 발자국 화석이 발견되는 일은 매우 드물다. 이곳 은 발견 이듬해인 1970년에 천연기념물로 지정될 정도로 중요성을 인정받았다. 시조새가 지구상에 나타난 것이 중생대 중엽인 쥐라기므로 백악기에는 조류가 많지 않았고 발자국이 화석으로 남는 일도 그리 쉽지 않았기 때문이다.

새 발자국 화석이 처음 발견된 것은 1931년 미국 콜로라도주에서다. 함안층에서 발견된 새 발자국 화석은 세계에서 두 번째로 발표된 것이다. 연구자는 서울대학교 김봉균 교수로, 이 발자국을 남긴 새는 코리아나오르니스 함안엔시스Koreanaornis Hamanensis라는 새로운 속屬, 새로운 새로운 종種으로 인정받았다. 코리아나오르니스 함안엔시스는 함안새는 또는 함안한국새라고도 하며, 함안에서 발견된 한국의 새라는 뜻이다.

1954년 모로코의 중생대 지층에서 새 발자국 화석이 발견되었다고 알려졌으나 제대로 연구가 수행되지 않아 국제적으로 인정받지 못해서 함안층 새 발자국이 두 번째 발견으로 인정되었다. 그 후 1981년 캐나다, 1986년 아르헨티나, 1987년 중국과 일본, 1989년 미국 유타주의 후기 백악기 지층에서 새 발자국 화석이 발견되었다.

함안 용산리의 새 발자국 화석은 백악기 경상누층군에 속하는 함안층과 진동층에서 발견되었다. 함안층은 회색 이암, 회녹색 셰일, 사질 셰일, 자색 셰일과 실트암*으로 구성되어 있다. 붉은색을 띠는 퇴적층이 특징인데 이 층에서 화석 산출이 드물다고 했으나 최근에는 새 발자국, 공룡 발자국과 골격 화석 등이 보고되고 있다.

새 발자국 화석은 함안층 최상부 약 50미터 아래에서 발견되었다. 상부 함안층과 진동층은 암색으로 구별되며 약 100미터에 달하는 엽리**가 잘 발달한 자색암과 회색암이 교호하다가 갑자기 암색 내지는 암회색 암석으로 변해 진동층 최하부를 이룬다. 진동층은 함안층

* **실트암**siltstone
모래와 찰흙의 중간 굵기인 흙이 굳어서 만들어진 암석으로 실타이트siltite라고도 한다.

** **엽리**葉理
광물이 널빤지 모양으로 나란하게 배열된 구조. 구성 물질의 크기나 조성의 차이 때문에 지층 중에 생긴 줄무늬의 배열. 층리層理 중에서 최소 단위다.

과는 달리 자색을 띠는 암석이 없으며 주로 암회색 셰일과 세립 사암 등으로 이루어져 있다.

이곳이 천연기념물로 지정될 당시에는 코리아나오르니스 함안 엔시스 한 종만 알려졌으나 진동오르니페스 키마이Jindongornipes Kimi 등 크기가 다른 신종 새 발자국 화석이 고성군 하이면 덕명리에서 발견 되면서 다양한 새가 한반도에 공존했음이 알려졌다.

함안층의 새 발자국 화석은 밀집도가 높은 데다 많은 발자국이 서로 겹쳐 있다. 발자국의 폭과 길이, 발가락 길이와 발가락 사잇각을 분석한 결과 2종 이상의 새 발자국으로 보인다. 코리아나오르니스 함 안엔시스와 진동오르니페스 키마이로 판단되나 일부 발자국은 이들 이 아닌 새로운 종의 발자국일 가능성도 있다. 발자국의 크기로 보아 이 새들의 몸집은 비둘기 정도였을 것으로 추정하며 코리아나오르니

함안층 새 발자국 화석. 새 발 자국이 높은 밀도로 어지럽게 찍혀 있다.

스 함안엔시스는 도요목에 속하는 흰목물떼새와 유사할 것이다. 도요목은 주로 해안, 갯벌, 호수, 논 등에 서식하며 갈매기과와 일부 종을 제외하면 대부분 물갈퀴가 없고 부리가 가늘고 긴 것이 특징이다.

함안층의 새 발자국 화석은 대부분의 발자국이 뚜렷하게 찍혀 있다. 무척추동물의 생흔화석, 물결자국인 연흔, 건조기후임을 알려주는 건열과 우흔雨痕도 함께 발견된다. 건열 구조는 응집력이 있는 퇴적 물질에서 수분이 빠져나가면서 생긴다. 진흙 퇴적물에 잘 나타나며, 표면에서 아래로 갈수록 폭이 좁아지면서 쐐기 모양을 띤다. 건열이 더 진행되면 양쪽 끝부분이 융기하기도 한다. 건열 구조는 이 지역의 새 발자국 화석이 얕은 물속 또는 젖은 바닥에서 형성되었고, 뒤이은 건기에 짧은 노출을 겪은 후 빠르게 매몰되었음을 알려준다.

함안층의 새 발자국 화석은 밀도가 높고 새들의 먹이 섭취 흔적이 보인다. 이는 당시 새의 개체 수가 많았으며, 활발하게 살았음을 암시한다. 함안층의 중하부에서 최상부에 이르기까지, 그리고 충적평야에서 호수 주변부에 이르는 여러 지역에 걸쳐 다양한 새 발자국 화석이 산출된다는 것은 함안층의 퇴적층이 새 발자국 화석 보존에 중요한 역할을 했고, 함안층 퇴적 당시 우리나라가 새들의 좋은 서식지였음을 의미한다.[153]

경상누층군에 넓게 분포하는 진동층에서는 새 발자국 화석과 공룡 발자국이 발견된다. 함안 용산리에서는 초식 공룡인 용각류 발자국 15개가 확인되었는데 기존에 보고되지 않은 새로운 공룡의 발자국이다. 이 발자국들은 원래 발자국이 있던 모암이 사라진 뒤 아래 층준에 남은 일종의 언더프린트underprint로 주정한다.

그러나 발자국 화석은 1970년 천연기념물로 지정된 후에도 계속 훼손되었다. 지정 당시에는 길이 약 10미터, 폭 약 4미터 되는 암석 위에 새 발자국 화석이 남아 있었으나, 현재는 당시의 5분의 1 정도만 남아 있다. 훼손이 심각해 1972년 문화재 위원의 현장 조사가 실시되기도 했으며, 1973년 이미 "천연기념물로 지정된 10여 평 중 7~8평 이상이 뜯겨져 나가 반경 2미터쯤의 화석층이 깊이 1미터 안팎으로 훼손되었다"는 기사가 나기도 했다.[154]

다행히도 이후 화석 산지의 보존 상태가 나아져 더 훼손이 진행되지는 않았으나, 새 발자국 보호를 위해 설치한 보호각 때문에 보호각 밖에서는 안에 있는 새 발자국을 제대로 관찰할 수 없다. 새 발자국은 공룡 발자국과 달리 크기가 매우 작고 자국도 진하지 않기 때문이다. 공달용 박사는 새 발자국과 공룡 발자국 모습이 잘 나타난 여러 장의 사진과 자료를 설치해 관람객의 편의를 도모하고 정보를 제공해야 한다고 주장한다.[155]

함안 명관리 공룡 발자국

함안 용산리 함안층 새 발자국 화석 산지를 답사하고 함안 명관리 공룡 발자국(경상남도 문화재자료 제545호)으로 향했다. 현장 방문 여정이 만만치 않은데 군북역에 도달하면 명관리 공룡 발자국이 2.4킬로미터 떨어져 있다는 팻말이 보인다. 이후 팻말이 계속 나오는데 600미터 지점에 공룡 발자국이 있다는 팻말이 있고 두 갈래 길이 나온다. 좌측 길로 가면 자동차가 갈 수 없는 막다른 곳이 나오는데, 차에서 내려 약간 걸어가 대나무 숲길을 통과하면 공룡 발자국 팻말이 보인다.

함안 명관리 공룡 발자국은
산속에 있어서 안내판을 따라
약간 등산을 해야 한다.

공룡과 새 발자국이 발견된 곳은 경상분지인데 경상분지는 밀양
소분지, 의성 소분지, 영양 소분지 등 3개 소분지로 세분된다. 각 소분
지마다 지층명이 다르다. 경상분지는 경상남북도는 물론 위로는 강원
도 태백 일대, 남으로는 전라남도 해남 일대를 포괄한다.

명관리 공룡 발자국은 백이산의 서북편 계곡에 있는데 백악기 공
룡 발자국으로 약 9,000만 년 전의 상당히 후대 발자국이다. 공룡 발
자국 화석은 지표면의 노출과 풍화작용으로 표면이 매우 거칠어져 있
으나, 배열이 규칙적이고 크기와 형태가 일정해 알아보는 것이 크게
어렵지는 않다.

이 지역은 발자국 화석이 남을 당시 얕은 호수 주변의 부드러운
토사면이었을 것으로 추정된다. 공룡들이 지나가면서 발자국을 남겼

으며, 그 후 압력과 열 등으로 암석으로 굳어지고 다시 융
기하는 동안 침식을 받아 현재처럼 남은 것이다.

공룡 발자국은 세 군데에 걸쳐 100여 개 넘게 분포하고
있으며, 이족 보행과 사족 보행이 고르게 나타난다. 육식 공룡
인 수각류의 발자국은 확인되지 않았고 이족 보행 조각류 4마리와 사
족 보행 용각류 3마리의 발자국이 찍혀 있다. 이족 보행 조각류와 사

높이 10미터에 달하는 거대한
편마암 덩어리, 그 위에 공룡
발자국이 있다.

족 보행 용각류의 발자국은 약 2 대 1 비율이다. 국내에서는 다소 예외적으로 산속에서 발견되는데다 발자국이 선명해 학술적인 가치가 인정되므로 2012년 2월 경상남도 문화재자료 제545호로 지정되었다.

제1 공룡 발자국은 마을 사람들이 만든 치성 돌탑이 주변에 있다. 현지에 살고 있는 이영부 부부가 발견했다고 표지석이 알려준다. 높이 약 10미터의 거대한 편마암 전석 위에 있다. 바위 위로 철제 계단이 설치되어 있기 때문에 올라가는 것이 어렵지 않다. 바위 위에 올라가면 좌측에 공룡 발자국이 보이는데 주변 경관이 일품이다.

제1 공룡 발자국 바위 옆에 있는 약수로 목을 축인 후 다음 공룡 발자국으로 향한다. 약 15~20분 정도 걸어야 하는데, 그다지 가파른 곳이 아니므로 올라가는 데 어려움은 없다. 제2 공룡 발자국을 간단하게 답사하고 바로 위에 있는 제3 공룡 발자국을 향한다. 상당히 넓은 면적에 움푹움푹 파인 발자국이 보이는데 얼마 전에 비가 온 덕분에 공룡 발자국을 쉽게 구별할 수 있었다. 공룡 발자국 옆의 둔덕에는 등

산속에 있는 거대한 공룡 발자국은 경이로운 느낌을 준다.
■

산객들이 앉아 있는데 산행하다 쉬기 좋은 휴식 공간이라고 한다. 과거 이곳이 호숫가였다는 것을 모르는 것은 아니나, 여기까지 올라와 보면 산속에 공룡 발자국이 있다는 것이 경이롭게 느껴진다.

함안 대치리 공룡 발자국

함안 명관리 공룡 발자국을 답사한 후 여세를 몰아 함안 대치리 공룡 발자국으로 향했다. 이 공룡 발자국 화석은 답사 유적지 중 가장 특이한 곳에 있다. 공룡 화석이 발견된 현장인 함안군 칠서면 대치리가 아니라 함안박물관에 있기 때문이다.

함안 대치리 공룡 발자국은 함안군 칠서면 대치리 634번지와 691번지에서 발견되었고 비교적 이른 시기인 1993년에 경상남도 문화재자료 제205호로 지정되었다. 그러나 대치리 공룡 발자국 화석 현장은 산업단지의 오폐수 처리장에 있어 관리와 주변 환경 문제로

함안박물관 입구. 함안 대치리 공룡 발자국은 관리와 환경 문제로 박물관 안에 보관되어 있다.

2005년 10월 함안박물관으로 옮겨졌다.

함안박물관 앞에는 고인돌 공원이 있는데 함께 방문해보는 것도 좋다. 함안박물관 입구는 아라가야의 상징으로, 함안 지방에서만 출토되는 불꽃무늬 토기로 된 거대한 조형물이 서 있다. 내부에는 구석기부터 청동기를 거쳐 아라가야까지 생각보다 많은 유물이 전시되어 있다.

박물관 입구 좌측 노천의 야외전시장에서 공룡 발자국을 만나볼 수 있다. 함안군 칠서면 대치리에서 옮겨진 공룡 발자국 화석은 중생대 전기인 약 1억 1,000만 년 전 백악기에 퇴적된 경상계 하양층군 함안층 회적색 셰일층 층리면에 속한다. 공룡 발자국 화석 70여 개가 있

함안박물관 입구 좌측에 있는 발자국 화석. 3개의 보행렬을 볼 수 있다.

는데, 작은 발자국에는 발가락 자국까지 보인다. 발자국의 크기는 약 34~36센티미터, 깊이 37센티미터로 네발로 걸었던 초식 공룡의 것으로 보인다. 두 개 층에서 발견되었는데 높이 차는 250센티미터다. 그중 하부 지층면에서 조각류의 것인 A, B보행렬이 발견되었고 상부 지층면에서 용각류의 C보행렬이 발견되었다.

A보행렬은 7개의 연속적인 발자국으로 이루어졌으며, 3개의 굵은 발가락과 넓은 뒤꿈치 그리고 날카롭지 않은 발톱으로 보아 조각류의 것으로 추정한다. 발자국의 길이는 36센티미터, 폭은 26센티미터다. 발자국의 크기로 보아 엉덩이까지의 높이는 약 180센티미터로 추정

한다. 뒷발자국만 교대로 나타나므로 이족 보행을 했을 것으로 추정
한다. 보폭은 106센티미터다.

B보행렬은 6개의 발자국이 연속으로 나타난다. 발자국의 모양은
A보행렬과 비슷하고 초식 공룡의 발자국이다. 발자국의 길이는 30센
티미터, 폭은 28센티미터다. 역시 뒷발자국만 교대로 나타나므로 이
족 보행을 했고 포복은 76센티미터다.

C보행렬은 앞발과 뒷발의 발자국이 각각 9개씩 모두 18개로 이
루어졌으며 앞발과 뒷발의 발자국이 교대로 나타난다. 앞발자국은 타
원형이며 길이는 36센티미터, 폭은 24센티미터다. 뒷발자국은 발가
락 쪽이 넓고 뒤꿈치 쪽이 좁은 사다리꼴이며 길이는 46센티미터, 폭
은 40센티미터다. 앞발과 뒷발의 보폭은 각각 79센티미터와 98센티
미터다. 발자국과 보행렬로 미루어보아 초식 공룡인 용각류의 발자국
임을 알 수 있다.

함안 외암리 공룡 발자국 화석

함안박물관을 뒤로하고 경상남도 함안군 여항면 외암리 산 79번
지와 산80번지에 위치한 공룡 발자국(경상남도 기념물 제68호)으로 향한
다. 이곳의 공룡 발자국은 이 책에 실린 모든 공룡 화석지 중 가장 접
근하기 어려웠던 곳으로, 세 번이나 도전해 겨우 답사에 성공했다. 첫
번째는 내비게이션으로 주소를 입력하기만 하면 될 것으로 알고 사전
정보 없이방문하려고 했으나 찾는 것이 만만치 않아 다른 일정에 밀
려 포기했다. 두 번째로 방문했을 때는 우선 여항면사무소에 들러 정
보를 수집하려 했다. 그러나 면사무소 직원도 공룡 발자국이 있다는

함안 외암리 공룡 발자국 화석은 국내 공룡 유적지 중 손에 꼽히게 접근하기 어려운 곳에 있지만 발자국이 크고 선명해 한눈에 들어온다.

것을 몰랐다는 반응이었다. 다행히 공룡 발자국 여부를 아는 직원을 만날 수 있었으나 양촌마을 좌측을 두르는 산 정상에 있는데 산이 높지는 않지만 지형을 모르면 찾을 수 없다며 현장을 잘 아는 사람을 소개해주었다. 하지만 날이 저물어 물러날 수밖에 없었다.

세 번째에는 양촌마을 마을회관을 방문해, 주민들의 도움으로 겨우 찾아갈 수 있었다. 공룡 발자국 화석지까지 안내해준 주민은 낫을 들고 잡초를 헤치면서 나아갔다. 안내를 받았지만 경사가 60~70도나 되는 악산惡山이라 올라가는 것이 만만치 않았다. 몇 번 미끄러질 위험을 가까스로 견뎌가며 따라서 올라갔는데 현장에 도착하자마자 지쳐서 주저앉았다.

함안 외암리 공룡 발자국 화석은 외암리 양촌마을 뒷산 꼭대기의 심심밭골 아래에 있는 바위섬으로 과거에 용이 내렸다는 용바위에 있다. 부산대학고 김환묵 교수가 발견했는데 1983년 경상남도기념물 제68호로 지정되었다.

　용바위 정상에 발견된 공룡 발자국은 백악기 말기에 퇴적된 건천리층 하부에 들어 있다. 길이 40센티미터, 너비 37미터에 달할 정도로 거대하며 4개의 발가락 자국까지 선명하게 찍혀 있는 것도 있다. 발자국의 주인공은 키가 약 10미터, 몸길이 25미터, 몸무게 30톤 정도의 거대한 초식 공룡으로 추정한다. 이 함안룡 발자국은 매우 특별하다. 앞발자국이 뒷발자국 바로 뒤에 찍혀 있는데, 이는 뒷발이 앞발 위치까지 도달하는데 1걸음으로는 불가능하고 2걸음을 걸어야 한다는 뜻이다. 또한 앞발자국에는 발목뼈 자국만 선명하므로 이 공룡의 앞다리에는 발이 없었을 것이다. 함안 외암리 공룡 발자국 화석은 함안룡의 특수한 걸음걸이를 보여주는 세계적으로 매우 귀중한 발자국 화석이다.

　함안 외암리 공룡 발자국 화석은 특별한 경우가 아니면 직접 답사하는 것보다는 관련 자료로 만족하는 것이 좋을 정도로 답사 여건이 좋지 않다. 만약 반드시 답사해야겠다면 현장 전문가인 마을 사람들의 안내를 받을 것을 추천하며, 등산복으로 완전무장하기 바란다.

호계리 공룡 발자국 화석

　힘겨운 함안 외암리 공룡 발자국 화석 답사를 마치고 창원시 마산회원구 내서읍 호계리 산50-1번지에 있는 공룡 발자국 화석지로 향했다. 이곳의 공룡 발자국은 중부내륙고속도로 인터체인지 부근 비탈면을 확장 공사할 때 포클레인을 운전하던 건설공사 직원이 발견했다. 포클레인 운전사는 바윗면에 이상한 흔적들이 나타나자 작업을

호계리 공룡 발자국 화석은 도로공사 중에 발견되었다. 넓은 비탈 암반에 200여 개의 발자국이 남아 있다.

중단하고 바위의 흔적을 학자에게 자문했는데 공룡 발자국 화석임이 확인되었다. 이 발자국 화석은 1997년 12월 경상남도 기념물 제170호로 지정되었다.

900제곱미터의 비탈 암반 면에는 크고 작은 이족 보행 초식 공룡 발자국이 찍혀 있다. 이구아나류와 고성룡으로 추정되는 공룡 5마리의 발자국 200여 개가 확인되었다. 이곳 지층은 약 1억 년 전의 백악기 전기 하양층군 함안층의 중회색 셰일 암반층으로 당시 이곳은 범람원 또는 호수였을 것이다. 공룡 발자국 화석은 길이가 25~35센티미터, 폭은 23~32센티미터로 고성 덕명리의 공룡 발자국 크기와 비슷하며 지름 8센티미터의 새끼 공룡 발자국도 발견되었다.

부산대학교 지질학과와 강원대학교 지질학과 팀은 공룡 16마리가 평행으로 이동하거나 비스듬히 움직인 흔적이라고 밝혔다. 이 가운데 공룡 한 마리가 직선으로 16미터 걸어간 발자국은 국내에서 발견된 단일 행로로는 가장 긴 것이다. 발자국의 평균 크기는 길이 35센티미터, 너비 30센티미터 정도다. 20~40센티미터의 발자국으로 구성된 보행렬은 앞발자국이 뒷발자국 뒤에 있어 소형 공룡의 보행 자세를 잘 보여준다. 이곳을 걸었던 공룡은 골반까지의 높이가 2미터 이내인 소형 용각류로, 초당 16~189센티미터 속도로 걸어가며 남긴 발자국으로 해석된다. 당시 호숫가와 보행렬이 거의 평행한 것으로 보아 공룡들이 호숫가를 따라 이동했음을 알 수 있다.

이곳에서는 새 발자국도 발견되는데, 한국 고유종으로 등록된 코리아나오르니스 함안엔시스, 진동오르니페스 키마이, 그리고 물갈퀴새 발자국으로 보인다. 코리아나오르니스 함안엔시스의 발자국 길이는 1.9~4.4센티미터, 폭은 2.4~4.4센티미터며, 진동오르니페스 키마이는 발자국 길이 3.3~7.2센티미터, 폭 3.7~8.5센티미터다. 물갈퀴새 발자국의 길이는 4.0~5.4센티미터, 폭은 4.7~7.3센티미터다. 가장 많이 발견된 새 발자국은 코리아나오르니스 함안엔시스의 것이다.[156] 경상도 지방에서는 공룡 발자국이 새 발자국과 함께 산출된 경우가 많다. 이는 세계적인 현상으로 당시 공룡과 새가 매우 친근한 관계였음을 유추할 수 있다.[157]

호계리 공룡 발자국 화석지에서는 우리나라 진동층에서는 매우 보기 드문 규화목*이 발견되었다. 공룡과 새 발자국 외에도 다양한 무척추동물의 생흔화석이 발견되었다. 새 발자국 주변에서는 건열 구조도 보인다.

* **규화목**硅化木
나무의 형태와 구조가 그대로 굳어져서 화석이 된 것을 말한다. 암석 성분 중 규산이 나무에 침투해 만들어진다.

호계리 공룡 발자국 화석지는 중부내륙고속도로지선(구마고속도로) 마산 방면 종점에서 남해고속도로로 연결되는 도로변 절개면에 있다. 내비게이션으로 쉽게 찾을 수 있지만, 문제는 목적지에 도착해도 공룡 발자국이 정확히 어디에 있는지 찾는 것이 간단하지 않다는 점이다. 인근 주민에게 물어보는 방법이 가장 확실하다. 공룡 발자국 현장이 높은 곳에 있으므로 아래에 보이는 고속도로를 포함해 멀리 주변 경관이 일품임을 첨언한다.

통영 읍도 공룡 발자국 화석

호계리 공룡 발자국 화석을 거쳐 통영시 도산면 오륜리 1243-1번지에 있는 통영 읍도 공룡 발자국 화석(경상남도 문화재자료 제203호)으로 향했다. 읍도는 오륜리에 딸린 섬으로 임진왜란 때 고성 현감이 피난 와서 살았다고 해서 고을 읍邑 자를 따서 읍도라 한다.

읍도는 고성군에서 남쪽으로 5킬로미터 거리의 고성만 중앙에 위치한다. 동쪽의 솔개섬, 서쪽의 비사도飛蛇島 등과 나란히 열도列島를 이루어 통영반도와 삼산반도 사이에 징검다리 모양으로 이어져 있다. 낮은 구릉으로 이루어져 있으며 남쪽 해안 지대의 평지에 취락이 발달했는데, 한창일 때는 250여 명이 살았다고 한다.

통영 읍도 공룡 발자국 화석은 읍도마을 바닷가의 15~20제곱미터쯤 되는 바위 위에 있다. 바위 위에는 공룡 발자국 102개와 사람의 것과 유사한 발자국 3개가 선명히 찍혀 있다. 암반은 백악기 후기에 퇴적된 것이다. 사람의 발자국이 낯설지만, 당시에 사람의 발과 유사한 발을 가진 동물이 살았을 것으로 추정한다. 통영 읍도 공룡 발자국

통영 읍도는 배를 타고 들어
가야 하며, 공룡 발자국은 선
착장 바로 옆에 있다.

은 썰물 때에만 물 밖으로 나타나므로 방문하고자 한다면 물때를 맞

추어야 한다.[158]

읍도는 도산면사무소에서 가까운 곳이지만 배를 타고 들어가야

한다. 읍도 선착장 바로 옆에 공룡 발자국이 있는데, 선명해 눈에 잘

띈다. 김정문 읍도 이장은 경상남도가 추진하는 농어촌특화사업 프로

젝트의 일환으로 읍도를 '공룡이 놀던 섬'이라는 표제로 2013년 프로

젝트를 신청했다고 한다. 경상남도에서 신청한 곳 중 최고상을 받았

다고 한다.

과거 250여 명이 살던 마을은 현재 거의 모든 사람이 육지로 떠

통영 읍도 바닷가 바위에 공룡 발자국이 선명하다. 발자국의 개수는 102개며, 특이하게도 사람 발자국과 비슷한 것도 3개 섞여 있다.

나 10여 가구만 남아 있고, 초등학교도 폐쇄되었지만 '공룡이 놀던 섬'으로 다시 태어난다는 데 의미를 부여하고 싶다. 읍도는 한국 공룡 화석 마을의 모범이 될 듯하다.

거제 외도 공룡 발자국 화석

경상남도 문화재자료 제204호로 지정된 경남 거제시 일운면 와현리 산114번지에 있는 거제 외도 공룡 발자국 화석은 함안 외암리 공룡 발자국 화석보다도 답사하기 어려웠다.

외도는 거제도 구조라항에서 6킬로미터 떨어져 있는데, 1995년 개장한 보타니아로 유명하다. 이창호 · 최호숙 부부가 만든 넓은 동백 숲이 펼쳐져 있으며 3,000여 종의 수목을 자랑한다. 연간 수십만 명이 찾을 만큼 유명한 관광지기도 하다. 문제는 공룡 발자국은 보타니아가 있는 외도의 서섬이 아니라 동섬에 있다는 것이다. 동섬은 수직 절벽으로 이루어진 무인도로 경관은 나무랄 바 없지만 선착장이 없어 상륙하는 것이 간단하지 않다. 오지 중 오지인 동섬에서 공룡 발자국이 발견된 것은 동섬이 낚시꾼들에게 천혜의 장소기 때문이다. 공룡에 조예가 있는 낚시꾼 한 명이 공룡 발자국을 발견하고 신고했다고 한다.

공룡 발자국은 백악기 지층의 담회색 사암에서 발견되는데 면적이 280제곱미터에 불과하지만 낚시터에 23개, 남쪽 돌섬에 117개 등 140여 개가 발견되었다. 이곳에 많은 초식 공룡과 육식 공룡이 살았

일운면

거제 외도 공룡 발자국

거제 외도의 서섬은 보타니아
로 유명하다. 서섬 옆의 동섬
에는 공룡 발자국이 있는데
섬이 개인 소유이므로 답사하
기가 쉽지 않다.

동섬의 수직 절벽.

다는 증거다. 이 일대에는 공룡이 용으로 변해 하늘로 올라갔다는 공룡굴이 있는데, 욕심 많은 공룡은 하늘로 오르지 못하고 바위로 변했다는 이야기가 전해진다.

외도를 방문하려면 우선 거제시청 문화공보과에 답사 허가를 받아야 한다. 그리고 동섬이 개인 소유이므로 소유주에게 허락을 받고 선편도 제공받아야 한다. 방문 절차가 복잡해 드론으로 촬영하는 것을 고려하기도 했다. 방문하기로 한 날 날씨가 점점 궂어져 걱정스러웠지만 출항금지가 발령되기 전이라 출발하기로 했다. 구조라항에서 보타니아에서 준비한 외도선에 승선해 서섬에 들른 뒤 공룡 발자국 현장을 정확하게 알고 있다는 정창원 시설과장과 함께 동섬으로 향했다. 날이 궂어 드론을 띄울 수 없기에 직접 상륙해 현장을 답사하기로 했다. 선착장은 없지만 선장의 조종 실력을 믿고 동섬 바위에 접선했다.

외도 동섬의 공룡 발자국 화석. 과거 이곳에 많은 공룡이 살았음을 보여준다.

ⓒ 거제시청

여러 번 접근 시도 끝에 동섬에 배를 순간적으로 대고 어렵게 하선했지만 공룡 발자국이 있다는 곳까지 올라가는 것도 만만치 않았다. 마침 비까지 오고 있어 미끄럽기 그지없었다. 겨우겨우 비탈진 섬 중턱에 오르자 그토록 찾고자 한 공룡 발자국을 발견할 수 있었다. 파도가 만만치 않아 공룡 발자국을 본 뒤 바로 현장에서 내려와 구조라항으로 돌아왔다.

진주 가진리 새 발자국과 공룡 발자국 화석 산지

가진리는 남강 하안 가까이에 있는 구릉성 산지로 노년기 지형을 보인다. 화석지는 경상계 하양층군 함안층으로 대부분 적색과 회색 셰일로 구성되어 있다. 폭 40센티미터의 염기성 암맥이 남북 방향으로 관입, 방해석 맥이 나타난다.

공룡 발자국 화석이 발견된 지역은 원래 해발 55미터의 구릉지였다. 1997년 경남과학교육원 건물을 신축하기 위해 터파기 공사를 하던 중 경남과학고등학교에서 지구과학을 가르치던 백광석 교사가 공룡 발자국 화석을 발견했다. 곧바로 공사를 중단하고 발굴한 결과 대규모 공룡 화석 산지임이 밝혀졌다. 정부는 이곳의 중요성을 감안해 1998년 천연기념물 제395호로 지정했다.

새 발자국 화석은 적색 이암, 연흔과 건열은 그와 호층을 이루는 실트암에 보존되어 있다. 이암과 사암은 부근 화강암체의 관입에 따른 영향을 거의 받지 않아 혼펠스화되지 않았고 풍화와 침식에 저항력이 약하다. 가진리 발자국 유적이 남다른 우대를 받는 것은 세계적으로 새 발자국 화석은 신생대 것이 대부분인데 이곳의 새 발자국 화

가진리에서 발견된 공룡 발자
국 화석.

석은 백악기 것으로 공룡, 익룡 발자국과 함께 발견되었기 때문이다.
당시 이 지역은 조수 간만의 차가 날 정도로 아주 큰 호수 혹은 범람원
이었다고 추정한다.

　발굴 결과 5개 지역에서 도요물떼새 발자국 2,500개, 공룡 발자국
80개, 익룡 발자국 20개, 새 발자국 화석 365개가 발견되었다. 학자들
은 화석 발견층에서 1.5미터 아래에 더 많은 공룡과 새 발자국이 있을
것으로 생각하지만 보호 차원에서 발굴하지 않았다고 한다. 지층 속
에서는 암석의 풍화가 잘 일어나지 않지만 지표에 노출되는 순간 풍
화가 빠르게 진행되기 때문이다.

　진주 가진리에서 발견된 새 발자국은 크게 3종류로 작은 물새 발
자국, 큰 물새 발자국, 물갈퀴가 있는 새 발자국이다. 작은 물새 발자

가진리의 새 발자국 화석은 밀집도가 높으며, 전 세계에서 발견된 7종의 백악기 새 발자국 중 3종의 발자국이 모여 있다.

국은 함안에서 발견된 함안새와 같은 종이며, 큰 물새 발자국은 진동층에서 발견된 진동새, 물갈퀴가 있는 새 발자국은 해남 우항리와 같은 종으로 추정한다. 물갈퀴가 있는 새와 물갈퀴가 없는 새가 서식지를 공유했음을 알 수 있다.[159] 전 세계의 백악기 지층에서 7종의 새 발자국 화석이 발견되었는데, 한국에서 4종의 발자국이 발견되었으며 그중 가진리에서만 3종이 발견되었다.

　새 발자국은 발가락이 4개 또는 3개다. 원래 새 발가락은 4개지만 3개만 사용하고 하나는 퇴화해 흔적만 남았다고 한다. 새의 종류는 발가락 사이의 각과 보행 각으로 판단할 수 있다. 닭과 병아리 발자국은 크기가 다르지만 발가락 사이의 각과 발가락 길이의 비율은 같으므로 같은 종으로 분류할 수 있다.

새 발자국은 착륙할 때와 이륙할 때 발가락 사이의 각이 다르다. 착륙 시에는 제1지가 아래쪽에 있으며 4개의 발가락 흔적이 나타나고 발가락 사이의 각이 넓어진다. 반면 보행 시에는 발가락을 3개만 사용한다. 이륙할 때는 발가락 사이의 각이 좁아진다.

가진리에서 새 발자국이 대량으로 발견된 것은 이곳이 과거 철새 도래지였기 때문이다. 초식 공룡의 발자국 위에 육식 공룡의 발자국이 보이는 것은 시간 차이를 두고 걸었거나 육식 공룡이 초식 공룡을 사냥하기 위해 따라간 흔적이다.

새 발자국이 워낙 많아 그게 그것으로 보일 수도 있지만 초보자도 이동 방향을 주의 깊게 보면 새 발자국의 앞뒤를 구별할 수 있다. 이동할 때 무게 중심이 앞쪽으로 쏠리어 앞쪽이 더 깊게 파인다. 육식 공룡의 발자국은 발톱 모양이 나타나기 때문에 앞뒤를 쉽게 구분할 수 있다.

새 발자국을 자세히 보면 바닥에 둥글게 긁힌 자국이 보인다. 이는 새들이 지렁이와 유사한 저서생물을 먹기 위해 부리로 바닥을 긁은 흔적이며 물갈퀴가 있는 새 종류가 만든 것이다. 가진리의 새 발자국은 머리가 혼란스러울 정도로 밀집해 있다. 학자들은 현대의 홍학 무리가 장관을 이루는 것처럼 과거에도 일군의 새들이 모여 장관을 이루었을 것으로 추정한다.

＊ 노두露頭
지각을 구성하는 암석이 토양이나 식생으로 덮이지 않고 직접 지표에 드러나 있는 부분.

화석지는 크게 4구역으로 나뉜다. 제1관의 화석 노두＊가 보이는 '가' 구역, '나'와 '다' 구역은 전시관으로 들어오는 입구 지하로 미개발 상태이며 '라' 구역은 제2관에 전시되어 있다. '가' 구역과 '라' 구역을 연결하는 곳에서는 건열과 연흔 등이 발견되었다.

발자국 화석이 발견되자 공사를 중단하고 화석 노두를 그대로 유지하면서 전시관을 만들기로 설계를 변경해 2007년 유적 위에 전시관을 완공했다. 이와 같이 공룡 유적 바로 위에 전시관을 세운 것은 전 세계적으로도 매우 드문데, 중국 쓰촨성 쯔궁子貢국립박물관, 랴오닝성 중국쓰허툰고생물화석관, 미국 유타주 국립공원박물관 등을 들 수 있다. 해남공룡박물관 안에 있는 보호각도 같은 맥락으로 볼 수 있다.

공룡 화석이 전시되어 있는 경상남도과학교육원은 자연사전시관, 과학전시관, 화석문화재전시관, 곤충표본전시관 등 4개 주제로 구분되어 있다. 공룡 화석은 화석문화재전시관에 2개 관으로 구분, 전시되어 있다.

제1관에서는 가진리 화석 발굴 경과와 성과를 보여주고, 가진리 지층의 특징을 그래픽 패널로 설명하며 각 구역별 화석 발굴 도면에

공룡 시대 가진리의 환경을 보여주는 대형 벽화.

공룡 발자국과 새 발자국을 구분해 설명하고 있다. 화석 유적이 있다고 해도 먼발치에서 내용을 파악하기 어려우므로 이를 상세하게 설명해준 것이다. 가진리에서 발굴된 공룡 발자국, 새 발자국 화석을 사진과 함께 설명하며 물새의 부리 자국과 저서동물의 흔적화석, 건열과 연흔 등 다양한 퇴적 구조와 지질구조도 설명해준다. 이어서 가진리의 화석을 바탕으로 당시의 환경을 대형 벽화로 보여준다. 영상장치로 노두의 화석을 쉽게 관람할 수 있도록 배려했다.

제2관에는 가진리에서 나온 각종 화석 조각이 전시되어 있다. 특별히 공을 들인 것은 '화석을 찾는 사람들'이라는 전시관이다. 화석이 발견되는 암석과 화석 탐사 시 알아야 할 요령을 안내하고 화석 보존, 골격 복제와 조립 방법을 설명해준다. 국내뿐만 아니라 세계적으로 유명한 화석을 그래픽 패널로 설명하고, 경상남도 지역을 포함해 우리나라 지질 변동을 설명하는 등 교육 자료에 공을 들였다. 화석을 가까이에서 들여다볼 수 있도록 관람로와 난간을 설치해놓았다.

특히 자랑할 만한 것은, 가진리에서 세계에서 두 번째로 보존 상태가 좋은 피부 화석이 발견되었다는 것이다. 공룡의 피부는 화석으로 보존되기 매우 어렵다. 공룡 뼈와 발자국은 많은 곳에서 발견되었지만 피부는 그저 추측할 뿐이었다. 가진리 공룡 피부 화석을 보면 공룡은 오늘날 파충류처럼 골편으로 덮여 있었음을 알 수 있다. 박물관 내 피부 화석은 특별히 관리되고 있으므로 주의를 기울여 살펴보기 바란다.

경남과학교육원 전시관은 천연기념물로 지정된 공룡 화석만 있는 것이 아니라 체험 활동을 통해 기초 과학의 원리를 습득할 수 있도

가진리의 공룡 피부 화석, 세계에서도 손꼽히는 보존 상태가 좋은 피부 화석이다.

록 꾸며져 있다. 자연사박물관은 최초의 생명 탄생부터 인류 출현까지 생물의 진화 과정을 이미지 형상화해 시간 흐름순으로 표현하고 있으며 인간을 둘러싸고 있는 지구 생태계의 경이로운 모습을 그래픽으로 표현해놓았다. 곤충표본전시관에는 국내외 곤충 표본을 전시하고 있는데 나비아목, 나방아목, 기타 곤충, 외국 곤충으로 나뉘어 총 1,035종 2만 4,773개의 표본이 전시되어 있다.

진주 유수리 백악기 화석 산지

진주시 가진리 경남과학원 공룡박물관을 방문한 뒤 인근 진주시 내동면 유수리 495번지에 있는 진주 유수리 백악기 화석 산지(천연기념물 제390호)를 찾아갔다. 진주에서 하동으로 이어지는 국도 2호선을 따라 약 15분 정도 달리면 내동면 유수리가 나오는데 도로 남쪽의 진주-사천 간 지방도로와 국도 2호선을 사이에 두고 남강 지류인 가화천이 나온다. 가화천은 다른 산간 지역 하천과는 달리 폭이 100~150미터에 달하고 길이가 2킬로미터가 넘으며 긴 계곡을 따라 암석이 광범위하게 보인다. 이곳이 1억 2,000만 년 전의 백악기의 고환경 지질이다.

2개의 화석층에서 국내 최초로 용각류의 치골, 발가락뼈, 새끼 공룡 좌골 화석과 종류 미상의 두개골 화석 2점 등 수백 점의 공룡 뼛조각 화석이 발견되었다. 서 있는 나무 화석, 조개류 화석, 스트로마톨라이트Stromatolite 등도 발견되어 고환경 지질사 가치가 높아 1997년 이 지역 일대 26만 8,575제곱미터가 천연기념물로 지정되었다.

화석 산지임을 알려주는 가화천 가의 안내판.

유수리의 공룡 발자국 화석. 이곳에서는 희귀한 분석을 포함해 국내에서는 잘 발견되지 않은 공룡 체화석이 발견되었다.

하천가 언덕에는 자줏빛 암석이 보이는데 자세히 보면 연한 붉은색, 갈색, 회색을 띤 주먹만한 돌덩어리가 여기저기 박혀 있다. 백악기 당시 넓게 발달한 충적평야에 때때로 홍수가 일어나 강이 범람하면서 모래와 진흙이 쌓여 굳어진 것이다. 이 자줏빛을 띠는 암석에서 공룡 뼈 화석이 발견되었다. 유수리 지역의 공룡 화석은 다른 지역의 천연기념물보다 대중에게 덜 알려져 있지만 백인성 교수는 이곳이야말로 공룡 관련 천연기념물의 '숨겨진 영웅'이라고 한다.

양승영 교수가 이곳에서 카마라사우루스의 이빨은 물론 매우 희귀한 분석糞石을 발견했기 때문이다. 그동안 국내에서 많은 공룡 발자국이 발견되어왔지만 공룡의 체화석體化石을 통해 화석의 주인이 밝혀진 것은 처음이었다. 이빨 화석은 고생물학에서 귀빈 대우를 받는데,

화석으로 잘 보존될 뿐만 아니라 분류 형질로서도 매우 중요하기 때문이다. 특히 공룡은 이빨 모양이 종에 따라 크기가 다를 뿐 일정하다. 포유류처럼 앞니, 송곳니, 어금니 등 기능이 분화되지 않았으므로 이빨 화석 하나로도 어떤 공룡인지 밝힐 수 있다.

유수리에서 세 종류의 이빨이 발견되었는데 한반도에 다양한 용각류가 서식했음을 말해준다. 이 가운데 하나는 중국에서 발견된 것과 동일한 종류의 것으로 카마라사우루스 아시아넨시스Camarasaus Asianensis로 판명되었다.[160] 나머지 둘은 에우헬로푸스Euhelopus와 브라키오사우루스의 것으로 밝혀졌다. 에우헬로푸스의 것은 이빨 한 개만 발견되어 아직 세계 학계에서 인정받지 못했다.

수각류의 이빨도 발견되었는데 약 5센티미터 크기로 톱니형 구조가 나타나는 전형적인 육식 공룡의 이빨이다. 앞면은 칼처럼 날카롭게 날이 서 있다. 같은 지역에서 발견된 5센티미터 크기의 앞발톱 뼈는 낫처럼 날카롭게 휘어져 있다. 하지만 단편적인 조각으로 어느 공룡의 뼈인지는 판정하지 못하고 있는 상태다.

분석은 공룡이 직접 배설한 유기물의 화석이므로 공룡에 대한 상당한 자료를 제공한다. 분석을 통해 공룡이 무엇을 먹었으며 식성과 소화 정도는 어떠했는지 알 수 있다. 식물의 셀룰로오스, 뼛조각, 이빨 등이 들어 있는 것으로 보아 공룡이 음식을 소화시키는 데 어려움을 겪었다는 것을 알 수 있다. 한국에서 공룡의 알, 발자국, 골격, 발톱, 분석 등 각종 화석이 부분적이지만 모두 발견된 셈이다. 한국의 공룡 연구에 유수리가 차지하는 비중은 결코 작지 않다.[161]

그런데 유수리 화석 현장은 GPS만 믿고 섣불리 도전하다가는 고생할 수 있으므로 단단히 각오해야 한다. 내비게이션에 주소를 입력해도 나오지 않는 경우가 대부분이다. 내비게이션에 유수역을 입력하면 폐역廢驛이 나오는데, 여기서 직행하면 약 2~3킬로미터 지점에 유수교가 나타난다. 유수교에서 내평마을, 작은미륵골, 큰미륵골로 들어가는 삼거리 길목에 공룡유적지를 알리는 안내판이 있다. 안내판이 있는 곳에서 내려가는 곳에 돌로 만든 엉성한 계단이 있다. 미륵골로 들어가는 쪽에서 내려오는 방법도 있다.

　유수리 공룡 유적은 남강댐 방류 시 많은 물이 순식간에 도달하는 곳이므로 사고의 위험성도 있어 항상 접근할 수 있는 곳은 아니다. 더구나 변변한 안내판도 없으므로 친절한 화석 유적은 아니다. 그러나 공룡 발자국을 조사하고 찾아간다면 찾아가는 것이 그다지 어렵지 않을 것이며 화석을 발견할 때마다 답사 여행의 기쁨을 십분 누릴 수 있을 것이다.

고성 계승사 백악기 퇴적 구조

　고성군의 화석은 대부분 해안가에 있지만 육지에도 중요한 화석이 있는데 천연기념물 제475호로 지정된 고성 계승사 백악기 퇴적 구조가 대표적이다. 특이하게도 고성군 영현면 대법리 산17-1번지 금태산 계승사 경내에 위치한다. 백악기 시대에 형성된 퇴적층으로 2006년에 천연기념물로 지정되었고 보호 면적은 8,046제곱미터다.

　우리나라에 금金 자가 들어간 이름은 상당한 급이 있는데 계승사가 있는 금태산金太山도 그러하다. 조선을 건국한 태조 이성계가 왕이 되기 전에 수행한 산의 이름에 '금'자를 붙이도록 했다고 한다. 이성

고성 계승사. 절 주변에 백악
기 지층이 잘 드러나 있다.

계가 고려말 왜구를 토벌하기 위해 삼남도에 내려왔다가 금태산 계승
사에서 수행하며 조선 창건의 꿈을 키웠다고도 한다.[162] 계승사는 신
라 문무왕 15년(675)에 의상이 창건했을 정도로 오래된 사찰로 임진왜
란 때 전소되었다 1963년 중건했다. 사찰 주변 환경이 특이해 전설도
있다.

기암괴석과 쭈뼛쭈뼛한 바위가 즐비하고 절벽 사이에서 솟는 석간수가 장관을 이루며 매일 서되두홉三升二合의 공양미가 나왔는데 욕심이 많은 시봉행자侍奉行者가 더 나오라고 구멍을 키웠더니 공양미는 나오지 않고 약수만 흐르고 있다.

계승사는 백악기 퇴적 구조로 둘러싸여 있다. 경상층군 진동층에 주변의 화성암이 관입하면서 가열되어 혼펠스화된 암석이 분포하는데 계승사는 바로 이런 혼펠스화된 지층이 깎여 만들어진 계곡에 위치한다.[163]

천연기념물인 백악기 퇴적 구조만 설명하면 사찰 입구 왼쪽에 있는 경사면에 연흔이 있다. 연흔은 여러 종류가 있는데 가장 큰 것은 가로 13.5미터, 세로 7미터 정도로 보존 상태도 우수하다. 물결의 파장과 파고는 각각 4밀리미터 정도다. 연흔은 조수 간만의 차가 크게 작용할 경우 생긴다. 지금도 조수 간만의 차가 큰 바닷속에는 이런 연흔이 생긴다. 옛 대웅전 뒤쪽에는 우흔雨痕이 남아 있는데 무늬가 선명해 마치 금방 생긴 자국처럼 또렷하다. 빗방울이 떨어지면서 만들어진 둥근 자국조차 보일 정도다.

계승사 주변 백악기 지층에는 연흔 자국이 선명하다.

대웅전 북쪽 약 50제곱미터 정도의 암반에는 덩치가 큰 용각류의 발자국이 7개가 있다. 발자국의 평균 크기는 67센티미터, 90센티미터 정도로 크고 선명해 마치 대포가 터진 것 같다. 계승사 백악기 퇴적 구조는 국내 어느 곳보다 퇴적 구조 층리와 공룡 발자국 화석 등이 다양하게 나타나는 것은 물론 퇴적층이 선

계승사 대웅전 북쪽에 있는 거대한 공룡 발자국. 발자국 안의 돌 거북은 크기 비교를 위한 것이다.

명하다.[164]

　계승사를 찾아가는 방법은 다음과 같다. 국도 33호선을 타고 상리면 부포사거리에서 영현면 방면으로 이동하면 대촌삼거리에 도착한다. 이 부근에서 영오면 방면으로 난 북동쪽 산길을 따라가 고개를 넘으면 좌측에 금태산 입구가 보인다.

고성 덕명리 공룡과 새 발자국 화석 산지

　고성군 하이면 덕명리의 고성 덕명리 공룡과 새 발자국 화석 산지(천연기념물 제411호)는 전라남도 해남 우항리와 함께 한국을 대표하는 공룡 유적지다. 덕명리 해안의 공룡 발자국은 미국 콜로라도, 아르헨티나 파타고니아와 함께 세계 3대 화석 산지로 꼽히기도 한다.

고성군 덕명리 해안은 세계 3대 화석 산지로 꼽힌다.

공룡 발자국이 발견된 지역은 고성군 거의 전부를 포함할 정도로 넓다. 그중 가장 중요한 곳은 하이면 덕명리 해안 일대다. 공룡이 살던 과거 덕명리는 전반적으로 평평하고 넓은 호숫가였다. 호수는 유출 수로가 있는 열린 호수와 유출 수로가 없는 닫힌 호수로 나뉘는데 덕명리는 쇄설성* 퇴적층이 지배적인 반면 탄산염암이나 증발암**층이 발달하지 않아 열린 호수였을 가능성이 높다. 과거 이곳은 건기와 우기가 교호하는 계절성 기후였으나 전반적으로 매우 건조한 지역이었을 것이다.[168]

* 쇄설성碎屑性
물밑에 가라앉아 쌓인 것.

** 증발암蒸發岩
얕은 바다나 호수와 같이 정체된 물의 증발이 심하게 일어나는 지역에서 형성된 화학적 퇴적암.

하이면 일대

고성의 공룡 발자국 하이라이트는 하이면 일대다. 하이면의 특징은 조각류, 용각류, 수각류 등 3종류 공룡 발자국은 물론 새 발자국과 무척추동물의 생혼화석이 함께 발견된다는 것이다. 전체 보행렬은 410개로 조각류가 61퍼센트인 249개, 용각류는 34퍼센트인 139개, 수각류는 5퍼센트인 22개다.

하이면에서도 제전마을 해안부터 실바위 부근 해안까지가 공룡 발자국 전당이라고 할 수 있다. 현재까지 약 1만 9,000여 점의 화석이 발견되었다고 하니 그야말로 공룡의 놀이터였던 셈이다. 공룡박물관이 이곳에 건설된 이유기도 하다. 덕명리의 공룡 발자국은 1982년 양승영 교수가 국내 최초로 발견했다. 이 지역이 유명해진 것은 세계적으로 가장 밀도가 높은 공룡 발자국 화석 산지기 때문이다. 공룡 한 마리가 세 발자국 이상 걸어간 보행렬만도 247개나 남아 있다. 이 지역에서 발견된 지름 35센티미터, 깊이 20센티미터의 발자국 가운데는 3개의 발가락 윤곽이 뚜렷하게 보이는 것도 있다. 지름 15센티미터 이하의 육식성 랍토르류의 발자국은 물론 빗살무늬 모양의 새 발자국도 곳곳에 흩어져 있다.

몸길이 22미터에 달하는 마멘키사우루스의 약 3배에 이르는 거대 용각류의 115센티미터짜리 발자국과 9센티미터 밖에 안 되는 새끼 용각류 발자국도 발견되어 큰 주목을 받았다. 이 대형 발자국의 주인공은 아파토사우루스다.[166] 덕명리에서 발견된 조각류는 이구아노돈이 대표적이며, 수각류는 카르노타우루스Carnotaurus 등이다.

고성의 공룡 화석을 모두 답사한다는 것은 전문가에게도 어려운 일이므로 일반적으로 공룡박물관이 있는 상족암 주변 덕명리 해안을 중심으로 답사하게 된다. 천연기념물 제411호로 지정된 곳도 바로 이

곳이다.

덕명리 해안 일원은 상족암군립공원으로 더 잘 알려져 있는데 고성읍에서 국도 33호선을 따라 사천 방면으로 이동하다가 상리면 부포 사거리를 거쳐 중촌삼거리에서 국도 77호선을 따라 하이면 방면으로 이동하다 보면 좌측으로 기암절벽과 해수욕장이 펼쳐진 상족암군립 공원이 나온다. 삼천포항에서 온다면 국도 77호선을 거쳐 고성 방면으로 향하다가 하이면사무소를 지나 정곡삼거리에서 우회전을 하면 된다.

덕명리에서 공룡 화석을 보는 길은 두 가지가 있다. 첫째는 먼저 공룡박물관을 들려 상족암으로 내려가 좌측으로 제전마을까지 가는 방법이고 둘째는 그 반대로 길을 잡는 것이다. 이 책에서는 편의상 둘째 방향으로 설명한다.

썰물 때 제전마을 방파제를 지나 촛대바위 부근으로 가면 '공룡들의 무도장'이라고 이름 붙인 광장이 나온다. 바닥에 커다란 전복 껍데기로 눌러놓은 듯한 길이 30센티미터나 되는 둥근 형태의 오목한 자국이 있는데 모두 공룡 발자국이라 말해도 과장이 아니다. 제전마을 입구에 커다란 티라노사우루스 모형이 있는데 이곳부터 실바위까지 이어진 탐방로는 원시시대로 빠져드는 통로다. 해안가 탐방로는 열려 있지만 바닷물이 빠지는 때를 맞추는 것이 좋다. 제전마을은 봉화골과 함께 국내 최초로 공룡 발자국 화석이 발견된 곳으로 수많은 공룡의 발자국이 서로 뒤엉켜 만들어진 일종의 생란작용*을 볼 수 있다. 공룡에 의한 것이라 공란작용恐亂作用이라고도 부른다. 이러한 구조는 덕명리 해안 약 4킬로미터에 걸쳐 연속적으로 발달해 있는데 우리

* 생란작용生亂作用
생물의 층리교란 작용으로, 생물들이 지층을 휘젓고 다녀서 층리가 사라지는 것을 말한다. 생물교란작용이라고도 한다.

상족암 부근의 조각류 이동 흔적을 보여주는 보행렬.

나라에서 가장 유명한 보행렬도 이곳에 있다. 타원형 발자국들이 규칙적으로 배열되어 마치 이족 보행처럼 보이는데 이 보행렬이 보존된 지층면에서 코리아나오르니스 함안엔시스의 발자국도 보인다.

이어서 경상남도청소년수련원이 나오는데 이곳에서도 용각류의 발자국과 보행렬, 조각류 발자국, 새 발자국이 보인다. 김봉균의 진동 새 발자국도 발견된다. 수련원 해안에서 서쪽으로 탐방로를 따라 이동하면 나오는 해안의 수직 절벽 해식동굴 입구 부근에서 소형 단층으로 잘린 중형 용각류의 보행렬을 볼 수 있다.

병풍바위를 보면서 돌아가면 고성군 제일의 비경인 상족암이 나타난다. 상족암은 울퉁불퉁하고 깎아지른 듯한 층암단애層巖斷崖로 된 해안 절벽이다. 절벽 아래에는 다양한 크기의 해식동굴이 뚫려 있어 바다에서 보면 거대한 밥상 다리 같다. 상족암床足岩이라는 지명은 여기에서 나왔다. 주민들은 높이 20미터, 둘레 150미터 정도의 바위산을 거대한 상다리가 떠받들고 있는 형상이라 해서 쌍족雙足 또는 쌍발이라고도 부른다. 『신증동국여지승람新增東國輿地勝覽』에는 "소을비포 서쪽 15리 지점에 돌기둥 4개가 있으며 바위가 평상 같다. 조수가 밀려오면 물이 그 밑을 지나간다"고 적혀 있다. 선녀들이 이곳에 내려와 돌 베틀로 옥황상제에게 바칠 비단옷을 짰다는 전설이 전해온다. 입구가 바다와 맞닿은 동굴의 내부에는 하늘에서 내려온 선녀들이 목욕했다는 웅덩이도 있다.

수백 명이 한꺼번에 앉아 쉴 수 있는 거대한 너럭바위가 펼쳐져 있는데 곳곳에 공룡의 흔적이 있을뿐더러 주변 풍광 역시 경탄을 자아낼 만큼 빼어나다. 서편 언덕 노두에 있는 공룡 발자국은 언덕 위에

상족암의 독특한 지형. 지질
학적으로 가치가 클 뿐 아니
라 풍광도 아름답다.

도 많이 보인다. 밀물의 영향을 받지 않으므로 언제나 관찰할 수 있
다. 상족암의 상다리 사이로 해식동굴 7개가 뚫려 있다. 이곳 주변의
지층과 공룡 발자국 화석은 초등학교 교과서에도 수록되어 있을 정도
로 유명하다.[167]

상족암을 중심으로 양편에는 해수욕장이 있다. 콩돌해수욕장과
공룡해수욕장이다. 상족암박물관을 통해 상족암으로 내려가서 공룡
발자국을 답사하고 다시 돌아올 때는 입장권을 확인하니 입장권을 잘

챙겨야 한다.

상족암군립공원 안에 있는 고성공룡박물관은 2004년 개장한 우리나라 최초의 공룡박물관이다. 지하 1층, 지상 3층으로 규모가 크며 박물관 주변 곳곳에 실물대의 공룡 모형이 있어 보는 재미가 있다. 공룡 모형은 두 군데로 나뉘어 있는데 공룡박물관 입구부터 공룡박물관까지 있으며, 공룡박물관을 지나 상족암까지 가는 길목에 또 있다. 공룡박물관 입구에는 슈퍼스타 공룡인 티라노사우루스와 트리케라톱스가 있고, 높이 24미터에 달하는 세계 최대의 공룡탑이 관람객을 맞이한다. 이들을 지나 매표소를 지나면 좌측으로 낮은 계단 위에 육식 공룡인 데이노니쿠스가 초식 공룡인 테논토사우루스Tenontosaurus를 공

앞에 고성공룡박물관이 보인다. 우리나라 최초의 공룡박물관이다.

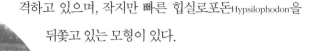

격하고 있으며, 작지만 빠른 힙실로포돈Hypsilophodon을 뒤쫓고 있는 모형이 있다.

공룡박물관을 지나 상족암으로 내려가는 입구에 있는 공룡 공원에는 대형 공룡 모형이 있다. 제일 먼저 〈쥬라기 공원〉에도 나온 오리주둥이 공룡인 람베오사우루스Lambeosaurus 가 보이며 이어서 유타랍토르Utahraptor, 이구아노돈, 오르니토미무스Ornithomimus, 세그노사우루스, 바리오닉스Baryonyx, 나노티라누스Nanotyrannus, 유오플로케팔루스, 기가노토사우루스Giganotosaurus, 람베오사우루스 등 공룡 모형은 물론 익룡인 케찰코아틀루스Quetzalcoatlus의 모형이 보인다. 이들을 상세하게 설명해주는 안내판이 있으므로 꼼꼼하게 찾아보길 바란다.

알을 품고 있는 오비랍토르.

고성공룡박물관은 여러 개의 전시실로 구성되어 있는데 2층 로비에서 제1전시실로 들어가면 입구에 알 도둑으로 알려진 오비랍토르가 알을 품고 있는 모형과 익룡인 안항구에라Anhanguera가 맞아준다. 이곳을 박물관에서는 '공룡의 수도'라고 하는데 안킬로사우루스Ankylosaurus의 꼬리곤봉, 이구아나돈의 앞발 등 공룡 골격 화석과 부분 골격 화석, 공룡의 계통도 등이 전시되어 있다.

제2전시실에서는 고성에서 발견된 공룡 발자국 모양, 종류, 발자국 위치 등 공룡 발자국에 대한 정보를 얻을 수 있다. 제3전시실은 백악기 공룡관으로 공룡이 번성했던 백악기 시대 공룡들의 삶을 보여준다. 트리케라톱스를 사냥하는 드로마에오사우루스, 한가로이 풀을 뜯

파키케팔로사우루스는 두터운 머리뼈를 가지고 있었으며, 머리를 부딪치는 방식으로 서열 싸움을 했다.

는 안킬로사우루스, 서열 싸움을 하는 파키케팔로사우루스 Pachycephalosaurus 등이 생동감 있게 재현되어 있다.

제4전시실은 디노랜드dino land로 방문객들이 직접 공룡 뼈를 맞추거나 공룡 발자국 화석 뜨기를 할 수 있는 체험 전시실이다. 제5전시실은 선캄브리아대, 고생대, 중생대, 신생대로 나누어 각각의 시대를 대표하는 화석을 전시해 고대 생물을 만나볼 수 있도록 했다. 2층 로비에서 1층 중앙 홀로 내려가면 1993년 중국에서 발견된 육식 공룡 모놀로포사우루스Monolophosaurus와 초식 공룡 클라멜리사우루스 Klamelisaurus의 대결을 연출해놓은 것이 보인다.

세계를 두루 돌아봐도 고성공룡박물관과 같은 시설과 전시물을 만나기는 쉽지 않다. 고성공룡박물관에서는 3년마다 공룡엑스포도 개최한다. 공룡박물관에서 바라보는 한려수도의 풍광과 일몰은 공룡 답사 여행의 덤이다.

＊관입암상貫入巖床
마그마가 기존 암석의 지층 사이를 뚫고 들어가 만들어진 판자 모양의 관입암.

덕명마을 인근 바닷가는 모두 공룡 발자국 산지라고 해도 과언이 아닌데, 그중 두 곳만 추가로 설명한다. 첫 번째는 덕명마을 남동편 해안이다. 이곳은 2미터 두께의 안산암질 관입암상＊이 발달해 있고 암상 표면에 대형 용각류의 발자국이 있다. 일반적으로 화석은 퇴적암에서 발견되지만 이곳에서는 세계 최초로 화성암에서 공룡 발자국이 발견되어 학계의 관심을 끌었다. 화성암에서 공룡 발자국이 발견될 수 있었던 것은, 다음과 같은 과정을 거쳤기 때문이다. 우선 퇴적물이 쌓인다. 그 위에 공룡 발자국이 찍히고 위에 퇴적물이 덮인다. 이 퇴적물이 굳어지고 암상巖床의 관입이 이루어진다. 위에 덮인 지층이 침식을 받아 제거되면서 발자국 표면이 드러나는 것이다.

두 번째는 덕명마을 남쪽 끝 군바위 주변이다. 덕명마을에서 남쪽으로 해안 도로를 따라 이동하면 소나무 숲을 지나 절벽이 나오는데, 이곳에서 아래로 내려가면 용암이 지층을 따라 관입해 굳어진 관입암상과 그 위의 지층이 눈에 들어온다. 이 부근에서 중형 용각류의 보행렬, 소형 용각류의 발자국, 발가락 끝에 예리한 발톱 자국이 있는 조각류의 발자국이 보인다. 김봉균의 진동새 발자국과 연흔도 함께 관찰된다.[168]

회화면 일대

공룡박물관이 있는 하이면에 이어 회화면, 동해면 남쪽을 설명한다. 이곳을 연이어 설명하는 것은 아직도 수많은 공룡 유적이 사람들에게 발견되기를 기다리기 때문이다. 답사를 하면서 새로운 공룡 유적을 발견할 수 있다는 기대를 품는 것처럼 즐거운 일은 없다.

회화면은 고성군의 동쪽 끝에 위치하며 마산시 진전면과 접해 있다. 고성읍에서 마산시 방면으로 달리는 국도 14호선을 따라 동쪽으로 이동하다 회화면 배둔리에서 당항포 관광지 안내판을 따라 지방도 1002호선으로 들어서 동쪽으로 이동하면 당항포 해안에 도착한다.

회화면 공룡 발자국은 2000년 한국고생물학회 조사팀이 발견했다. 당항포 관광지 내의 해안 곳곳에서 다양한 공룡 발자국이 발견되었으며, 지금까지 보고된 용각류 발자국 가운데 가장 작은 지름 9센티미터의 소형 용각류 발자국이 발견되었다. 내륙에서도 공룡 발자국이 발견되는데 당항포 관광지 북쪽 부근에서 발자국 길이가 109센티미터 이상 되는 거대한 용각류의 보행렬과 다양한 크기의 조각류 발자국이 발견되었으며 빗방울 자국도 보존되어 있다. 회화면 농공단지 부근, 적석산 입구에서도 공룡 발자국들이 발견된다.

당항포는 호수 같은 바다로 유명하며, 이순신 장군이 임진왜란 때 두 차례에 걸쳐 큰 전공을 세운 대첩지기도 하다. 당항포 관광지 선착장에서 동쪽으로 난 해안로를 따라 약 200여 미터를 가면 다양한 공룡 발자국과 연흔을 관찰할 수 있다. 노두의 수직단면에서도 발자국이 보이는데 층리가 아래로 휘어져 있다. 당항포 관광지 남쪽 해안에서 남쪽 바다를 바라보는 노두에서도 조각류 발자국이 보이는데 조각류가 북쪽으로 향한 보행렬이다. 당항포 관광지 북쪽에는 우흔이 있다.

회화면 농공단지는 국도 14호선을 따라 마산시 방

당항포 부근의 공룡 발자국.

면으로 가다 보면 배둔천과 교차하는 부근 동쪽 약 300미터 거리에 있다. 이 농공단지 서편 개천 하상에서 다양한 공룡 발자국 화석이 발견되었는데, 개천을 따라 200미터 정도 상류로 올라가면 또 다른 공룡 발자국 화석을 관찰할 수 있다. 반대편에 있는 방화산에는 공룡 모형 동산이 있다.

회화면 원촌 해안은 회화면 배둔리에서 지방도 1002호선을 따라 당항리를 거쳐 아랫골, 염분이를 지나면 도달한다. 이 마을에서 얕은 언덕을 넘어 해안을 따라 남쪽으로 걸어가면 용각류와 조각류의 보행렬이 눈에 들어온다. 다시 남쪽으로 해안을 따라가면 작은 용각류의 보행렬이 보인다. 이곳에는 3개의 층준이 보이는데 아래 층준에서는 소형 용각류 보행렬, 두 개의 상위 층준에서는 중형 조각류 발자국이 발견되었다. 다시 해안을 따라 서남쪽으로 걸어가면 해안에 소형과 중형의 조각류 보행렬이 보인다. 언덕 아래 동쪽 해안 노두에서도 조각류의 발자국이 발견되었다.

동해면 남쪽 해안 일대

동해면 남쪽 해안의 공룡 발자국은 1987년 1월에 처음 발견되어 1998년 정식으로 학계에 발표되었다. 봉암리, 장좌리에서 중점적으로 발견되는데 대형 용각류의 보행렬과 수각류, 조각류의 발자국 화석이 있다. 다양한 지층의 단면을 볼 수 있어 지질과 고생물 자료가 풍부하다.

고성읍에서 지방도 1009호선을 따라 거류면을 거쳐 동해면의 남쪽 해안과 이어진 국도 77호선을 이용하면 쉽게 다다를 수 있다. 마산시 방면에서는 고성읍까지 가지 않고 마산시 진전면의 창포리와 동해면 북쪽 끝인 내산리를 연결하는 동진교를 건너 올 수도 있다. 조각류는 6개 산지에서 보행렬 39개, 용각류는 7개 산지에서 보행렬 29개, 수각류는 2개 산지에서 보행렬 4개가 발견되었다.

동해면 일주 도로는 해안 절경이 뛰어나 드라이브 코스와 마라톤 훈련 장소로 유명하다. 거류면에서 동쪽으로 국도 77호선을 따라 약 3킬로미터 정도 가면 장항마을로 불리는 어항漁港이 있다. 마을 앞 해안에는 방파제 역할도 하는 선착장이 남쪽으로 튀어나와 있다. 여기서부터 동쪽으로 해안을 따라 퇴적암 노두가 발달해 있는데 이 노두에서 다양한 공룡 발자국이 발견되었다. 중형 용각류의 발자국(뒷발자국 길이 40~45센티미터, 폭 35~40센티미터)이 밀집해 있으며 동쪽으로 약 200미터 떨어진 곳에는 소형 용각류의 발자국도 있다. 육식 공룡인 수각류의 발자국도 보이고, 클로버 모양의 조각류 발자국은 2003년 태풍으로 드러났다. 장항마을과 큰구학포마을 사이 해안에는 층내변형구조*가 보인다.

해안 도로를 따라 장항마을에서 동쪽으로 1킬로미터 정도 가서 한 구비를 돌아 내려오면 큰구확포마을에 이른다. 마을 앞 선착장이 끝나는 곳에서부터 서쪽으로 약 100미터 내에 경산분지에서 보기 드문 습곡 모양의 층내변형구조를 볼 수 있다. 공룡 발자국 화석은 마을에서 동쪽으로 약 1킬로미터 정도 가다가 작은구학포마을에 가기 직전에 있는 고개 마루의 간이 휴게 시설에 설치된 공룡 발자국 화석지 안내판을 따라 내려가면 볼 수 있다. 이곳은 동해면 최대의 공룡 화석 산지로 중형 용각류와 조각류의 보행렬이 잘 나타나 있다.[169]

＊ 층내변형구조
  convolute bedding
서로 평행한 지층들 사이에 휘어지거나 꺾인 층리를 보이는 구조로, 퇴적 직후 암석이 완전히 굳기 전에 부분적으로 액화된 퇴적물이 소성변형 plastic deformation을 겪어 형성된다.

고성은 군 전체가 공룡의 터전이라 해도 과언이 아닐 정도로 공룡 흔적이 많이 남아 있다. 고성에는 수많은 공룡이 살았으며, 앞으로도 새로운 공룡의 흔적이 발견될 가능성이 높다. 1999년 고성군 두호리에서 발견된 네 다리로 걷는 조각류 발자국 화석은 세계 학계에서 신종新種으로 공인받았다. 이 공룡 앞발 자국은 초승달 모양으로 삼각형이나 원형, 또는 반달형 등 다른 조각류 공룡 발자국과 뚜렷이 구분된다. 이 발자국을 새긴 공룡은 카르이르이크늄 경수키미로 명명되었다.[170]

사천 아두섬 공룡 화석 산지

고성군의 공룡 화석을 본 뒤 사천시 신수동 아두섬 공룡 화석 산지(천연기념물 제474호)로 향했다. 아두섬은 삼천포항에서 3.5킬로미터 정도 떨어져 있는 9,025제곱미터에 불과한 무인도로 어선으로 15분 정도 거리에 있지만 공개 제한 지역이기 때문에 일반인이 쉽게 답사할 수 있는 곳은 아니다. 또한 아두섬 주변은 조류가 강해 배의 정박이 어렵다. 간혹 어업 활동을 하는 배들만 정박할 뿐이다. 그나마도 2008년 아두섬 환경 지킴이를 위한 접안 시설을 만들었기 때문에 가능해졌다.

아두섬 공룡 화석지는 중생대 백악기 함안층에 속하며 함안층의 세립질사암, 녹회색과 암회색 셰일로 이루어져 있다. 경상분지의 최남단에 위치한 아두섬과 인접한 신수도는 대부분 함안층이나, 신수도 동쪽 일부와 남단은 진동층이 퇴적되어 있다. 진동층은 하부의 함안층과는 정합으로 놓이며 암회색 셰일과 사암으로 구성되고 많은 부분이 혼펠스화되어 있다. 아두섬 주변에는 부분적으로 관입한 흔적이

■
사천 아두섬. 삼천포항에서
3.5킬로미터 떨어져 있는 무
인도로 공개 제한 지역이라
답사하기가 쉽지 않다.

관찰되며 일부 지역에서는 혼펠스화된 치밀한 암석 조직을 보인다.

아두섬에는 공룡과 익룡 발자국 화석, 새 발자국, 공룡 알 화석과
공룡 뼈 화석이 잘 보존되어 있다. 공룡 발자국은 아두섬의 여러 층준
에서 관찰되고 특히 아두섬 서쪽 해안의 노두에는 매우 보존 상태가
좋은 용각류, 수각류와 익룡의 발자국이 있다. 아두섬에는 매우 특이
한 발자국 화석이 있는데, 발자국 형태와 보행 패턴은 안킬로사우루
스나 각룡류의 발자국과 유사하다. 안킬로사우루스나 각룡류의 발자
국은 크기가 대체로 큰 편인데 아두섬의 발자국은 크기가 아주 작다.

다섯 곳에서 공룡 알 화석이 발견되었다. 일부 공룡 알은 원형이
보존되어 있지만 대부분의 알은 공룡 알을 덮고 있던 퇴적물의 풍화

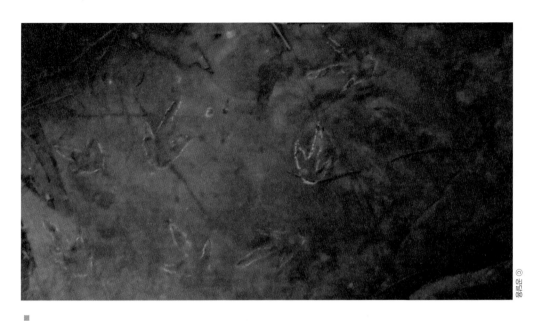

아두섬의 초식 공룡 보행렬.

와 함께 훼손되어 형태는 사라지고 흔적만 남아 있다. 알은 검은색이며 약간 눌린 타원형이다. 국내에서는 보기 드문 공룡 뼈 화석도 여러 곳에서 발견되었으나 공룡 알과 뼈 조각의 연계성은 아직 정확한 연구가 이루어지지 않았다.

아두섬은 사전에 사천 시청에 출입허가서를 제출해 문화재청의 허가를 받으면 방문이 가능하다. 2007년 아두섬에서 공룡 유적을 훼손한 사람이 있어, 아두섬 환경 지킴이를 구성해 섬을 정비하고 있다고 한다. 그래서인지 무인도임에도 주변이 꽤 잘 정리되어 있다.[171]

아두섬에서 약 1.5킬로미터 떨어진 신수도에서도 공룡 발자국과 새 발자국, 공룡 알이 발견되었다. 신수도는 경상누층군 함안층이 상부 진동층과 경계를 이루고 있다. 이 지층들은 담회색 이암이나 사암,

아두섬에서 발견된 공룡알 화석.

실트암, 흑색 셰일로 구성되어 있는데 공룡 알은 담녹회색 사암과 이 암층에서 주로 발견된다. 공룡 알이 함안층에서 발견된 것은 신수도 가 처음이다.

공룡 알은 크게 2개 지점에서 산출되었는데 두세 개의 알이 둥지 를 이루고 있다. 담녹회색 사암층에서 5개의 공룡 알이 발견되었는데 시화호의 공룡 알처럼 수류水流에 밀려와 퇴적된 것으로 추정한다. 신 수도에서는 현재까지 10개 내외의 공룡 알이 발견되었다. 공룡 알 크 기는 직경 8~15센티미터 정도고, 형태는 반구형과 타원형이다. 공룡 알껍데기의 두께는 보통 1~1.3밀리미터인데 2밀리미터에 이르는 두 꺼운 알도 나왔다. 알 표면의 숨구멍은 평균 직경 0.09~0.12밀리미 터로, 표면에 줄무늬는 보이지 않고 부드러운 편이다.[172] 신수도는 600명 정도의 주민이 살고 있는 섬으로 천연기념물로 지정되지 않아 자유롭게 방문할 수 있다.

남해 가인리 화석 산지

아두섬 인근 남해군 창선면 가인리에 있는 남해 가인리 화석 산지로 향했다. 남해읍을 통해 삼동면 지족리에 있는 창선대교를 건너면 창선면 소재지가 나오고 계속 따라가면 가인마을에 도착한다. 내비게이션을 이용한다며 세심사를 찾아가면 된다. 세심사에서 공룡 발자국 화석지 안내판을 따라가면 공룡 발자국들이 있는데 만조 시에는 화석 산지 전체가 바닷물에 잠기므로 물때를 잘 맞추어야 한다.

가인리는 한반도에서 가장 최근에 발견된 대규모 공룡 유적지다.

가인리는 대규모 공룡 유적지지만, 물때를 맞추지 못하면 바닷물에 잠겨 화석을 볼 수 없다.

창선면 가인마을 해안은 약 1억 1,000만 년 전 백악기 전기에 퇴적한 함안층의 세립질사암으로 이루어져 있다. 화산활동으로 관입암이 암상의 형태로 산출되며 이로 인해 화석 산지의 암석이 전반적으로 약한 접촉 변성작용을 받았다. 최상부 지층면에서 용각류·조각류·수각류는 물론 익룡 발자국과 이그노토르니스 양아이Ignotornis Yangi라는 새 발자국 화석이 발견되었다.

가인리 화석 산지는 2005년 경상남도 기념물 제257호로 지정되었는데, 중요성이 인정되어 2008년 천연기념물 제499호로 변경되었다. 지정 면적은 1만 2,858제곱미터다. 이 지역에서 발견된 공룡 발자국은 총 1,500여 점으로 대규모인데 특히 54제곱미터의 좁은 암반 위에 10여 마리의 용각류·조각류·수각류는 물론 사람 발자국 모양 화석 100여 개가 함께 발견되어 학술적·교육적 가치가 크다.

대형 익룡 발자국을 비롯해, 발 길이가 60센티미터나 되는 대형 용각류 3마리와 발가락이 3개인 초식성 조각류 2마리, 날카로운 발톱을 가진 소형 육식 공룡 발자국이 발견되었다. 학자들은 육식 공룡이 무리를 지어가는 초식 공룡을 공격하기 직전에 찍힌 발자국으로 추정한다. 소형 육식 공룡의 발자국 크기는 길이 3센티미터, 폭 2센티미터다. 발견된 발자국 중 2개는 서로 다른 방향으로 가고 있어 2마리 공룡이 서로 다른 방향으로 걸어가고 있었던 것으로 보인다.

이 발자국 화석 중 가장 작은 발자국은 길이가 1.27센티미터에 폭은 1.06센티미터다. 중국 쓰촨성에서 발견된 2센티미터 길이의 발자국보다 37퍼센트 가량 작다. 지금까지 공인된 세계에서 가장 작은 공룡 발자국은 스코틀랜드의 스카이skye섬에서 발견된 수각류의 발자가인리에서 발견된 대형 용각류의 발자국.

국으로, 길이는 1.78센티미터, 폭은 1.16센티미터다. 가인리 공룡 발자국은 이보다 약 29퍼센트 작다.

가인리에서 발견된 익룡 발자국에 대해서는 학자들의 견해가 다소 엇갈린다. 처음에는 특이한 용각류 혹은 수각류의 발자국으로 알려졌으나 이후 익룡의 뒷발자국으로 밝혀졌다. 가인리에서 발견된 익룡 발자국은 약 60여 개다. 최소 6마리의 것으로 추정하는데, 발자국의 길이는 평균 26센티미터다. 앞발자국의 흔적은 없고 뒷발자국만 남겨져 있는 것으로 보아 뒷발로 걸었던 것으로 보인다. 보행 폭이 매우 좁으며 가장 긴 보행렬은 9미터에 달한다.[173]

전 세계적으로 중생대 새 발자국 화석은 총 25종이 발견되었으며 이 중 중생대 백악기 새 발자국 화석은 우리나라를 포함해 동아시아, 아프리카, 북아메리카 등에서 지금까지 19종이 보고되었다. 우리나라에서는 코리아나오르니스 함안엔시스를 포함해 6종의 백악기 새 발자국 화석이 보고되었다. 가인리에서는 코리아나오르니스 함안엔시스와 이그노토르니스 양아이의 발자국이 발견되었다. 이그노토르니스 양아이는 물갈퀴가 있는 중생대 새 중 가장 오래된 것으로 미국 콜로라도 골든Golden 근교의 다코다 층군에서도 발자국이 발견되었다. 연대상 가인리 화석 산지가 이 새 발자국 화석의 모식산지*에 해당한다.

가인리는 초식 공룡과 육식 공룡의 발자국이 같은 곳에서 발견되었을 뿐 아니라 대형과 중형 육식 공룡의 발자국이 함께 발견되어서

＊ 모식산지模式産地, type locality

기준이 되는 표본이 채집된 장소를 말한다. 생물주권을 주장할 근거가 되기도 하므로 생물자원 확보 측면에서 매우 중요하다.

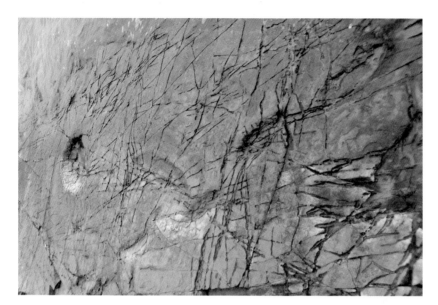

가인리의 특성은 다양한 발자
국 화석을 한곳에서 볼 수 있
다는 점이다.

더 중요하다. 특히 날카로운 발톱을 가진 육식 공룡의 발자국 57점은
52미터에 이르는 매우 긴 보행렬을 이룬다. 발가락이 두 개인 신종 육
식 공룡의 발자국도 발견되었다.

인근 해안에는 규화목, 식물화석, 생흔화석과 건열, 연흔 등 다양
한 퇴적 구조가 발견되었고 수평적 퇴적 층리가 발달되어 있다. 그러
나 화석 산지 전체가 바닷물에 잠기는 곳에 있기 때문에 파도와 해수
에 의한 물리적·화학적 풍화가 진행되고 있다.

지구를 생명의 별로 만든
스트로마톨라이트

46억 년 전 지구는 현재의 금성과 같은 환경으로 어떤 생명체도 살 수 없는 행성이었다. 그런 지구를 현재와 같이 생물이 살 수 있게 만든 것은 미생물 조류藻類, algae다. 원시 지구는 이산화탄소로 가득 차 있었다. 그런데 36억 년 전에 태어난 남조류(시아노박테리아)가 이산화탄소를 흡수해 포도당을 비롯한 당질을 만들어 섭취했다.[174]

남조류의 생존력은 정말로 놀라워 방사능 덩어리인 핵반응기의 냉각수 속에서도 끄떡없고 두꺼운 얼음 속, 영하 70도의 극저온에서도 살 수 있다. 200도가 넘는 뜨거운 온천에서도 살 수 있다. 학자들은 조류 중에서도 남조류가 가장 생명력이 강하다고 말한다.

약 20억 년 전에 보다 진화한 녹조류가 태어났는데 녹조류는 남조류와 달리 핵과 인, 미토콘드리아를 포함하고 있다. 그러므로 녹조류는 남조류보다 진화한 것으로 추정한다. 녹조류는 대기 중의 산소량을 늘려 지구를 생명체가 살 수 있는 환경으로 만들었다. 이들의 활약으로 지구의 대기 구조가 변하면서 약 10억 년 전에 본격적인 진핵생물eukaryota이 등장해 진화의 발판을 마련했고 5억 7,000만 년 전에 지구의 대기가 현재와 같아졌다. 이 시기를 고생대라 부른다. 이때 무척추동물, 균조류, 어류, 양서류, 양치식물이 등장했다. 고생대 전기가 끝날 무렵 바다에 살던 식물이 해안가에 상륙하고, 동물들이 뒤따라 육상에 올라와 생태계를 구성하면서 약 2억 4,500만 년 전에 중생대

© Rygel, M.C.

칼브리아기의 스트로마톨라이트.

가 시작되었다. 양치식물에서 속씨식물로 식물의 판도가 바뀌고 공룡이 나타나 지구를 지배했다. 쥐라기와 백악기를 지배하던 공룡이 6,500만 년 전에 전멸하자 포유류가 등장했다. 우리에게 익숙한 육상생태계의 역사는 약 6억 년이 안 되는 것이다.

남조류의 퇴적 화석인 스트로마톨라이트Stromatolite는 이런 지구 역사를 보여주는 증거다. 스트로마톨라이트는 광합성으로 지구에 산소를 공급한 원시 미생물인 남조류가 만든 화석으로, 남조류의 표면에 형성된 끈끈한 물질에 바닷물에 부유하던 모래나 진흙이 달라붙어 암석화된 것이다. 남조류는 광합성을 위해 빛을 향해 자라는 성질이 있어서 위쪽으로 이동하고, 광합성 활동이 활발한 낮과 그렇지 않은 밤이 되풀이되는 까닭에 층 모양의 줄무늬를 만들며 화석화된다. 이 줄무늬는 태양의 기울기 차이나 낮과 밤의 길이 차이를 반영하며 나무의 나이테와 같은 형태로 자라므로, 지질시대의 자연 환경을 짐작하는 데 중요한 자료가 된다.

남조류는 오스트레일리아 서부 샤크만Shark Bay의 하메린 풀Hamelin Pool을 중심으로 현재도 계속 생명 활동을 하면서 산소를 배출하고 있다. 이들은 따뜻한 바다의 수심 5미터 정도인 곳까지 분포하는데 물이 투명한 곳에서는 산소 기포가 올라오는 모습도 볼 수 있다. 돌처럼 보이지만 제곱미터당 36억 마리의 생명체가 있는 것으로 추정한다.[175]

남조류는 우리나라에서도 살았다. 스트로마톨라이트 천연기념

오스트레일리아 샤크만의 스트로마톨라이트.

물도 3곳이나 지정되어 있다. 옹진 소청도 스트로마톨라이트 및 분바위(천연기념물 제508호), 영월 문곡리 건열 구조 및 스트로마톨라이트(천연기념물 제413호), 경산 대구가톨릭대학교 스트로마톨라이트(천연기념물 제512호)다.

백령도로 가는 길에 대청도와 마주 보고 있는 소청도에는 우리나라에서 가장 오래된, 선캄브리아대인 10억 년 전에 생성된 스트로마톨라이트가 있다. 탑동 포구의 남쪽에 해안을 장식하는 하얀 돌들이 보이는데 마치 분칠한 듯하다 해서 분바위라 불린다. 소청도의 스트로마톨라이트는 맑은 흰색으로 보이는데 석회암이 열과 압력을 받아 변성된 대리석으로 그 사이에는 변성을 적게 받은 회색의 석회암이 끼어 있다. 이 석회함은 일반적인 석회암과 달리 표면에 물결 모양의 얇은 층이 겹겹이 쌓여 있다. 이것이 바로 스트로마톨라이트다. 스트로마톨라이트는 소청도 외에도 강원도 태백 부근, 경상남도 진양과 하동, 경상북도 경산과 군위 등에도 분포한다. 강원도에서 발견된 것은 고생대 후기, 경상도 지역의 것은 중생대 백악기에 만들어진 것으로, 15~5억 년 전 선캄브리아대에 만들어진 것은 소청도의 스트로마톨라이트가 유일하다.

강원도 영월군 북면 문곡리 연덕천 주변의 건열 구조도 스트로마톨라이트 때문에 생긴 것이다. 약 4~5억 년 전에 생긴 오르도비스기 하부 고생대 지층에서 형성된 것이다. 수평으로 쌓였던 지층이 지각 변동으로 거의 70도 이상으로 세워져 절벽처럼 보인다. 건열 구조는 문곡리의 퇴적 지층이 매우 얕은 바다의 조간대*였다는 것을 보여준다. 이 내부에서는 바닷물이 증발하면서 형성되는 대표적인 증발암인 석고 결정의 흔적도 발견되었다. 건열 구조로 이 지층이 기온이 높은 저위도의 매우 건조한 기후에서 퇴적되었다는 것을 알 수 있다. 따라서 과거 영월은 지금의

✻ 조간대潮間帶
만조 때의 해안선과 간조 때의 해안선 사이의 부분으로, 밀물과 썰물에 의해 퇴적물이 형성되는 곳이다.

오스트레일리아 서부 지역처럼 따뜻한 적도 근처의 얕은 바다 밑이었던 것으로 생각된다.[176]

영월 문곡리 스트로마톨라이트 현장을 찾으려면 다소 요령이 필요하다. 스트로마톨라이트를 찾아왔다고 하면 쉽사리 알아듣지 못하기 때문이다. '거북 등껍질 바위'를 찾는다고 하면 주민들이 곧잘 알아듣고 정확한 장소를 알려준다.

비운의 왕 단종의 무덤인 장릉에서도 스트로마톨라이트를 찾아볼 수 있다. 엄흥도 사당을 통해 장릉으로 올라가 평탄한 길을 가다 보면 왼쪽에 탁자와 같이 생긴 평평한 돌이 있는데 이것이 약 5억 년 전에 만들어진 스트로마톨라이트다. 길가에 있지만 특별한 안내판이 설치되지 않아 놓치기 쉽다. 찾기 어려우면 문화해설사에게 질문하면 된다.

전라남도와
경기도

여수 낭도리 공룡 발자국 화석 산지 및 퇴적층

경상남도 남해군 가인리의 화석 산지를 지나 인근에 있는 전라남도 여수시 화정면 낭도리에 있는 여수 낭도리 공룡 발자국 화석 산지 및 퇴적층(천연기념물 제434호)으로 향했다. 여수 낭도리 공룡 발자국 화석 산지 및 퇴적층은 여수시 화정면에 속하는 사도, 추도, 낭도, 목도, 적금도 등 5개 섬의 백악기 퇴적층에 광범위하게 분포해 있다. 이 중에서 사도와 추도에만 마을이 있다.

1999년 말 전남대학교 한국공룡연구센터 허민 교수 연구팀이 이 지역을 조사하면서 여수의 공룡 화석이 알려지기 시작했다. 이 조사

로 여수시 화정면에 속하는 사도와 추도, 낭도 등 도서 지역의 백악기 퇴적 지층에서 잘 보존된 다량의 공룡 화석과 연흔, 건열 등이 발견되었다. 2002년 추가 발굴로 현재까지 발견된 공룡 발자국 화석은 총 3,800여 점에 달한다. 사도에서 818점, 추도에서 1,957점, 낭도에서 978점, 목도에서 50점, 적금도에서 20점이 산출되었다.

전체적으로 조각류의 발자국이 우세한데 조각류가 81퍼센트, 용각류 16퍼센트, 수각류 3퍼센트로 수각류의 발자국은 거의 산출되지 않았다. 추도에서 발견된 보행렬 중에는 국내에서 가장 긴 84미터짜리도 있다. 보행렬을 기반으로 공룡의 이동속도를 계산해보았더니 몸이 큰 조각류보다 작은 수각류가 대체로 빠른 속도를 보였다.

■
길이가 84미터나 되는 추도의
보행렬. 낭도리의 공룡 발자국
은 보행렬의 연장성이 좋은
것이 특징이다.

낭도에서 발견된 공룡 발자국 화석은 걸을 때의 자세가 발가락과
발바닥 일부를 사용하는 것과 발바닥 전체를 이용하는 것 등 다양하
다. 일부 조각류 발자국은 발톱 자국도 함께 나타났다.

300여 개에 달하는 여수의 섬 중 '여수 해양 관광 8경'에 꼽힌 사
도는 중도와 다리로 연결되어 있다. 사도에서 발견된 공룡 발자국 화
석 가운데 128점은 28열을 이룬다. 연장성이 양호한 수각류 보행렬도
발견되었다. 전형적인 수각류 발자국에 비해 너비가 넓으며 좁고 가
느다란 발톱이 특징이다. 이 지역에서 다양한 종류의 공룡 발자국 화
석이 풍부하게 발견되는 것을 보아 백악기 무렵 공룡이 대규모로 서
식했을 것으로 추정한다.

공룡 화석 외에도 규화목, 식물화석, 부족류*에 속하는 연체동물
화석, 개형충**, 무척추동물, 생흔화석과 연흔, 건열 등이 다량 발견

* 부족류斧足類
연체동물의 한 강으로 조개류
라고도 한다. 몸은 편평하고
조가비로 싸여 있다. 대부분
이 바다와 민물의 모래 진흙
속에서 산다.

** 개형충介形蟲
몸길이 0.5~2밀리미터 정도
의 작은 절지동물로, 패충貝蟲
이라고도 불린다.

다각형 모양으로 드러나는 건
열 자국.

되었다. 화석이 생성될 당시 기후는 건기와 우기가 교호하는 계절성 기후의 반건조 지대였을 것으로 보인다. 이질 평원 퇴적층에서 균열 구조가 많이 보이는 것을 볼 때 상당히 건조했을 것으로 추정할 수 있다.[177] 백인성 교수는 "지금의 캘리포니아주 내륙처럼 땅속에 소금기가 많은 건조 지대였을 것"이라고 말했다. 기후변화에 따라 호수는 불어나고 줄어들었지만 물이 마르지는 않았고, 세쿼이아 같은 식물이 무성했을 것이다. 지층의 생성 연대를 조사한 결과 적금도의 역암은 약 8,100만 년 전, 추도의 셰일은 7,700만 년 전, 목도의 역암은 약 7,200~7,000만 년 전, 사도의 공룡 화석층은 6,500만 년 전에 만들어진 것으로 추정한다.

사도에는 공룡 공원과 전남대학교 한국공룡연구센터가 있다. 사도의 선착장에 내리면 해안가에 자리한 커다란 공룡 모형과 안내 센

사도에 있는 전남대학교 한국
공룡연구센터.

터가 눈에 띈다. 선착장에서 좌우로 공룡 발자국 현장에 갈 수 있다.
중앙에는 공룡 공원이 있다. 공룡 공원은 예전에 사도에서 살았던 공
룡 모형과 이 일대의 공룡 발자국을 모형으로 꾸며놓았다. 사도 내에
는 별도의 교통편이 없지만 걱정할 필요는 없다. 도보로 전 지역을 돌
아보는 데 30분이면 충분하기 때문이다.

참고로 이 섬들은 간조 시에 1개의 섬으로 변하는데 특히 정월대
보름과 2월 영등사리, 음력 3월 보름, 4월 그믐 등 일 년에 대여섯 차
례는 한국 특유의 조수 간만의 차로 인해 소위 '모세의 기적'이 일어

난다. 이 지역의 '모세의 기적'은 2시간 정도 지속되는데 발이 빠른 사람은 이때를 이용해 5개 섬을 모두 돌아볼 수 있다.

여수 낭도리의 공룡 발자국은 방향에 따라 크게 2개로 나눌 수 있다. 하나는 호숫가를 따라서 걸은 것이고, 다른 하나는 이와 수직으로 호수 중심을 향한 것이다. 호숫가의 방향은 물결무늬 화석을 통해 추정할 수 있다. 허민 교수는 "발자국의 방향을 볼 때 일부 공룡이 호숫가를 이동 경로로 이용했으며 일부는 정기적으로 물을 마시러 호수를 찾아왔다"고 말했다. 허민 교수는 사도의 초식 공룡은 엉덩이까지 높이가 약 2미터, 전체 길이는 약 7미터며 시속 2.8킬로미터로 천천히 걸었을 것으로 계산했다.

백인성 교수는 여수 낭도리에서 발견된 20여 미터 높이의 화산암을 조사한 결과 6,820~6,550만 년 전의 것이라고 밝혔다. 이 시기의 지층에서는 중생대와 신생대의 경계층(K-T경계층)으로 공룡의 멸종 요인 중 하나인 소행성 충돌로 인한 이리듐이 많은 퇴적층 띠가 발견될 수 있다. 그러나 아직 사도에서 K-T경계층은 발견되지 않았는데, 이미 침식되어 사라졌을 수도 있다.[178] 여수 낭도리의 공룡 발자국은 아시아 공룡 화석 산지 가운데 최후기의 것으로, 이 섬들은 당시 쇠퇴하던 공룡의 마지막 피난처였을 것이다. 지구 최후의 공룡은 이곳에서 중생대를 끝낸 거대한 소행성의 충돌을 보았을지도 모른다.[179]

보성 비봉리 공룡 알 화석 산지

여수 낭도리의 섬들에 흩어져 있는 공룡의 흔적을 살펴본 뒤 다시 여수로 돌아와 보성군 득량면 비봉리에 있는 보성 비봉리 공룡 알 화석 산지(천연기념물 제418호)로 향했다. 비봉리 화석 산지는 비교적 쉽게 찾을 수 있으며, 주변 경치도 아름답다.

한국에서 공룡 유적지가 계속 발견되면서 많은 사람이 다른 나라와는 다른 한국 특유의 공룡이 있지 않을까 기대했다. 이런 기대는 틀리지 않아 한국 특유의 공룡이 발견되기 시작했는데, 비봉리도 한국 특산종이 발견된 곳 중 하나다. 비봉리 선소해안 일원은 우리나라 최대의 공룡 알 화석 산지 중 하나다. 공룡 알은 선소역암층으로 불리는 퇴적층에서 산출되며 붉은색 이암을 포함한 선소층이 위에 놓여 있다. 선소역암층은 보성군 득량면 객산리와 비봉리 일대의 해안가 약 5킬로미터에 걸쳐 분포하며 해안가와 평행한 복동·남서 방향으로 퇴적되어 있다.

비봉리 일대는 1998년부터 조사가 진행되어 공룡 알과 둥지는

비봉리 선소해안 일대. 우리나라 최대의 공룡 알 화석 산지 중 한 곳이다.

비봉리 일대의 화석 발굴 모습.

대부분 발굴되었다. 따라서 현장에서 공룡 알이나 둥지를 관찰하기는 어렵다. 공룡 알이 발견된 선소해안 일대는 중생대 백악기 퇴적층으로 최하부부터 선소역암, 선소층, 필봉유문암, 객산리용암, 오봉산각력질 응회암, 도촌리유문암 등으로 구성된다. 공룡 알은 선소역암층으로 불리는 붉은색 응회질의 사질이암 퇴적층에서 산출되었다.[180]

비봉리는 한국 최대의 공룡 알 화석 산지 중 하나로 둥지를 튼 공룡 알이 발견되어 전 세계에 충격을 주었다. 비봉리 공룡 알 화석은 선소해안을 중심으로 서쪽 방향 약 1킬로미터, 북동 방향 약 3킬로미터의 해안가에 발달된 퇴적층 단면에서 산출되었다. 화석화된 25개의 둥지에서 공룡 알들이 발견되었는데 둥지 하나에 6개에서 30개의 알이 들어 있었고 가장 큰 둥지의 지름은 1.5미터다. 200개가 넘는 공룡 알의 크기는 평균 지름 9~15센티미터로 형태는 원반형, 타원형, 구형

비봉리에서 발견된 공룡 알 화석. 드물지만 형태가 뚜렷한 것도 발견되었다.

등 다양하다.

알을 구성하는 부위 중 화석으로 뚜렷이 남은 것은 알껍데기다. 대부분의 파충류가 단단하거나 질긴 껍데기에 싸인 알을 낳는다. 알껍데기는 따가운 햇볕에서 새끼를 보호해준다. 공룡 알은 새알보다 숨구멍이 8~16배나 많다. 이 숨구멍을 통해 산소를 공급받는다. 중요한 것은 알껍데기의 두께. 공룡 알껍데기의 두께는 1.5~2.5밀리미터 정도다. 표면은 상당히 울퉁불퉁해 돌기가 있기도 하고 굴곡이 심한 부분도 있다. 알껍데기가 너무 두꺼우면 숨구멍이 있어도 알 속의 새끼가 숨 쉬기 힘들며, 나중에 새끼가 깨어날 때 알을 깨고 나오기도 힘들다.

두꺼운 알껍데기를 수월하게 깨고 나오기 위해 공룡 새끼의 코끝에는 작고 뾰족한 돌기가 하나 튀어나와 있다. 이를 알 이빨 또는 난치

卵齒라고 부른다. 오늘 날 새나 도마뱀 새끼에게서도 비슷한 구조가 발견된다. 공룡과 도마뱀, 새의 새끼들은 이 작고 뾰족한 돌기로 알껍데기를 쳐서 깨고 나온다.[181]

비봉리에서 발견된 알은 대부분 용각류와 조각류의 것으로, 부화하고 남은 껍데기가 대부분이다. 공룡 태아 화석은 발견되지 않았지만 알 주변에서 뼈 화석 파편이 발견되기도 했다. 학자들은 새가 둥지를 만들어 알을 품고 자식을 키우는 것처럼 공룡도 둥지를 만들었으며 자식을 보호했을 것으로 추정했다. 중국 고비사막에서 알을 품고 있는 형태의 공룡이 발견되면서 공룡이 알을 품어 자식을 보호했다는 것이 증명되었다. 그리고 비봉리에서 발굴된 화석으로 공룡 새끼가 완전히 자랄 때까지 어미의 보살핌을 받았다는 것이 증명되었다.[182] 같은 지층에서 공룡 알과 둥지가 함께 나왔는데, 이는 공룡이 알을 깨고 나와 성장할 때까지 어미의 보살핌을 받는다는 가설을 뒷받침해주는 증거다.[183] 선소해안의 화석층은 공룡에게도 모성애가 있다는 증거며, 공룡의 번식 활동을 파노라마처럼 보여주는 고생물학 기록인 셈이다.[184]

2004년 전남대학교 한국공룡연구센터는 비봉리 공룡 알 화석지 발굴과 학술 조사를 수행하던 중 몸길이가 약 2.4미터인 알에서 부화한 지 1년이 채 되지 않은 새끼 공룡의 뼈 화석을 공룡 알둥지와 함께 발견했다. 어른으로 자라면 길이 10미터에 무게가 4톤이 넘는 덩치 큰 공룡이 되었을 것이다.

지금까지 국내에서 공룡 발자국이나 뼈 파편 등의 화석이 발굴된 적은 있지만 완벽한 형태의 뼈가 발견된 것은 처음이다.[185] 두개골과

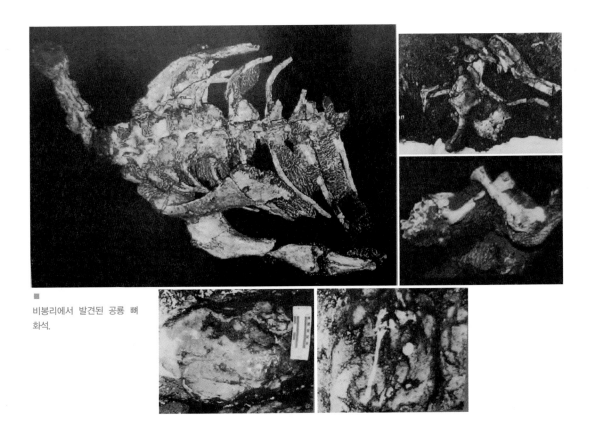

비봉리에서 발견된 공룡 뼈 화석.

치아는 발견되지 않았지만 전신의 뼈가 거의 남아 있어 가치가 크다. 2.4미터 크기의 공룡 뼈 화석은 백악기 후기인 8,500만 년 전에 살았 던 초식 공룡인 하드로사우루스로 추정했으나, 네발 보행을 했던 힙 실로포돈류의 소형 조각류로 분류되어 코리아노사우루스 보성엔시 스Koreanosaurus Boseongensis로 명명되었다.

코리아노사우루스 보성엔시스는 힙실로포돈류의 형태와 해부학 적 특성을 보이지만 그동안 보고되지 않은 새로운 특성도 보여준다.

어깨뼈(견갑골)와 위팔뼈(상완골)가 기존 공룡에 비해 크고 튼튼하게 발달했다. 아랫다리뼈(경골)와 허벅지뼈(대퇴골)의 길이가 비슷해 뛰어다니기보다는 주로 사족 보행을 하며 상황에 따라 이족 보행도 병행했을 것으로 추정한다. 허민 교수는 발달한 앞다리와 화석 발견지의 토양을 분석한 결과 코리아노사우루스 보성엔시스는 땅을 파는 습성이 있었을 것으로 추정했다. 비봉리에서 발견해 표본 처리 작업 중인 암석 덩어리에도 공룡 뼈가 묻혀 있어 연구가 진행될수록 더 많은 골격 화석이 발견될 것으로 보인다.

화석 산지 입구에는 방문객을 위한 휴게 시설과 비봉리 공룡 화석 정보를 제공하는 안내판이 부착되어 있다. 또한 출토된 여러 종류의 공룡 알둥지와 거북 뼈의 복제품이 전시되어 있다. 해안가에는 화석지를 볼 수 있도록 탐방로가 설치되어 있다. 다만 이곳에서 발견된 공룡 알과 골격 화석은 대부분 외부로 유출되었으므로 어느 곳이 실제 화석 발굴 현장인지 알아보기는 쉽지 않다. 물론 공룡 알껍데기 파편 일부는 지층에 남아 있지만 탐방로에서 알아보고 찾아가기에는 조각의 크기가 너무 작다.

비봉리 주민들은 화석지가 천연기념물로 지정될 때 해남 우항리나 고성 덕명리처럼 대형 박물관도 세우고 관광지화할 것을 기대했는데, 생각보다 진행되는 것이 없어서 불만을 표시해왔다. 공룡에 대한 주민들의 기대가 크다는 것은 득량마을에 그려진 많은 공룡 벽화로도 알 수 있다. 현재 화석지에서 약 1킬로미터 떨어진 곳에 비봉 공룡 공원이 조성 중이다. 체험 위주의 '판타지 멀티미디어 공연장'을 건설하겠다고 한다.

비봉리 공룡 알은 공룡 시대의 대기 조성을 알려준 것으로도 유명하다. 허민 교수는 비봉리 공룡 알 속의 공기를 분석했는데, 산소 함유율이 29퍼센트였다. 현재 대기의 산소 비율은 22퍼센트로 지금보다 7퍼센트 높은 것이다. 29퍼센트면 비가 와도 산불이 날 정도의 산소량이다. 공룡이 살던 시대의 환경이 현재와 상당히 다르다는 것을 알려주는 증거인 셈이다.[186]

해남 우항리 공룡·익룡·새 발자국 화석 산지

보성 비봉리의 공룡 알 화석 산지를 떠나 한국 공룡 발자국의 메카로 불리는 해남 우항리 공룡·익룡·새 발자국 화석 산지(천연기념물 제394호)로 향했다.

공룡 화석은 주로 경상도 지역에서 발견되다가 1991년 4월 전라남도 해남군 우항리 일대에서 대대적인 공룡 발자국이 발견되었다. 우항리에서 공룡 발자국이 발견된 것은 근래 지형이 변했기 때문이다. 우항리 화석 산지는 조수가 교차하는 해안가에 있어 만조 시에는 화석 산지 대부분 바닷물에 잠겼다. 그러나 1996년 금호방조제가 들어서면서 담수호를 낀 육지로 변했다. 방조제 공사 덕분에 대규모 공룡 발자국 화석이 발견될 수 있었던 것이다. 현재 금호호의 수면은 과거보다 평균 약 1.6미터 후퇴했다.

공룡이 살던 중생대만 해도 우항리는 바다가 아니라 거대한 호수가 있는 육지였다. 우항리가 바다가 아니었다는 사실은 우항리를 거쳐 신성리를 지나 이어지는 해안의 해식절벽*에 펼쳐진 퇴적암 층을 보면 알 수 있다. 우항리 퇴적층은 약 8,300~8,500만 년 전에 형성된

* 해식절벽海蝕絕壁
파도, 조류, 해류 등으로 깎여 만들어진 절벽으로 해식애海蝕崖라고도 한다. 바다의 침식 작용으로 해식동굴이나 작은 바위섬sea stack이 만들어지기도 한다.

해남 우항리는 금호방조제가 세워지면서 수면이 내려가 공룡 화석이 발견되었다. 과거에는 지금보다 호수 수위가 약 1.6미터 높았다.

것으로 추정하는데 교과서적인 퇴적 구조를 보이며 연속적인 수평 층리가 잘 발달해 있다. 우항리층의 두께는 약 400미터로 추정된다.

우항리 화석 산지는 남해안의 다른 공룡 발자국 화석 산지와 달리 퇴적층이 해안과 반대 방향(남서 방향)으로 경사져 있다. 백악기의 화산 쇄설성 퇴적층으로 이루어져 있으며 공룡·익룡·새 발자국 화석을 포함하는 지층의 암석은 셰일, 응회질사암과 응회암으로 구성되어 있다. 절대연대* 측정으로 파악한 우항리 화석 산지의 연대는 최하부 안산암질 응회암은 약 8,300만 년 전, 우항리층에 협재된 응회암은 7,000만 년 전에서 8,500만 년 전 사이, 우항리층 상위의 응회암은

* 절대연대

방사성원소의 붕괴 현상을 이용해 지층이나 암석의 형성 시기를 알아내는 방법이다. 방사성원소의 반감기, 모원소의 양과 현재 모원소의 비율을 통해 알아낸다. 절대연령이라고도 한다.

■
우항리의 퇴적층. 여기서 공
룡 발자국과 연흔 등이 발견
되었다.

＊ 탄화목炭化木
고시대에 존재하던 나무가 주
변의 화산 폭발로 불에 탄 채
화석이 되어 발견되는 것을
말한다.

＊＊ 성장화산력
accretionary lapilli
직경 1〜10밀리미터 정도 되
는 화산재로 구성된 입자. 첨
가화산력, 부착화산력이라고
도 한다.

＊＊＊ 절지동물節肢動物
동물계 탈피동물상문 절지동
물문을 통틀어 이르는 말로,
무척추동물 중 몸이 딱딱한
외골격으로 싸여 있으며 마디
가 있는 동물이다. 곤충류·
거미류·새우류·지네류 등
이 있다.

6,700만 년 전이다.[187]

　백악기 당시 이곳은 아열대 기후였으며 빈번한 화산활동으로 침
강과 융기를 반복했을 것이다. 당시 만들어진 화성암과 화산암 그리
고 우항리층에 풍부하게 분포하는 탄화목＊과 성장화산력＊＊ 등을 통해
백악기 동안 우항리 지역에서 화산활동이 활발했음을 알 수 있다. 공
룡과 익룡 발자국이 발견된 지층에도 화산재 등 화산쇄설물이 많이
함유되어 있다. 그러나 이후 이 지역은 매우 안정된 호수 속에서 퇴적
이 이루어졌으며 퇴적 이후 큰 지각변동을 겪지 않았다.[188]

　우항리가 주목받는 이유는 세계에서 유일하게 공룡, 익룡, 새 발
자국 그리고 절지동물＊＊＊ 화석이 동시에 발견되었기 때문이다. 특히
물갈퀴 새 발자국은 약 8,500만 년 전의 것으로, 세계에서 가장 오래
된 것이다. 익룡 발자국 가운데 물새 발자국이 있어 익룡 발자국이 군

세계에서 가장 오래 된 물갈퀴를 가진 새 발자국. 발자국은 오리를 닮은 것과 이보다 크고 엄지발가락 자국이 분명한 것이 섞여 있다.

어지기 전에 새가 밟았음을 알 수 있다.

공룡 발자국은 조각류 발자국이 우세하지만 용각류, 수각류의 발자국도 보인다. 익룡 발자국은 세계에서 7번째, 아시아에서는 최초 발견이었다. 귀고리 모양의 앞발과 발가락 5개가 선명하게 찍혀 있다. 또한 익룡 발자국은 크기가 최대 35센티미터나 되어 지금까지 세계에서 가장 크다고 알려졌던 스페인의 익룡 발자국보다 약 5~8센티미터 크다. 세계 최대의 익룡 발자국으로 백악기 후기에 나타난 케찰코아툴루스의 것으로 추정한다.[189]

우항리는 여러 가지 세계 최초 기록을 갖고 있다. 공룡, 익룡, 새 발자국 화석이 동일 지층에 발견되었고 뜯어내림 역편*이 발견되었으며 희귀한 별 모양의 대형 초식 공룡 발자국도 발견되었다.

공룡 발자국은 형태상 크게 4가지로 분류된다. 카리리크니움

* 뜯어내림 역편 rip-down clasts
퇴적된 후에 지진과 같은 강력한 힘에 액화된 지층이 땅속 사면을 흘러내리면서 상부의 셰일층을 뜯어내려 상당한 거리를 흘러 형성된 퇴적 구조다.

■
백악기 후기 익룡인 케찰코아
톨루스의 것으로 추정되는 보
행렬(오른쪽 아래)과 케찰코아
톨루스의 뼈대 모형(위).

■■
대형 초식 공룡 발자국(왼쪽
아래).

Caririchnium, 하드로사우루스, 수각류의 발자국, 둥근 형태의 별 모양 발자국 등이다. 발자국은 폭이 45.8센티미터나 되는 대형 조각류 발자국부터 평균 20센티미터 길이의 소형 발자국까지 다양하다. 카리리크니움의 발자국은 이암층에 찍혀 있으며 발자국의 앞뒤 경계가 뚜렷하고 발자국 평균 길이는 47.3센티미터, 폭은 45.8센티미터다.

우항리가 세계를 놀라게 한 것은 823개의 공룡 발자국과 익룡의 발자국 443개는 물론 물갈퀴를 가진 새의 발자국 등 가치가 높은 화석이 대량 발견되었기 때문이다. 특히 익룡 발자국은 미국 유타주에서 발견된 화석 수를 훨씬 능가해 규모 면에서 세계 최대다.

우항리 익룡 발자국은 귀고리 모양의 앞발과 발가락 5개가 선명하게 찍혀 있다. 해남이크누스 우항리엔시스Haenamichnus Uhangriensis의 발자국은 앞발자국 길이가 33센티미터에 폭 11센티미터, 뒷발자국은 길이 35센티미터, 폭 10.5센티미터로 통상 익룡의 발자국 길이가 10센티미터 안팎인 것을 생각하면 얼마나 거대한지 알 수 있다. 발자국 크기로 미루어 보면 활짝 편 날개 길이는 13미터나 되었을 것이다.

2009년 임종덕 박사는 경북 군위군 군위읍 야산 계곡에서 길이 35.4센티미터, 폭 17.3센티미터에 달하는 거대한 익룡 발자국을 발견했다. 3개의 발가락 끝에 날카로운 발톱 자국이 선명했다. 군위에서 이 발자국이 발견되면서 우항리 익룡 발자국은 세계에서 두 번째로 큰 익룡 발자국이 되었다. 영국 포츠머스대학 마크 위턴Mark Witton과 대런 나이시Darren Naish는 이 익룡의 날개폭이 10~11미터, 키는 3미터, 무게는 70~85킬로그램에 이르렀을 것으로 짐작한다. 즉 인도코끼리보다 크고 키도 기린의 어깨 높이에 필적했다는 것이다.[190] 날개를 피

■
우항리 익룡 발자국의 자세한
모양.

면 크기가 F-16 전투기에 육박하는데, 무게가 상대적으로 적게 나가
는 것은 새처럼 뼈 내부가 비어 있기 때문이다.

우항리에서는 익룡의 뼈 화석도 발견되었다. 기다란 원형의 익룡
뼈가 암석에 묻혀 3센티미터 정도 노출된 채 발견되었는데, 뼈의 표면
은 연회색이고 안쪽은 검은색이다. 보존된 뼈의 길이는 17센티미터,
골단부의 직경은 1.3센티미터, 단축은 9미터다. 다리뼈의 일부분으로
추정한다.

익룡은 진화 과정의 어느 시점에서 온혈동물로 바뀐 것으로 알려
져 있다. 러시아에서 발견된 털 달린 익룡의 화석은 몸을 보온했던 증
거다. 익룡은 온혈동물이 되면서 기동성이 높아졌다. 익룡의 화석이
상대적으로 드문 이유는 무게를 줄이기 위해 뼈의 속이 비었기 때문

이다. 국내에서는 2001년 경상남도 하동에서 처음으로 익룡의 날개 뼈가 발견되었다. 이 익룡은 백악기 초 중국에서 번성했던 중가립테 루스와 가까운 종으로 추정한다. 경상북도 고령에서는 길이 7센티미 터에 달하는 대형 익룡의 이빨이 발견되었다. 익룡은 우항리를 비롯 해 경상남도 사천, 하동, 거제 등에서 발견되었으며, 앞으로 더 발굴될 가능성이 높다.[191]

우항리의 장점은 많은 공룡 자료를 제공하는 국내 최대의 공룡 테마 파크가 있다는 점이다. 공룡 테마 파크에는 꿈꾸는 언덕, 디노 가 든, 공룡 플레이 존, 생명의 어울림, 모래 속 공룡 이야기, 공룡 몸속 체 험, 공룡 사파리 등 다양한 체험 시설이 있다. 어린이들이 방문해서 공 룡을 보고 즐기도록 신경을 썼다는 것이 느껴진다. 공룡박물관 이원 준 학예사는 공룡이 꿈과 희망을 주는 상상의 보고 역할을 하기 때문 에 어린이들이 공룡을 좋아한다고 설명한다. 공룡은 아직도 새로운 종이 계속 발견되어 있으므로 상상력을 더욱 자극한다.

매표소부터 대형 공룡들의 모형이 서 있으며, 매표소에 들어서면 정면에 우항리 화석 퇴적층을 형상화한 타임 큐브가 있다. 이곳을 지 나면 22미터의 키가 시선을 압도하는 알라모사우루스Alamosaurus와 공 룡 발자국 모양의 디노 가든이 펼쳐진다. 박물관 뒤쪽에는 백악기 우 항리 지형을 축소해놓았다. 높이 10미터의 화산에서는 수증기가 뿜 어져 나오고 공룡을 소재로 한 놀이터도 있다. 공룡 속에 들어가 공룡 의 심장 소리를 듣고 실제 공룡 알의 감촉과 똑같은 알도 만져볼 수 있 다. 한마디로 우항리의 공룡 테마 파크는 공룡의 형태를 단순화한 조 형물로 구축하고 그 속에서 놀이와 체험을 즐기면서 공룡을 이해하도록 한 체험장이다.

　　우항리 해남공룡박물관은 국내 최대 규모의 공룡박물관이다. 이와 같이 거대한 공룡 박물관이 세워질 수 있었던 데는 허민 교수의 역할이 컸다. 허민 교수는 1990년대 초반 해남 바닷가에서 학생들을 데리고 현장학습을 하던 중 공룡 알 화석을 발견했다. 당시 국내에서 공룡 발자국 화석이 발견되고 있었으나 전라남도에서는 큰 반향을 일으키지 못했다. 허민 교수는 공룡 알 화석이 발견된 곳에 제방을 만드는 것을 보고 도지사에게 공룡 화석이 많이 나오는 곳이니 사업을 중단해달라고 요청했다고 한다. 당시 도지사는 공룡이 뭐냐고 반문할 정도로 공룡에 관심이 없었지만, 허민 교수가 뛰어난 관광 상품이 될 수 있다고 설명하자 바로 예산을 지원해 공룡 화석 발굴이 이루어졌다. 허민 교수의 장담대로 엄청나게 많은 공룡·익룡·새 발자국이 쏟아졌다. 해남공룡박물관이 이곳에 세워진 연유다.[192]

거대한 체구를 재치 있게 표현한 말라위사우루스 모형.

해남공룡박물관 뒤편의 디노
가든.

　　우항리 해남공룡박물은 발자국 화석이 발견된 현장을 훼손하지
않고 대형 초식 공룡관, 익룡·조류관, 조각류 공룡관으로 나누어 건
물 안에서 이들의 흔적을 생생하게 볼 수 있도록 꾸며놓았다. 발자국
화석 자체를 보호각으로 덮어 만든 3개의 실내 전시관으로 구성되어
있다. 제1보호각은 조각류의 발자국, 제2보호각은 익룡과 조류 발자
국, 제3보호각은 대형 공룡 발자국을 보호하고 있다. 이들을 차례로
설명한다.

해남공룡박물관

　2007년에 개관한 해남공룡박물관은 10여 개의 전시실로 구성되어 있다. 공룡의 핵심 정보들을 제공하는데 우선 공룡 발견 과정과 공룡에 관한 의문점을 상세하게 설명해준다.

　우항리실에서는 백악기 우항리 지역의 지층 형성 등 다양한 지질 변화 과정을 디오라마로 보여주며 화석 현장을 한눈에 살펴볼 수 있다. 특히 당대 공룡의 발자국 분포를 설명해주는 코너는 이곳의 자랑이다. 공룡실에는 트라이아스기, 쥐라기, 백악기 각 시대를 대표하는 공룡 골격과 각 시대별 환경, 공룡 특징에 관한 전시품이 있고 아시아 최초의 알로사우루스 진품 화석도 있다. 화석의 몸통 전체가 온전하게 보존되는 경우는 극히 드문데, 해남공룡박물관의 알로사우루스는 무려 85퍼센트가 실체화석이다.

　중생대 재현실에는 티라노사우루스가 에드몬토사우루스를 공격

해남공룡박물관 전경.

하는 장면을 모형으로 연출해놓았으며 거대 공룡실에는 세계에서 3번째로 거대한 조바리아Jobaria가 전시되어 있다. 새의 출현실에서는 공룡에서 새로 진화하는 과정을 상세하게 소개하고 있으며, 우항리의 자랑인 익룡은 따로 전시실을 만들었다. 이곳에서는 익룡의 골격과 특징을 소개하고 초기 익룡과 후기 익룡의 골격 차이를 통해 진화 과정도 보여준다. 지구과학실에서는 지구의 생성부터 현재에 이르는 변

해남공룡박물관의 자랑인 알로사우르스의 진품 화석.

화 과정을 설명해주며, 국내 최초로 해양파충류실도 두어, 바다를 지배했던 다양한 해양파충류를 소개하고 있다.

조각류 공룡관인 제1보호각에서는 총 263개의 공룡 발자국을 볼수 있다. 서로 다른 방향의 보행렬은 당시 매우 혼란스러운 상황에서 발자국이 찍혔음을 알려준다. 이구아노돈과 하드로사우루스 같은 오리주둥이 공룡이 남겼던 발자국으로 본다. 익룡 발자국 14개와 물갈퀴 새 발자국 70개도 함께 발견되었다. 조각류 공룡 발자국이 보존된 퇴적층은 응회질의 중립 내지 세립 사암층이다. 이 발자국층 위에 단

조각류 공룡관. 이 안에 있는 263개의 발자국은 99퍼센트가 조각류의 발자국이다.

면으로 노출된 퇴적층들은 점이층리漸移層理가 발달한 응회질사암, 응회질사암과 이암의 엽호층 내지 호층, 실트질이암과 이암의 엽호층 등으로 구성되어 있다. 이 퇴적층들의 단면에는 상위 퇴적층의 하중에 따른 불규칙 다짐작용으로 형성된 짐구조load structure가 보인다.[193]

제2보호각은 익룡·조류관이다. 이 보호각에서 볼 수 있는 퇴적층은 응회질사암과 이암의 엽호층 내지 호층으로 익룡과 새 발자국은 이암층의 표면에서 발견되었다. 이 발자국층 위에 단면으로 노출된 퇴적층은 응회질사암과 이암의 엽호층 내지 호층과 점이층리가 발달

익룡·조류관인 제2보호각 내부.

한 응회질사암으로 구성되어 있다. 퇴적작용이 활발했던 당시의 호수가 일시적으로 알칼리성을 띠면서 석회질 퇴적물이 침전된 것으로 추정한다.[194]

　　우항리 익룡 발자국은 그동안 자료가 많지 않았던 익룡의 걸음걸이와 보행 자세를 자세히 알려주었다. 우선 익룡이 사족 보행과 이족 보행을 모두 했다는 확실한 증거를 보여주었다. 익룡이 사족 보행했다는 것은 우항리에서 발견된 7.3미터의 보행렬을 통해 알 수 있다. 앞발의 모양은 매우 불규칙하며 뒷발의 모양은 삼각형이나 원형이다.

익룡이 두 발만을 사용해 걸었다는 이족 보행 흔적도 거의 모든 지층에서 발견된다. 날개가 달린 앞발만 사용해서 걸은 보행렬도 다수 발견되며, 발자국 12개가 3개의 보행렬을 이룬다. 전시관 안에는 작은 익룡 모형이 걷는 모습을 앙증맞게 재현해놓았다.

우항리에서는 우항리크누스 전아이Uhangrichnus Chuni, 황산이패스 조아이Hwangsanipes Choughi라는 새의 발자국도 발견되었는데, 이것도 해남공룡박물관에 전시되어 있다. 우항리크누스 전아이는 엄지발가락에 해당하는 제1지趾의 흔적 없이 3개의 발가락만 남아 있는 전형적인 물갈퀴 새다. 물갈퀴의 형태는 대칭에 가깝고 오목하며 발자국의 평균 폭은 4.58센티미터, 발자국의 길이는 3.7센티미터다. 지금까지 발견된 물갈퀴 새 발자국 중 가장 작은 것이다. 다른 물갈퀴 새에 비해 발가락 사이의 물갈퀴가 잘 발달해 있으며 현생 오리류의 발자국과 매우 흡사하다. 호숫가에 서식하던 새로 추정한다.

황산이패스 조아이는 1995년에 발견되었다. 비교적 큰 물갈퀴 새 발자국으로 제1지를 포함한 4개의 발가락이 보이며 발자국의 평균 폭은 6.26센티미터, 제1지를 제외한 발자국의 길이는 4.9센티미터로 한반도에서 발견된 물갈퀴 새 발자국 중 가장 크다. 황산이패스 조아이와 우항리크누스 전아이는 쉽게 구별할 수 있다. 발자국 크기도 다르고 발가락 사이의 각도도 다르다. 무엇보다 황산이패스 조아이는 우항리크누스 전아이와 달리 제1지가 발달해 있다.[195]

우항리의 새 발자국 1,000여 점은 세계에서 가장 오래된 물갈퀴 새 발자국이다. 현재까지 알려진 가장 오래된 물갈퀴 새 발자국은 미국의 에오세(약 5,500만 년 전) 퇴적층에서 발견되었는데 우항리의 발자국은 이보다 약 3,000~4,000만 년 정도 앞선다. 우항리 새 발자국은 익룡 발자국과 함께 찍혀 있어 더욱 가치가 높다. 몇몇 새 발자국은 익룡 발자국 안에 있으며 일정한 깊이로 찍혀 있다. 이 발자국들이 만들어진 과정을 다음과 같을 것이다. 우선 물가에 익룡 발자국이 찍힌다. 그다음 물이 발자국 안에 고인다. 발자국 안의 땅은 주위보다 부드러워졌을 것이고, 이 부드러운 진흙에 새 발자국이 찍힌 것이다.

익룡과 새 발자국이 함께 발견되었다는 것은 중생대에 날 수 있었던 주요한 두 개의 척추동물이 공존했다는 것을 의미한다. 익룡은 활동 범위가 매우 넓고 어류를 주식으로 삼았다. 새는 크기가 작고 활동 규모가 협소해 서로 먹이를 놓고 다투지 않아도 되므로 공존할 수 있었던 것으로 보인다.

지금까지 전 세계의 백악기 지층에서 발견된 조류 발자국은 7속 7종인데, 우리나라에서만 4속 4종이 발견되었다. 당시 굉장히 다양한 조류가 한반도에 서식했다는 증거다.[196] 참고로 지금까지 한국의 새 발자국은 경상누층군에서 주로 발견되었는데, 우항리에서 후기 백악기의 새 발자국이 발견된 이후 1998년 고성 진동층, 1997년 진주 함안층에서 전기 백악기의 새 발자국이 발견되어 생존 시기가 더욱 늘

초식 공룡관인 제3보호각 내부. 별 모양의 내부 구조가 확연한 대형 초식 공룡의 발자국을 볼 수 있다.

어났다.[197]

　　제3보호각은 초식 공룡관이다. 대형 초식 공룡의 희귀한 발자국
이 발굴된 것을 자연 그대로 볼 수 있다. 셰일층에서 105개의 별 모양
발자국과 용각류 발자국 27개가 발견되었다. 대형 초식 공룡 발자국
중 별 모양 발자국은 평균 길이 약 80센티미터로 매우 크며 최대 깊이
는 28센티미터에 달한다. 발자국 안의 별 모양은 발자국이 찍힐 당시
바닥에 물기가 있었다는 증거다. 진흙이 공룡의 발가락 사이로 올라

온 흔적이기 때문이다. 후대의 공룡이 화산재로 덮여 있던 이 공룡 발자국 위 층을 밟았고, 탄력 있던 이질퇴적층이 부드럽게 내려앉으면서 경계가 뚜렷하지 않은 발자국들이 남은 것이다. 발자국의 크기로 보아 공룡은 최소 7미터 이상, 골반까지 높이도 4미터에 이르렀을 것으로 추정한다.

특이한 점은 발굴된 발자국이 모두 앞발자국이라는 점이다. 뒷발자국은 보이지 않는데 공룡이 물속에서 뒷발을 띄운 채 앞발로만 걸었기 때문이다. 한마디로 앞발은 바닥을 짚고 뒷발로 수영하면서 남긴 발자국이다. 이런 발자국은 미국 텍사스를 비롯해 전 세계에서 여러 차례 보고되었다. 4개 이상의 보행렬이 관찰되어 여러 마리의 공룡이 이동한 것으로 추정된다. 용각류의 발자국으로 보지만, 용각류의 앞발자국은 반달 모양으로 남는 것을 볼 때 조각류일 가능성도 있다고 한다. 조각류는 3개의 발자국 자국을 남기는데, 별 모양 발자국 가운데 양 옆 발자국은 조각류의 양 옆 발가락에 해당하며 발가락 마디에 둘로 나뉘어 형성되었다는 것이다. 이 발자국이 깊은 물속에 남을 수 없는 화석과 같은 층에서 나왔다는 설명이 이 주장을 뒷받침한다. 그러나 보행 길이로 판단해볼 때 용각류의 발자국이라는 설이 더 신빙성 있게 받아들여진다.[198] 한편, 조각류의 발자국은 골반까지 높이가 2미터 정도인 중형 조각류의 것으로 추정된다.

해남공룡박물관이 있는 공룡 테마 파크는 매우 넓기 때문에 계획을 세워 둘러보는 것이 좋다. 공룡 테마 파크 측에서 추천하는 답사 코스는 크게 두 가지다. 첫 번째는 매표소를 거쳐 제1보호각, 제2보호각, 제3보호각, 어린이 놀이 시설, 조류 생태관을 거쳐 공룡박물관으로 들어가는 것이다. 제2코스는 이와 반대 방향으로 우선 조류 생태관을 거쳐 공룡박물관, 어린이 놀이 시설, 제3보호각, 제2보호각, 제1보호각 순서로 도는 것이다.

공룡 테마 파크 곳곳에 있는 실물 크기의 공룡을 꼼꼼히 살펴보는 것도 공룡에 대한 이해를 높이는 방법이다. 대형 공룡이 실물대로 만들어져 있으므로 크기를 가늠할 수 있고 사진 찍기에도 좋다. 전시된 공룡의 수도 적지 않아 조바리아, 모노로포사우루스Monolophosaurus, 알라모사우루스, 유타랍토르, 프로토케라톱스, 브라키오사우루스, 케라토사우루스, 벨로키랍토르, 스피노사우루스Spinosaurus, 말라위사우루스Malawisaurus, 마멘키사우루스, 알로사우루스, 스테고사우루스, 테논토사우루스, 데이노니쿠스, 티라노사우루스, 트리케라톱스 등 20여 종에 달한다.

신안 압해도 수각류 공룡 알둥지 화석

한반도 남쪽 끝에 위치한 해남 우항리를 떠나 서울로 올라가는 서해안고속도로 인근에 3군데의 공룡 유적지가 있다. 전라남도 목포의 자연사박물관, 전라남도 화순군 북면 서유리, 그리고 경기도 화성시 송산면 고정리다. 그중 천연기념물 제535호로 지정된 신안 압해도 수각류의 알둥지 화석은 목포자연사박물관에서 볼 수 있다.

공룡 알둥지 화석은 목포자연사박물관 1층 입구에 있다. 백악기 후반에 살았던 육식 공룡의 둥지 화석으로 둥지 지름 2.3미터, 높이 약 60센티미터, 무게 3톤인 국내 최대의 공룡 알둥지 화석이다. 둥지 안에는 공룡 알 19개가 있으며, 알의 크기는 지름 38.5~43센티미터로 알 크기도 국내 최대다.

국내에서 발견된 공룡 알과 둥지 화석은 경상남도 통영 해안의 백악기 후기 지층에서 부분적으로 발견된 수각류 알둥지 화석을 제외하면 대부분 초식 공룡인 조각류와 용각류의 것이다. 이렇게 보존 상태까지 좋은 육식 공룡의 알둥지는 국내는 물론 세계적으로도 희귀하다. 미국 몬태나주립대학의 데이비드 J. 바리치오David J. Varricchio 교수는 육식 공룡의 둥지 화석은 중국 산둥山東 지방과 북아메리카에서 일부 파편만 발견되었는데, 한국에서 발견된 육식 공룡 알둥지 화석은 육

신안 압해도에서 발견된 국내 최대의 수각류의 알둥지 화석. 목포 자연사박물관 소장.

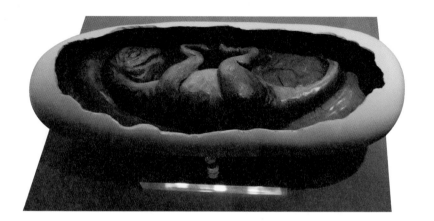

알 속의 공룡 태아 모형.

식 공룡의 생태와 분포, 동아시아와 북아메리카 간 층서대비* 연구에 큰 획을 긋는 중요한 화석이라고 말했다.[199]

칼륨-아르곤K-Ar 연대 측정법**에 의하면 이 공룡 알둥지 화석이 발견된 지층은 6,950~7,230만 년 전의 것이다. 이찬영은 압해도 지역 백악기층의 퇴적 시기와 공룡의 활동 시기는 7,700~8,300만 년 사이 며 공룡 알을 포함하는 보성 선소층(8,100만 년 전)과 공룡·익룡·새 발자국을 포함하는 해남 우항리층의 형성 시기(7,900~8,100만 년 전) 등 이 서로 대비될 가능성이 있다고 발표했다.[203]

압해도의 공룡 알둥지 화석은 매우 우연하게 발견되었다. 2009년 9월, 목포자연사박물관과 전남대학교 한국공룡연구센터가 압해대교 건설 현장 주변 지표 지질을 조사하던 중 붉은색 사질 이암 지층 절개 면에서 발견했다. 낙석 방지를 위해 친 차단막 안쪽에 매장된 화석의 일부분이 노출되어 있었다. 연구팀은 공룡 알 화석임을 알아보고 곧 바로 문화재청에 매장 문화재 발굴 허가를 받은 후 발굴 조사를 실시

* **층서대비**層序對比
서로 떨어져 있는 지역의 지층 또는 단층斷層의 생성 연대나 화석 등을 비교해 같은 지층이라는 것을 밝히는 일.

** **K-Ar 연대 측정법**
^{40}K이 ^{40}Ar으로 방사성 붕괴하는 속도를 구해 암석과 광물의 생성 연대를 구하는 방법이다. 5,000년에서 49억 년 전까지 측정할 수 있다.

신안 압해도 수각류 공룡 알둥지 화석 발견 현장, 아무런 안내 표시가 없어 정확한 지점을 알아보기 힘들다.

했다.

비록 둥지 하나지만 세계적으로 희귀한 육식 공룡의 알둥지임을 감안해 2012년 3월, 발견된 지 2년 6개월 만에 천연기념물로 지정되었다. 공룡과 관련된 천연기념물 중 가장 규모가 작은데, 문화재청은 백악기 후기 육식 공룡의 고생물 지리적 분포 특성, 산란 습성, 서식 환경을 이해하는 데 매우 중요한 자료라며 천연기념물 선정 이유를 밝혔다.

목포자연사박물관에는 신안 압해도 수각류 공룡 알둥지 화석뿐만 아니라 세계에서 단 2점 발굴·복원된 프레노케라톱스Prenoceratops를 비롯해 콩코랍토르Conchoraptor, 배 속의 새끼가 함께 보존된 희귀한 해양파충류 스테노프테리기우스Stenopterygius 등이 전시되어 있다. 디플로고쿠스를 공격하는 알로사우루스, 모성애가 강한 오비랍토르, 트리케라톱스를 위협하는 드로마에오사우루스, 공룡의 기원을 알려주는 코엘로피시스Coelophysis와 헤레라사우루스, 해양파충류인 모사사우루스Mosasaurus 등의 실제 크기 모형도 있다. 그 외에 지구 46억 년의 역사를 알려주는 운석, 광물, 보석 등이 전시되어 있으며 육상생명관과 수중생명관에는 대형 육상동물을 비롯한 텃새와 철새, 다양한 곤충과 식물, 바닷속 생물을 전시하고 있다. 지역생태관 수족관에는 천연기념물인 황쏘가리, 어름치 등 다양한 민물 어류가 있다.

　현장 답사의 기본은 화석이 발견된 장소를 직접 찾아보는 것이다. 그런데 박물관에 물어봐도 화석이 출토된 정확한 장소를 아는 사람이 없었다. 압해대교 인근이라고만 했다. 이런 경우 가장 효율적인 방법은 직접 현장을 찾아가 인근 주민에게 질문하는 것이다. 곧바로 압해대교로 향했다. 압해대교 인근에는 특별한 지형지물이 없으므로 압해대교를 지나 압해도 안까지 들어갔다. 평생 압해도에서 살았다는 주민이 공룡 알 산출지를 알고 있다고 해서 안내를 받아 찾아갔으나, 막상 공룡 알이 출토되었다는 곳에 도착해도 현장을 찾지 못했다. 공룡 알은 도로가 뚫린 절개면(압해대교를 지나 좌측으로 파출소 직전 도로 차단막이 설치되어 있는 곳)에서 발견되었는데, 발견 즉시 목포자연사박물관으로 옮겼기 때문에 표지물을 세울 필요가 없었던 것으로 보인다. 정확한 현장을 보지 못한 것은 아쉬웠지만, 그래도 주민의 도움을 받아 공룡 화석이 출토된 현장 인근을 자세히 볼 수 있었다는 것으로 위안을 삼았다.

화순 서유리 공룡 발자국 화석 산지

압해도를 나와 전라남도 화순군 북면 서유리 산147-5번지에 있는 천연기념물 제487호 화순 서유리 공룡 발자국 화석 산지로 향했다. 서유리는 한반도에 분포한 백악기 퇴적분지 가운데 규모가 큰 능주분지에 속한다. 발자국 화석이 발견된 퇴적층은 중생대 백악기 시대의 장동응회암 지층으로 북북동-남남서 방향으로 뻗어 있다. 이 지층의 주 구성 암석은 응회암, 흑색과 회색 셰일, 세립질사암이다. 남쪽으로 갈수록 응회암이 많다. 하부 지층에는 녹색과 녹회색 응회암, 흑색 셰일로 이루어진 만월리응회암이 발달해 있고 상부에는 응회암으로 구성된 적벽응회암이 발달해 있다. 이 지역의 퇴적층은 층리의 연장성이 양호하며 세립 사암 내지 실트암과 이암의 호층* 내지 호엽층이 우세하며 10~30센티미터 내외의 세립 내지 중립 사암과 이암층이 간헐

* 호층互層
서로 다른 2개 이상의 지층이 겹쳐져 있는 것.

1999년 채석장 공사 도중 발견된 서유리 공룡 발자국 화석 산지.

적으로 협재해 있다. 상부의 일부 층준에서는 역암층이 관찰된다.

화석이 생성될 당시 이곳은 호수였을 것이다. 호수는 약산성이었을 것이며, 강우량이 비교적 많아 퇴적 속도도 빨랐을 것으로 보인다. 그러나 다각형의 건열 구조가 나타나는 것을 볼 때 때때로 극심한 가뭄이 들었을 것이다. 공룡들은 물을 마시기 위해 호숫가로 몰려들었을 것으로 추측한다.[201]

능주분지는 해남 우항리와 보성 선소해안과는 다른 퇴적분지로, 지역별로 형성 시기가 약간씩 다르지만 공룡 화석이 발견될 가능성이 높다고 추정해 많은 학자가 공룡 화석 발견에 도전하던 곳이다. 학자들의 노력은 헛되지 않아 1999년 5월 서유리 일대 지층에서 52미터에 달하는 육식 공룡의 보행렬이 발견되었으며 10미터에 달하는 대형 수각류의 보행렬, 3.8미터에 이르는 용각류의 보행렬도 발견되었다.

서유리의 공룡 발자국 화석은 전라남도 내륙에서 최초로 발견된 백악기 공룡 발자국 화석이다. 5개 층준에서 1,800여 개의 육식 공룡과 초식 공룡 발자국이 발견되었으며, 보행렬은 73개 이상이다. 주로 몸집이 작은 육식 공룡의 발자국으로 추정한다. 지면에서 골반까지 높이가 68.4~194.5센티미터인 소형 수각류부터 260.7센티미터에 달하는 대형 수각류에 이르기까지 다양한 공룡이 발자국을 남겼다. 모든 발자국은 보행렬을 보이며, 소형 수각류의 보행렬은 최대 45미터로 노출된 이암층을 횡단하고 있다. 대형 수각류의 보행렬은 약 10미터, 용각류의 보행렬은 3.8미터로 연장성이 매우 좋다.[202]

서유리 공룡 발자국은 한국에서도 티라노사우루스류가 살았을 가능성을 보여주는 증거다. 발자국 크기로 볼 때 타르보사우루스

서유리의 발자국 화석. 보행렬이 길어 공룡의 움직임을 파악하는 데 도움을 준다.

Tarbosaurus의 것으로 추측한다. 경상남도 사천에서 길이 13.6밀리미터, 아랫부분의 폭 5.9밀리미터짜리 백악기 전기 티라노사우루스류의 조상 공룡 이빨 화석이 발견되면서 이 추측에 힘을 실어주었다.[203]

서유리는 해남 우항리, 경상남도 고성군 덕명리와 암상이 비슷해 공룡이 생존했던 당시 환경이 유사했을 것으로 추정한다. 하지만 타 지역에서는 초식 공룡의 발자국이 우세한데 비해 서유리는 육식 공룡의 발자국이 우세하다. 또한 40미터에 달하는 긴 보행렬이 발견되어 세계적으로 주목을 받았다. 이 발자국에 따르면 화석층이 퇴적되던 중생대 화순 지역 호숫가에는 날렵한 소형 육식 공룡과 거대한 육식 공룡이 함께 살았을 것이다.

서유리 공룡 발자국은 공룡이 이동한 다양한 방법을 보여준다. 공룡의 군집 생활을 잘 보여주며 한국에서 가장 빠르게 이동한 소형 수각류의 발자국도 보인다. 이들의 이동속도는 최대 시속 16.7킬로미터로, 속보로 이동했다.

서유리에서 공룡 발자국만 발견된 것은 아니다. 공룡 발자국이 발견되는 층에서 규화목과 탄화목도 발견되었다. 공룡 시대에 서식했던 식물상을 대변하는 식물화석이 산재해 있는데 초식 공룡의 먹이었을 것으로 추정한다. 식물화석은 당시 화산활동과 대기 환경을 파악할 근거를 제공한다.

퇴적 구조로 건열 구조와 연흔도 보인다. 연흔은 사층리*를 발달시키거나 사구를 형성하는 유수보다 약한 유수에 의한 소규모의 퇴적물 운반 작용 결과 형성된다. 응집력 없는 모래 퇴적물이 대부분이다. 서유리에서는 연흔이 아주 다양한 형태로 나타나는데, 크게 대칭적인 단면을 보이는 것과 비대칭 단면을 보이는 두 가지가 있다. 파도에 의해 물이 왕복 이동하는 과정에서 만들어진 연흔은 대칭을 이루며, 바람이나 물이 한 방향으로만 이동할 때는 비대칭 단면을 보인다. 안내판에 자세한 설명이 있으므로 꼼꼼히 살펴보기 바란다.

학자들이 서유리에 주목하는 것은 퇴적층이 광범위해 공룡 발자국 외에 공룡 뼈나 이빨이 발견될 가능성이 높기 때문이다. 눈썰미가 좋다면 서유리 근처에서 놀라운 화석을 발견할 수도 있으므로 도전해보기 바란다.[204]

서유리 공룡 화석지는 화순군 북서부에 있다. 광주광역시에서 동쪽으로 약 16킬로미터, 화순읍

＊ 사층리斜層理
주요 층리면과 평행하지 않고 비스듬하게 형성된 층리를 말한다. 바람이나 물이 빠르게 흐르는 곳, 수심이 얕은 물 아래 또는 사막의 사구에서 볼 수 있다.

서유리의 연흔은 다양한 형태로 나타난다.

에서 약 16킬로미터 떨어져 있다. 광주광역시에서 국도 15호선을 따라 동광주 톨게이트에서 호남고속도로 옥과 IC에서 국도 29호로 나와 887번 지방도로로 길을 바꿔 이동하면 진행 방향 우측에 서유리 공룡 화석지가 나타난다. 화석지 근처에는 약수터가 있는데, 예전부터 널리 알려진 약수라고 한다. 주변은 온천지로 알려져 있고 실제로 온천장도 있다. 과거에 이곳에 살던 공룡도 이 약수를 마시고 온천을 이용했을지도 모른다.

화성 고정리 공룡 알 화석 산지

서유리 약수를 마시고 원기를 차린 뒤 마지막 답사지인 경기도 화성시 송산면 고정리 산5번지에 있는 화성 고정리 공룡 알 화석 산지

화성 고정리의 공룡 알 화석 산지. 갈대밭이 넓게 펼쳐져 있다.

(천연기념물 제414호)로 향한다. 시화호 일대가 간척지 개발 사업으로 육지화되자, 1999년 시화호 간척지 육지화에 따른 생태계와 지질 변화 기초 조사를 벌이던 중 시화호 남쪽 간척지에서 대량의 공룡 알 화석이 발견되었다. 공룡 알 화석이 발견된 곳은 시화호 간척지가 조성되기 전에는 섬이었던 곳이다. 간척 사업으로 화석이 나오기 전에는 공룡 화석이 있을 것이라고는 상상도 하지 못하던 곳이다.

시화호는 산업화와 도시 개발에 따른 인구 밀집, 잘못된 간척 사업으로 환경오염 등 말이 많았기 때문에, 이 곳이 국내 최대의 공룡 집단 산란지였다는 것이 난센스로 느껴지기도 한다. 공룡 알은 주로 시화호 방조제가 완공되기 전에 바닷물이 유입되던 조간대에 위치한 작은 섬들 주변에서 발견된다.

화성시 일대에 분포하는 백악기층인 시화층은 시화분지와 탄도분지에 분포해 있다. 분지의 폭은 남단부에서 1.5킬로미터 정도이나 북부로 가면서 넓어져 최대 4킬로미터에 달한다. 분지를 채우고 있는 것은 두께가 3킬로미터나 되는 육성퇴적암으로 이를 시화층이라고 부른다. 시화층은 충적선상지* 환경에서 망상하천**과 충적평원으로 이루어져 있다.

시화호 퇴적층은 주로 붉은색 역암과 사암층으로 이루어져 있는데 각 층의 수평 연장선은 비교적 양호하며 같은 종류의 공룡 알이 여러 층준에서 나왔다. 과거 상당한 기간 동안 같은 종류의 공룡이 같은 장소를 찾아와 집단으로 알을 낳은 흔적이다. 공룡 알둥지는 역암과 사암층에서 거의 흩어짐 없이 발견되었다. 이는 이곳이 당시 강의 상류 지역이었음을 암시한다. 국내에서 공룡 알이 발견된 곳은 대부분

* 충적선상지沖積扇狀地
하천이 계곡이나 협곡에서 흘러나와 평지로 들어가는 곳에 발달한 부채꼴의 퇴적 지형을 말한다. 경사가 낮아지고 하천의 유속이 줄어들면서 많은 퇴적물이 쌓이며, 화석이 잘 발견되지 않는 지형이다.

** 망상하천網狀河川
삼각주나 선상지에서 흔히 발견된다. 경사가 완만하고 수심이 얕은 여러 줄기의 하천이 그물 모양으로 흐른다.

공룡 알 화석, 대량의 알과 둥지가 발견된 것을 보아 시화호 일대는 공룡의 집단 산란장이었을 것으로 추정된다.

강 하류나 호숫가였는데, 화성 고정리 알 화석은 강 상류였던 곳이라 특이하다. 퇴적층을 자세히 보면 가는 모래가 쌓여 있던 곳에 굵은 자갈이 섞인 토사가 쏟아져 들어와 하천 단면을 메운 흔적이 선명하다. 자갈들이 물살에 밀려 한쪽으로 기울어져 있는 모습도 볼 수 있다. 거칠고 크기가 고르지 않은 돌조각이 많은 것도 이곳이 하천 상류였다는 증거다.[205]

현재까지 갯벌 위에 노출된 작은 섬(한염, 하한염, 중한염, 상한염, 개미섬, 닭섬)들과 노두 표면의 12개 지점에서 30여 개의 알둥지와 300여 개의 공룡 알 화석이 발견되었다. 아직 발견되지 않고 갯벌 속에 묻혀 있는 공룡 알까지 확인된다면 세계적 규모의 공룡 알 화석 산지가 될 것이다.

시화호와 영흥도 일대는 백악기의 대규모 산란장이었을 것이다. 어떤 공룡 알은 여러 층으로 포개져 있어, 거북이나 악어처럼 땅을 파고 알을 낳았음을 보여준다. 퇴적 시기가 다른 10개 층에서 공룡 알이 나와, 오랜 기간 공룡이 이곳을 번식지로 삼았음을 보여준다. 그동안 한국의 공룡 화석은 주로 남해안과 경상도 일대에서 발견되어 공룡 서식지가 남부 지방으로 한정되었으나, 고정리에서 화석이 발견되면서 한반도 전역에 공룡이 서식했다는 것을 알려주었다.

고정리에서 발견된 공룡 알 화석은 지름 약 12~14센티미터, 알껍데기 두께는 약 1밀리미터 정도인데 3.4~4.9밀리미터 정도로 매우 두꺼운 것도 보이며 숨구멍의 직경은 0.34~0.45밀리미터로 비교적 크다. 형태는 원형 또는 타원형에 검붉은 색을 띤다. 이 알을 낳은 공룡은 목과 꼬리가 긴 용각류와 오리주둥이 공룡 등 조각류로 추정한다.

이 공룡알들의 연대가 무엇보다 큰 관심을 모았으나, 지금까지 시화층에서 발견된 알, 육식 공룡의 늑골, 무척추동물의 흔적 화석으로는 화석의 정확한 시대를 측정하는 것이 어렵다. 그러나 고지자기연대측정법*과 방사연대측정**에 의하면 시화층은 백악기 전기인 1억 2,400만 년 전부터 백악기 후기인 8,300만 년 사이에 형성된 것으로 보인다.

고정리에서는 지금까지 세 종류의 공룡 알이 발견되었다. 95퍼센트에 이를 정도로 대다수를 차지하는 공룡 알은 구형으로 지름은 약 13센티미터고 껍데기 두께는 1밀리미터로 매우 얇다. 이 공룡 알은 대부분 위가 깨진 상태로 발견되었는데, 공룡 새끼가 부화해서 나간 것이 아니라 갑작스러운 홍수로 퇴적물이 덮이면서 윗부분이 깨진 것이다. 이런 사실은 껍데기 파편이 공룡 알 속에 흩어져 있는 것으로 확인된다. 두 번째 종류는 지름은 9센티미터고 껍데기는 최대 5밀리미터로 매우 두꺼워 공룡학자들을 놀라게 했다. 세계에서 가장 두꺼운

* 고지자기연대측정법
　古地磁氣年代測定法
지구 자기장의 방향과 강도 변화를 이용한 연대측정법이다. 지구자기장은 방향과 강도가 변하고 있다. 용암이 굳을 때 당시 지구자기 방향으로 굳는 것을 이용해 당시 지구의 자기 방향을 알아내 연도를 측정하는 것이다.

** 방사연대측정放射年代測定
방사성원소의 붕괴를 이용해 절대연도를 측정하는 것으로, 칼륨-아르곤법, 핵분열법, 방사성탄소법 등이 있다.

공룡 알과 두께가 비슷한데 지름 9센티미터밖에 되지 않는 작은 알에 든 새끼가 과연 알을 깨고 나올 수 있었는지 의문이다. 이 질문은 계속적인 연구로 밝혀질 것으로 기대한다.[206]

한반도에서 산출된 공룡 알은 대부분 평평한 형태를 이루고 있어 중국이나 몽골에서 산출된 알 화석과 유사하다.[207] 고정리 일대의 백악기 퇴적층은 16제곱킬로미터에 이르지만 대부분이 개펄에 덮여 있다. 발굴 범위를 확대한다면 엄청난 양의 공룡 알과 뼈 화석을 발굴할 수 있을 것으로 기대되는 곳이다.[208]

고정리에서 공룡 알은 발견되었는데, 뼈는 발견되지 않았다. 약한 알이 단단한 뼈보다 많이 화석으로 남은 것은 의외라고 할 수 있다. 이융남 교수는 움직일 수 없는 알은 쉽게 퇴적물에 묻힌 반면 공룡은 하천 범람을 피해 도망칠 수 있었으며 사고로 죽은 공룡의 주검도 빠른 물살을 타고 하류로 흘러갔기 때문이라고 설명했다.

고정리 인근의 전곡항 방조제에서도 매우 뜻깊은 화석이 발견되었다. 2008년 한국 최초로 머리에 뿔 3개가 있는 뿔 공룡의 뼈 화석이 발견된 것이다. 이 화석은 '화성에서 발견된 한국 각룡류 공룡'이라는 뜻의 코리아케라톱스 화성엔시스Koreaceratops Hwaseongensis라 명명되었다. 이족 보행에서 출발해 완전한 사족 보행으로 진화한 뿔 공룡으로, 전체 길이는 2.3미터로 추정한다. 코리아케라톱스 화성엔시스가 발견되기 전까지 한국에서 뿔 공룡의 존재가 밝혀지지 않았다. 원시적인 뿔이 있는 각룡류의 일종인 코리아케라톱스 화성엔시스는 꼬리뼈에 척추뼈보다 5배나 긴 신경돌기와 독특한 모양의 복사뼈가 있는 것이 특징이다. 빠르게 뛸 수 있었으며 넓은 꼬리를 이용해 물속에서 헤

고정리 인근 전곡항 방조제에서 발견된 공룡 뼈 화석.

엄쳤을 것으로 추정한다.

　　코리아케라톱스 화성엔시스는 세계 공룡학계에서 크게 주목을 받았는데, 원시 각룡류가 사족 보행으로 진화하는 과정을 알려주는 단서기 때문이다. 각룡류가 사족 보행으로 진화한 것은 머리와 몸집이 커지면서 무게를 지탱하기 위해서로 보인다. 코리아케라톱스 화성엔시스는 약 1억 1,000만 년 전 백악기에 살았는데 몽골에서 발견된 초기 신케라톱스류Neoceratopsian인 우다노케라톱스Udanoceratops보다 약 2,000만 년 앞선다. 유라시아 대륙에서 발견된 가장 오래된 신케라톱스류라는 점에서 의미가 크다. 코리아케라톱스 화성엔시스가 발견되면서 한국에서도 골격 화석이 다량 발견될 수 있다는 희망을 심어주었다.

　　고정리 공룡 알 화석 산지 방문자 센터에는 공룡 알 화석과 공룡 모형이 전시되어 있다. 특히 눈길을 끄는 것은 코리아케라톱스 화성엔시스의 모형과 건물 벽면을 장식한 대형 조각이다. 이 지역은 간척지를 개발한 곳이므로 15.9제곱킬로미터나 되는 넓은 공간에 갈대와 억새가 무성하게 펼쳐져 있다. 입구부터 약 1.5킬로미터의 탐방로를 설치해놓았다.

아직 방문자 센터 외에는 특별한 편의 시설이 없으므로 식사를 하려면 시내까지 나가거나 도시락 등을 준비해야 한다. 다소 불편함은 있지만 오히려 개발이 안 되어 화석지 보존에는 유리한 면도 있다. 이곳은 현재 천연기념물로 지정되어 개발이 어려울 것으로 생각하지만, 인근에 개발계획을 알리는 안내판도 있어 안심할 수는 없어 보인다. 가능한 환경이 크게 훼손되지 않는 한에서 개발되었으면 좋겠다.

이곳은 공룡 화석뿐 아니라 고라니, 청설모, 멧토끼, 너구리, 천연기념물인 수리부엉이가 살고 있으며 중대백로, 쇠백로, 검은머리물떼

고정리 공룡 알 화석 산지 방문자 센터에 있는 코리아케라톱스 화성엔시스와 공룡 알둥지 복원 모형.

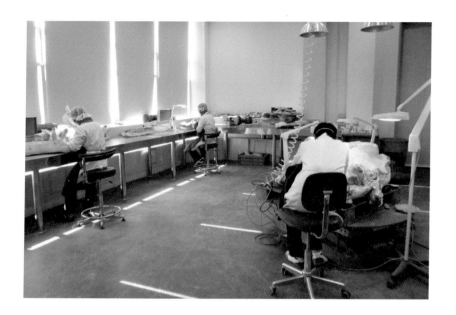

공룡 화석 연구 모습.

새, 청둥오리, 쇠오리, 흰뺨검둥오리 등의 철새가 날아오는 철새도래지기도 하다. 또한 장구밥나무, 나문재, 퉁퉁마디, 산조풀, 갯개미취, 천일사초 등이 자라며 갈대밭이 드넓게 펼쳐져 있어 경치도 좋다.

화성 고정리 공룡 알 화석 산지를 끝으로 24곳에 달하는 한국의 공룡 유산 답사를 마친다. 이 책에서는 천연기념물과 지방문화재로 지정된 한국의 공룡 유산을 답사하는 것을 기본으로 설명했지만, 모든 사람이 꼭 이 기준에 맞추어 답사해야 하는 것은 아니다. 각자 편의에 따라 답사지를 선택하면 된다. 공룡이 살던 현장을 보면서 공룡과 함께 있다는 상상을 하면, 한두 곳을 방문하더라도 새삼 공룡을 가까이 느끼며 한국이 공룡의 천국이었다는 것을 깨달을 수 있을 것이다.

탱크를 닮은 공룡
트리케라톱스

흔히 뿔 공룡이라고 부르는 각룡류는 아시아와 북아메리카에서만 발견된 독특한 조반류 공룡이다. 각룡류 중 가장 잘 알려진 것은 수 톤에 이르는 거대한 덩치에 사족 보행하는 트리케라톱스다. 트리케라톱스는 단단한 원통형 몸과 코끼리보다 훨씬 튼튼한 다리를 가졌다. 마치 코뿔소처럼 보이며, 생활양식도 코뿔소와 비슷하다.[209]

트리케라톱스는 '세 개의 뿔을 가진 얼굴'이라는 뜻으로 공룡을 좋아하는 사람들에게는 가장 친근한 공룡 중 하나다. 백악기 후기에 살았고, 당시에는 가장 흔하게 볼 수 있었던 공룡으로 공룡이 멸종하는 최후의 순간까지 살아남은 공룡 중 하나다. 한편 각룡류 중에서도 가장 특이한 공룡이기도 하다.

트리케라톱스는 6,600만 년 전 공룡 멸종 직전까지 살았으나 지구상 극히 일부 지역에서만 발견되는데, 발견된 개채 수는 매우 많다. 이

트리케라톱스의 머리뼈. 국립과천과학관 소장.

는 트리케라톱스가 가장 흔한 공룡이었으며 화석이 잘 보존되는 물가
근처에 서식했음을 의미한다. 얼굴 모양이 조금씩 다른 종류가 15종
이나 발견되었다. 병을 앓았거나 상처를 입은 화석도 많으며, 뿔이 부
러져 있는 것이 많이 발견되는데 육식 공룡의 공격을 받으면 탱크처
럼 무지막지하게 돌진해 들이받았기 때문이다. 영화 〈쥬라기 공원〉
에도 병들어 누워 있는 모습으로 등장하는데, 그 장면이 나올 수 있었

영화 〈쥬라기 공원〉에 등장한 병든 트리케라톱스.

던 것도 실제 병든 화석이 발견된 덕분이다.[210]

트리케라톱스는 매우 많이 발견되는 공룡임에도 집단으로 발견되지 않고 대부분 개별적으로 발견되었다. 이것은 트리케라톱스가 홀로 생활했다는 것을 보여준다. 워낙 덩치가 거대하므로 자기 영역을 확보하며 혼자 살았을 것이다. 트리케라톱스와 유사한 검은코뿔소는 하루 25킬로그램 정도 먹이를 먹는다. 검은코뿔소보다 5배 큰 트리케라톱스는 엄청난 먹이를 먹었을 것이며, 먹이를 확보하기 위해서는 넓은 영역이 필요했을 것이다.

그러나 모든 트리케라톱스가 홀로 살았던 것은 아니다. 2009년 미국 노던일리노이대학의 조슈아 매슈즈Joshua Mathews는 어린 트리케라톱스 3마리가 함께 있는 것을 발견했다. 어른 트리케라톱스는 혼자 생활했지만 어린 개체는 서로 모여 다녔던 것으로 보인다.

학자들의 트리케라톱스의 속도에 관심을 보인다. 트리케라톱스는 육식 공룡의 공격을 받았을 때 얼마나 효율적으로 도망칠 수 있었을까? 많은 학자가 트리케라톱스는 몸에 비해 머리가 너무 크고 몸이 무거워 쉽게 도망칠 수 없었을 것으로 보았다. 그러나 1986년 미국 휴스턴자연사박물관의 로버트 T. 바커Robert T. Bakker 박사는 트리케라톱스가 말처럼 빨리 달릴 수 있다고 주장했다. 트리케라톱스의 앞다리 뼈와 어깨뼈가 만나는 관절은 악어나 도마뱀보다 질주가 가능한 말이나 코뿔소와 유사하다는 것이다. 바커 박사가 계산한 트리케라톱스의 달리는 속도는 시속 45킬로미터로 마라톤 선수보다 2배나 빠르다. 근래의 연구에 의하면 시속 25킬로미터 정도로 뛸 수 있었으며, 검은코뿔소처럼 돌격하는 것은 불가능하다는 설명도 있다.

트리케라톱스는 콧등이나 정수리, 눈 위에 큰 뿔이 나 있으며 머리 뒤쪽에 정수리 뼈가 방패 모양으로 발달한 프릴이 있다. 예일대학의 리처드 스완 룰Richard Swann Lull 교수는 프릴이 커다란 턱 근육이 발달할 구조로, 더 강력하게 식물을 씹을 수 있게 한다고 발표했다. 그러나 프릴에 거대한 근육이 붙어 있는 흔적을 발견하지 못해 이 주장은

트리케라톱스의 골격. 서대문 자연사박물관 소장.

사장되었다.[211]

한편 프릴에 혈관 자국이 있는 것을 포착한 영국 더럼대학의 피터 휠러Peter Wheeler 교수는 프릴을 태양열 집열판처럼 사용했을 것으로 추정했다. 프릴로 태양열을 받으면 혈관을 지나는 피가 따뜻한 햇볕을 받아 데워진다는 것이다. 그러나 공룡마다 프릴의 형태가 가지각색인데다 프릴의 크기는 몸집과 비례하지도 않는다. 그러므로 각룡류의 뿔과 프릴은 머리를 훨씬 크게 보이게 해서 자기 과시와 방어용으로 사용했을 것으로 보는 쪽이 우세하다.[212]

　트리케라톱스는 삐죽삐죽한 돌기가 있는 프릴까지 포함하면 머리 길이는 2.5미터에 달하며 몸길이는 8~9미터, 몸무게도 12톤이나 되어 각룡류 중에서 몸집이 가장 크고 무겁다. 이 크기는 코뿔소 5마리를 합쳐놓은 크기와 맞먹는다. 뿔은 코 위에 짧은 것 하나, 눈 위에 길이 1미터가 넘는 것 2개가 있다. 티라노사우루스나 알베르토사우루스 등 육식 공룡의 공격을 막는 데 주로 사용했고 수컷이 암컷을 차지하기 위해 과시용으로도 사용했을 것으로 본다. 머리 뒤의 프릴은 2미터에 달하는데, 머리의 폭도 1.5미터나 되어 육상동물 중 가장 큰 축에 속한다.

　트리케라톱스의 또 다른 특이점은 앵무새와 같이 뾰족한 부리다. 각룡류는 특수한 윗입술뼈를 갖고 있는데 이를 부리뼈라고 한다. 이 부리뼈 위에 단단한 각질로 이루어진 부리가 있는데 이렇게 추가적인 볏으로 지지된 부리를 갖고 있는 것은 척추동물 중에서 각룡류 공룡이 유일하다. 트리케라톱스는 숙련된 정원사처럼 부리를 이용해 키 작은 식물의 가지를 싹둑싹둑 자를 수 있었다.

　날카로운 부리로 식물을 먹기 좋은 크기로 잘라 입에 넣을 수는 있지만 잘게 조각내지는 못했다. 그래서 질긴 식물을 잘게 부술 수 있는 특수한 어금니를 발달시켰다. 이 어금니는 음식을 맷돌처럼 가는 것이 아니라 턱을 위아래로 움직이며 위 어금니와 아래 어금니를 가윗날처럼 교차시켜 입안에 들어온 식물을 마치 종이 분쇄기에 들어간

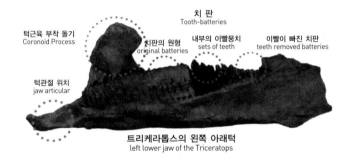

치 판
Tooth-batteries

턱근육 부착 돌기
Coronoid Process

치판의 원형
original batteries

내부의 이빨뭉치
sets of teeth

이빨이 빠진 치판
teeth removed batteries

턱관절 위치
jaw articular

트리케라톱스의 왼쪽 아래턱
left lower jaw of the Triceratops

트리케라톱스의 아래턱. 트리케라톱스의 어금니는 마모되면 빠지고 새로운 이빨이 올라와 대체했다.

종이처럼 잘게 자르는 데 사용했다. 그런데 어금니를 이렇게 사용하면 쉽게 무뎌지므로 트리케라톱스의 어금니는 마모되면 빠지고 아래 있던 새 이빨로 교체했다. 트리케라톱스 한 마리의 턱 속에 들어 있는 이빨은 800여 개나 된다.

트리케라톱스에 관한 가장 놀라운 발견은 이들이 깃털을 갖고 있었다는 사실이다. 트리케라톱스의 꼬리 피부에는 악어처럼 울퉁불퉁한 비늘이 있다. 이 비늘과 비늘 사이에 무언가가 붙어 있었던 흔적이 있는데, 학자들은 이것을 깃털의 흔적으로 본다. 꼬리 깃털을 가진 트리케라톱스는 지구상에 존재했던 가장 괴상하게 생긴 동물 중 하나였을 것이다.[213]

주

들어가는 말

1   양승영, 『한국공룡대탐험』(명지사, 2000).

공룡을 알아보자

2   이융남, 『공룡학자 이융남 박사의 공룡대탐험』(창작과비평사, 2000).
3   전남대학교 공룡연구소, 『화순 공룡 화석지 종합학술연구』(화순군, 2001).
4   김동희, 『화석이 말을 한다면』(사이언스북스, 2011).
5   빌 브라이슨, 이덕환 옮김, 『거의 모든 것의 역사』(까치, 2003).
6   양승영, 앞의 책.
7   이융남, 「최초로 복원한 공룡 이구아노돈…엉뚱한 '뿔도마뱀' 이었다」, 『조선일보』, 2015년
     3월 28일.
8   빌 브라이슨, 앞의 책.
9   박진영, 『박진영의 공룡 열전』(뿌리와이파리, 2015).
10   김동희, 앞의 책.
11   이융남, 앞의 책.
12   이융남, 앞의 글.
13   최보식, 「8,500만 년 전 공룡 '코리아노사우루스' 복원한 공룡 전문가 허민」, 『조선일보』,
     2010년 11월 7일.
14   박진영, 앞의 책.

15 이융남, 앞의 책.

16 박진영, 앞의 책.

17 이융남, 앞의 글.

18 이융남, 앞의 책.

19 김동희, 앞의 책.

20 이융남, 「목 길이만 9.5미터 브라키오사우루스, 뇌까지 피를 어떻게 보냈을까」, 『조선일보』, 2015년 6월 27일.

21 이융남, 앞의 글.

22 폴 바렛, 이융남 옮김, 『공룡의 종류』(다림, 2003).

23 박진영, 앞의 책.

24 양승영, 앞의 책.

25 박진영, 앞의 책.

26 「부경고사우루스」, 『위키백과』

27 강영란, 『공룡사전』(황소걸음, 2002).

28 신홍자 외, 『시간을 담은 땅의 기록-지질박물관』(한국지질자원연구원, 2009).

29 박진영, 앞의 책.

30 신홍자 외, 앞의 책.

31 박진영, 앞의 책.

32 양승영, 앞의 책.

33 폴 바렛, 앞의 책.

34 박진영, 앞의 책.

35 이융남, 「뇌가 작아 슬픈 공룡」, 『조선일보』, 2015년 10월 31일.

36 조정일, 『신비한 생물 창조 섭리』(국민일보사, 1994).

37 신홍자 외, 앞의 책.

38 이융남, 앞의 글.

39 김동희, 앞의 책.

40 박미용, 「왜 공룡은 거대했을까? (상)」, 『사이언스타임스』, 2008년 4월 24일.

41 박진영, 앞의 책.

42 박미용, 「왜 공룡은 거대했을까? (하)」, 『사이언스타임스』, 2008년 5월 1일.

43 서유헌, 「대뇌의 4개 엽」, 『네이버 캐스트』, 2010년 1월 8일.

44 박진영, 앞의 책.

45 이융남, 앞의 책.

46 박진영, 앞의 책.

47 존 말론, 김숙진 옮김, 『21세기에 풀어야 할 과학의 의문+21』(이제이북스, 2003).

48 장순근, 『망치를 든 지질학자』(가람기획, 2001).

49 박진영, 앞의 책.

50 리치 손스·빌 손스, 이경아 옮김, 『남자도 임신할 수 있을까?』(한승, 2008).

51 박진영, 앞의 책.

52 김동희, 앞의 책.

53 김동희, 앞의 책.

54 이융남, 「1억 년 전 시화호 주변은 국내 최대의 집단 산란지」, 『한겨레』, 2004년 6월 1일.

55 장순근, 앞의 책.

56 이성규, 『교과서 밖으로 뛰쳐나온 과학』(중심, 2006).

57 다나 데소니, 이호연 옮김, 『우주의 충돌』(김영사, 1996).

58 빌 브라이슨, 앞의 책.

59 김동희, 앞의 책.

60 게릿 L. 버슈, 백상현 옮김, 『대충돌』(영림카디널, 2004).

61 이융남, 앞의 책.

62 다나 데소니, 앞의 책.

63 임종덕, 『Hi DINO 2003 세계 최대 진품공룡대전』(Hi DINO 2003 조직위원회, 2003).

64 이융남, 앞의 책.

65 임종덕, 앞의 책.

66 이융남, 앞의 책.

67 김규한, 『푸른행성 지구』(시그마프레스, 1998).

68 존 말론, 앞의 책.

69 게릿 L. 버슈, 앞의 책.

70 김동희, 앞의 책.

71 김동희, 앞의 책.

72 http://www.dinopark.net

73 박진영, 앞의 책.

74 폴 바렛, 앞의 책.

75 이융남, 앞의 책.

76 이성규, 앞의 책.

77 박진영, 앞의 책.

78 유병선, 「새의 조상은 중화용조」, 『경향신문』, 1996년 11월 1일.

79 중국지질박물관 홈페이지(http://www.gmc.org.cn).

80 폴 바렛, 앞의 책.

81 폴 바렛, 앞의 책.

82 「새의 조상은 공룡?」, 『내셔널지오그래픽채널』, 2011년 1월 14일.

83 C. P. Sloan, 「Feathers for T. rex? New birdlike fossils are missing links in dinosaur evolution」, 『National Geographic』 196, November 1999, pp.98~107; 서현교, 「공룡은 도마뱀에 가까울까? 새에 가까울까?」, 『KISTI의 과학향기』 284호, 2005년 5월 4일.

84 박진영, 앞의 책.

85 박진영, 앞의 책.

86 크리스토퍼 P. 슬로언, 「날개의 제왕」, 『내셔널지오그래픽』, 2003년 5월; 조울 아킨박, 「공룡 연구의 르네상스」, 『내셔널지오그래픽』, 2003년 3월.

87 박진영, 앞의 책.

88 이성규, 앞의 책.

89 양승영, 앞의 책.

90 이성규, 앞의 책.

91 오철우, 「'깃털 단 초식 공룡' 화석 발견」, 『한겨레』, 2009년 3월 25일.

92 도널드 R. 프로세로, 김정은 옮김, 『공룡 이후』(뿌리와이파리, 2013).

93 박태현, 『영화 속의 바이오테크놀로지』(생각의나무, 2009).

94 박진영, 앞의 책.

95 김승환, 「티라노사우루스 DNA 발견 쥬라기 공원 현실로?」, 『MBC 뉴스테스크』, 2013년 9월 14일.

96 박진영, 앞의 책.

97 베스 샤피로, 「매머드 부활 프로젝트」, 『파퓰러사이언스』, 2005년 6월.

98 이동률, 「정자, 난자, 배아 얼려 임신 조절한다」, 『과학동아』, 2003년 8월.

99 윤태희, 「멸종 '매머드' 부활하나…코끼리로 배양」, 『나우뉴스』, 2011년 1월 6일.

100 노진섭, 「황우석 사단, 이번엔 '매머드 살리기'」, 『시사저널』, 2012년 3월 27일.

101 이재구, 「지난해 발견된 매머드 복원 가능할 것」, 『ZDNet Korea』, 2014년 3월 20일.

102 수 넬슨 · 리처드 홀링엄, 이충호 옮김, 『판타스틱 사이언스』(웅진지식하우스, 2005).

공룡의 천국, 한반도

103 양승영, 앞의 책.

104 김동희, 앞의 책.

105 이정모, 「한국이 고향인 공룡—코리아노사우루스」, 『KISTI의 과학향기』, 2004년 9월 6일.

106 최보식, 앞의 글.

107 이우평, 『지리 교사 이우평의 한국 지형 산책』(푸른숲, 2007).

108 이융남, 「백악기 경상도는 공룡 천국」, 『과학동아』, 2004년 4월.

109 이융남, 「백악기는 공룡들의 천국 ①」, 『한겨레』, 2004년 3월 23일.

110 최보식, 앞의 글.

111 손영운, 『손영운의 우리 땅 과학답사기』(살림, 2009).

112 박진영, 앞의 책.

113 이융남, 「그 많던 공룡들은 어디로 갔을까」, 『한겨레』, 2004년 6월 15일.

114 양승영, 앞의 책.

115 고성군 문화광광과, 『고성 공룡 화석 도감』(고성군, 2005).

116 박진영, 앞의 책.

117 이융남, 「호숫가 퇴적층마다 발도장 찍고 떠났나」, 『한겨레』, 2004년 4월 6일; 손영운, 앞의 책.

118 이융남, 「백악기 경상도는 공룡 천국」.

119 김기철, 「고성 네 다리 보행 공룡은 '신종'」, 『조선일보』, 2012년 6월 13일.

120 정재훈, 「1억 년 전 한반도는 "벨로키랍토르"의 사냥 무대였다」, 『노컷뉴스』, 2008년 3월 5일.

121 정연식, 「북에도 공룡 발자국 화석 있다」, 『연합뉴스』, 1999년 5월 26일.

122 장순근, 앞의 책.

123 양승영, 앞의 책.

124 이정모, 앞의 글.

125 이융남, 앞의 책.

126 오철우, 「'티라노' 조상 공룡 이빨 화석 국내 발견」, 『한겨레』, 2008년 4월 18일.

127 이융남, 「파충류의 전성기는 포유 동물의 신생기」, 『한겨레』, 2004년 6월 8일; 이융남, 「그 많던 공룡들은 어디로 갔을까」.

128 손영운, 앞의 책.

129 최보식, 앞의 글.

130 최경희, 『최경희 교수의 과학 아카데미』(동녘, 2000).

131 장순근, 앞의 책.

132 장순근, 앞의 책.

133 이융남, 「오리주둥이 공룡 조상 아시아가 기원이었다」, 『한겨레』, 2004년 4월 20일.

134 정재승, 『물리학자는 영화에서 과학을 본다』(동아시아, 2002).

135 이광연, 「공룡이 뛰는 속도는?」, 『네이버 캐스트』, 2009년 6월 2일.

136 박진영, 앞의 책.

137 허민, 『한반도의 공룡 대백과』(킨더주니어, 2010).

공룡 현장을 가다

138 임종덕 · 공달용 · 김태형 · 원상호 · 전창표 · 정승호, 『천연기념물 화석 산지 모니터링 조사 보고서』(국립문화재연구소, 2011).

139 김태식, 「한반도 최고 사슴 그림 발견」, 『연합뉴스』, 2004년 2월 26일.

140 박종호, 「옛 사람들의 흔적…바위그림으로 읽어낸 오래된 생활」, 『부산일보』, 2011년 12월 29일.

141 정재락, 「'공룡' 변수 만난 반구대 바위그림 물막이댐」, 『동아일보』, 2013년 10월 31일.

142 이영희, 「반구대 바위그림 보존, 이동식 투명댐 설치 합의」, 『중앙일보』, 2013년 6월 17일; 이강국, 「시민환경단체, 반구대 암각화 보존안 반대」, 『노컷뉴스』, 2013년 6월 17일.

143 이달희, 「절수운동 · '5만 톤 반구대 댐' 건설 범시민운동 고려해봐야」, 『경상일보』, 2015년 10월 29일.

144 정재락, 「"암각화 떼어내 박물관 보존을", "댐 수위 낮춰 훼손막자"」, 『동아일보』, 2015년 9월 15일.

145 김민수, 「한국 도시디자인 탐사(17)-울산 태화강의 추억」, 『경향신문』, 2008년 1월 3일.

146 최영창, 「'반구대 암각화' 3D로 형상 정보 보존」, 『문화일보』, 2004년 4월 8일.

147 임세권, 「바위에 새겨진 고대인의 흔적 바위그림」, 『과학동아』, 2000년 11월.

148 민병준, 「선사와 역사가 교차하는 곳」, 『머니투데이』, 2011년 12월 10일.

149 박종호, 앞의 글.

150 이기원, 「사람은 각석을 남기고, 공룡은 발자국을 남긴다」, 『오마이뉴스』, 2008년 3월 2일.

151 한국문화유산답사회, 『경남』(돌베개, 2002).

152 공달용 · 최돈원 · 김태형 · 임종덕, 『천연기념물 화석 산지 모니터링 조사 보고서』(국립문화재연구소, 2009).

153 김희주 외, 「경상분지 남부에 분포하는 백악기 함안층에 발달한 새 발자국 화석층: 산상, 화석화 과정 및 고환경」, 『대한지질학회』47(2), 2011년 4월.

154 「1억 년 전 추정 함안 칠원면 새발자국 화석지 보존 엉망」, 『경향신문』, 1973년 9월 8일.

155 공달용 · 최돈원 · 김태형 · 임종덕, 앞의 책.

156 디지털 창원 문화대전(http://changwon.grandculture.net).

157 한국학중앙연구원, 「호계리 공룡 발자국 화석」, 『한국민족문화대백과』, 1995년.

158 「통영읍도 공룡 발자국 화석」, 『문화콘텐츠닷컴』.

159 이융남, 앞의 책.

160 이융남, 앞의 책.

161 양승영, 앞의 책.

162 「계승사(고성)」, 『대한민국 구석구석 행복여행』.

163 고성군 문화관광과, 앞의 책.

164 「고성 계승사 백악기 퇴적 구조」, 『두산백과』.

165 전남대학교 한국공룡연구센터, 『해남 우항리 퇴적층 조사 및 화석 복원』(해남군, 2004).

166 이정모, 앞의 글.

167 김선규, 『김선규의 우리고향산책』(생각의나무, 2002); 백남천, 『대한민국 베스트 여행지』(나무생각, 2008).

168 김기철, 앞의 글; 고성군 문화관광과, 앞의 책.

169 고성군 문화관광과, 앞의 책.

170 김기철, 앞의 글; 고성군 문화관광과, 앞의 책.

171 공달용 · 최돈원 · 김태형 · 임종덕, 앞의 책.

172 허민, 「한반도 남해안 공룡 화석지 학술적 가치와 중요성」, 유네스코 세계자연유산 등재 남해안 공룡 화석지 국제 심포지움, 2007년.

173 임종덕 · 공달용 · 김태형 · 원상호 · 전창표 · 정승호, 앞의 책.

174 김웅서, 「조류」, 『네이버 캐스트』, 2011년 9월 15일.

175 빌 브라이슨, 앞의 책.

176 손영운, 앞의 책.

177 전남대학교 한국공룡연구센터, 앞의 책.

178 조홍섭, 「공룡 최후의 피난처」, 『네이버 캐스트』, 2010년 1월 6일.

179 조홍섭, 앞의 글.

180 공달용 · 최돈원 · 김태형 · 임종덕, 앞의 책.

181 박진영, 앞의 책.

182 최재천, 『최재천의 인간과 동물』(궁리, 2007).

183 이성규, 앞의 책.

184 이성규, 「공룡, 새가 되어 하늘로 날아오르다」, 『사이언스타임스』, 2004년 10월 19일; 황규호, 「공룡 최후의 낙원, 한반도 남해안」, 『내셔널지오그래픽』, 2005년 1월.

185 최재천, 앞의 책.

186 최보식, 앞의 글.

187 공달용 · 최돈원 · 김태형 · 임종덕, 앞의 책.

188 손영운, 앞의 책.

189 이정모, 앞의 글.

190 조홍섭, 「하늘 제왕 사냥터」, 『네이버 캐스트』, 2009년 12월 23일.

191 조홍섭, 앞의 글.

192 최보식, 앞의 글.

193 전남대학교 한국공룡연구센터, 앞의 책.

194 전남대학교 한국공룡연구센터, 앞의 책.

195 한국정책능력진흥원, 『해남 우항리 공룡 화석 자연사 유적지 유네스코 세계유산 등록 신청서』(해남군, 2007).

196 손영운, 앞의 책.

197 민족문화유산연구원, 『공룡 화석지 야외 노출 화석 발굴 및 보존 학술 연구』(해남군, 2015).

198 이융남, 앞의 책.

199 박준배, 「자연사박물관 공룡 둥지 화석 '학술 가치 높아'」, 『뉴스 1』, 2014년 3월 4일.

200 이찬영 · 김보성 · 김영지 · 김정빈, 「전라남도 압해도 백악기층에서 발견된 공룡 알둥지의 K-Ar 연대」, 『한국지구과학회지』, 33(4), 2012년 10월, 329~336쪽.

201 전남대학교 한국공룡연구센터, 앞의 책.

202 허민, 앞의 글.

203 허민, 앞의 책.

204 전남대학교 공룡연구소, 『화순 공룡 화석지 종합학술연구』.

205 조홍섭, 「수십만 년 공룡 고향」, 『네이버 캐스트』, 2009년 12월 9일.

206 이융남, 「1억 년 전 시화호 주변은 국내 최대의 집단 산란지」.

207 허민, 앞의 글; 손영운, 앞의 책.

208 조홍섭, 앞의 글.

209 신홍자 외, 앞의 책.

210 신홍자 외, 앞의 책.

211 박진영, 앞의 책.

212 김동희, 앞의 책; 이융남, 앞의 책.

213 박진영, 앞의 책.